8 X 12032

Paris
1900

Durand (de Gros) Joseph- Pierre

Notes de philologie rouergate

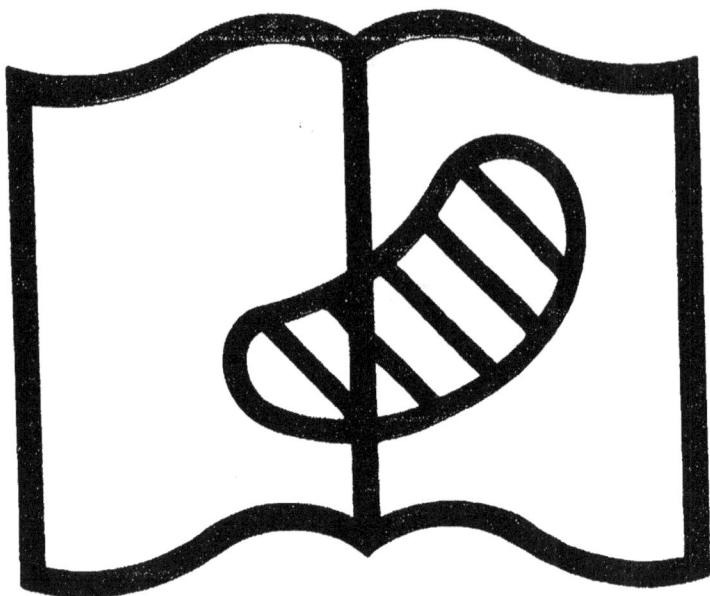

Symbole applicable
pour tout, ou partie
des documents microfilmés

Original illisible

NF Z 43-120-10

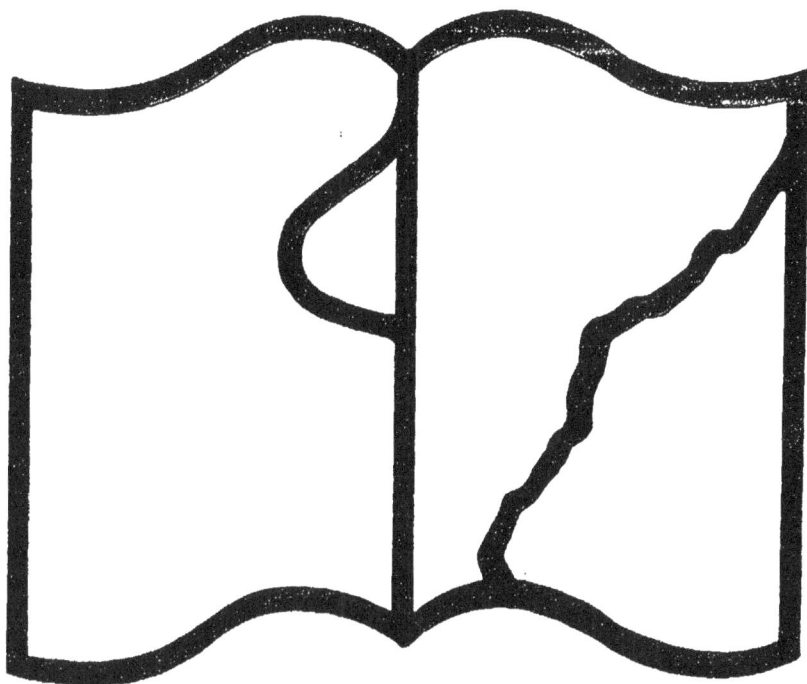

Symbole applicable
pour tout, ou partie
des documents microfilmés

Texte détérioré — reliure défectueuse

NF Z 43-120-11

NOTES

DE

PHILOLOGIE ROUERGATE

Roda que rodaras
Qu'a Rodes tornaras.

(*Proverbe rouergat.*)

PAR

J.-P. DURAND (DE GROS)

OUVRAGE COURONNÉ PAR LA SOCIÉTÉ POUR L'ÉTUDE
DES LANGUES ROMANES

PARIS

MAISONNEUVE, ÉDITEUR
6, RUE DE MÉZIÈRES, 6

1900

NOTES
DE
PHILOLOGIE ROUERGATE

OUVRAGES DE L'AUTEUR

LIBRAIRIE MAISONNEUVE

Études de philologie et linguistique aveyronnaises. 1 broch. in-8° de 102 pages. Paris 1879. Prix : **2** fr.

Le Félibrige. — Rapport présenté à la Société des lettres, sciences et arts de l'Aveyron, sur les fêtes latines de Montpellier. Plaquette in-12, de 41 p. Paris 1879. Prix : **1** fr.

LIBRAIRIE FÉLIX ALCAN
108, boulevard St-Germain

Nouvelles recherches sur l'Esthétique et la Morale. 1900. 1 vol in-8° de la *Bibliothèque de philosophie contemporaine.* Prix : **5** fr.

Aperçus de Taxinomie générale. 1899. 1 vol. in-8° de la *Bibliothèque de philosophie contemporaine.* Prix : **5** fr.

Le Merveilleux scientifique. 1894. 1 vol. in-8° de 344 p. Prix : **6** fr.

NOTES

DE

PHILOLOGIE ROUERGATE

Roda que rodaras
Qu'a Rodes tornaras.

(Proverbe rouergat.)

PAR

J.-P. DURAND (DE GROS)

OUVRAGE COURONNÉ PAR LA SOCIÉTÉ POUR L'ÉTUDE
DES LANGUES ROMANES

PARIS

MAISONNEUVE, ÉDITEUR

6, RUE DE MÉZIÈRES, 6

1900

NOTES

DE

PHILOLOGIE ROUERGATE[1]

I

Le D et l'S entre deux voyelles, que celle-ci soit originelle
ou provienne d'un D primitif, tombent-ils quelquefois en provençal, par exception, à l'instar du français, où cette chute
est de règle ? Dans une lettre qui me fut adressée par un romaniste de l'Université de Bonn, au sujet de mes *Études de*

[1] Le travail présenté ici aux lecteurs de la *Revue* n'est pas un traité en
forme ; ce n'est qu'un recueil confus de notes, comme le titre l'indique, qui
ont été écrites par l'auteur dans les instants de loisir d'une profession qui
en laisse peu, et qui n'a rien de littéraire (il est laboureur). Cependant, si
cette composition est un ensemble incohérent, sans ordre et sans unité, chacun des articles qu'elle renferme a été l'objet d'une étude consciencieuse, qui
permet d'attendre les jugements de la critique sans trop de crainte.

Mais ce préambule a surtout pour but de justifier une conduite dont l'opposé serait, aux yeux de l'auteur, une erreur grave et une faute lourde. Il a
écrit son provençal-rouergat à la provençale, au lieu de s'appliquer, comme
d'autres, à coucher notre langage du Midi sur le lit de Procuste de la *graphie*
française, qui lui est accommodée à peu près comme le seraient les graphies
anglaise, polonaise, suédoise ou hongroise. Tel est son fait ; mais c'est là un
point délicat, paraît-il, sur lequel quelques explications préalables étaient de
rigueur. Si l'on en veut de plus amples, on est respectueusement prié de consulter deux opuscules du même auteur, intitulés : *le Félibrige* (1868), et les
Études de philologie et de linguistique aveyronnaises (1869), librairie Maisonneuve, à Paris.

philologie et de linguistique aveyronnaises, on me reprochait d'avoir donné le mot *Roergue* comme appartenant à la langue d'oc. Ce mot, disait-on, devait être d'importation française, par la raison qu'il appartient à une formation exclusivement propre à cette langue et totalement étrangère à celle du Midi. Curieux de vérifier cette assertion, je me livrai à des recherches qui me firent découvrir dans mon patois rouergat une vingtaine d'exemples qui la réfutent. Ces exemples sont d'ailleurs assez remarquables : ce sont pour la plupart des doublets où coexistent les deux formes, celle du *d* ou de l's conservée, et celle du *d* ou de l's perdue ; et l'on est surpris d'observer que cette dernière est généralement la plus usitée et la plus vulgaire, tandis que l'autre est plus volontiers celle que préfèrent les personnes polies, ce qui est peut-être là une trace de l'ancienne existence de deux langues d'oc simultanées et superposées : l'une à l'usage de la société lettrée ; l'autre, vrai patois, employée par la classe inférieure. Et, autre remarque intéressante, en étudiant la formation de certains mots de la deuxième catégorie, on s'assure que dans ces mots la chute de l's ou du *d* antérieur date d'avant la constitution du roman proprement dit, c'est-à-dire de cette période embryonnaire de notre langue où l'u de la désinence casuelle *us* ou *um* de la première déclinaison latine, et l'o final de la première personne singulière du présent de l'indicatif, se faisaient encore entendre. Voici la liste de ces mots, avec quelques courtes observations sur chaque article.

1. — BAISAR et BAIAR, baiser, du latin *basiare*. — Ces deux expressions sont peu employées aujourd'hui ; elles sont généralement remplacées par la périphrase suivante, *far un potô,* littéralement faire un baiser, et aussi par le fréquentatif *potonejar. Baisar* seul est encore usité au propre, quoique rarement. Son pendant *baiar* n'a plus guère qu'une acception figurée : il sert à exprimer le contact d'objets inanimés, et notamment celui de deux ou de plusieurs pains mis à cuire dans un même four. Dans ce dernier cas, le composé *embaiar (s')* a la préférence. *Baiar* est employé au sens propre (!) dans le dicton suivant : *L'ase te baie,* une variante de *l'ase te f.....* Le caractère licencieux de cette locution doit avoir contribué à

discréditer le mot *baiar*, quand notre langage, à qui la pudeur était inconnue au moyen âge, est devenu plus chaste. La forme *baisar* se rencontre dans le proverbe rimé suivant, qu'on me pardonnera de citer malgré sa grossièreté :

> Quan cat *baisar* lo quiol del ca
> Tau val huei coma dema.

2. — BOSSA et BOSA, subs. masc., une bouse. — La bouse, comme matière, se dit *bósa* avec o fermé : *boás* serait-il une syncope de *bosás*, ou serait-il dérivé d'une syncope de *bosa*, d'un *bóa*, dont je ne connais pas l'existence dans la langue d'oc, mais que je crois reconnaître dans le français *boue* ? La forme *bosás* est d'un emploi rare ; *boás* est très-usité.

3. — BRISA et BRIA, s. fém., miette ; se disent l'un pour l'autre. — Ces mots ont encore une variante dans BRICA, avec la même acception. La forme syncopée *bria* dérive-t-elle de *brisa* ? C'est probable ; mais elle pourrait aussi procéder de *brica*. Quant à ces deux formes relativement primitives, bien que leur racine soit vraisemblablement la même, elles n'ont, je crois, entre elles, qu'un rapport de collatéralité. *Brisa* est allié au verbe *brisar* (voir l'article ci-après), et *brica* évoque la racine germanique BRK (ancien h. all. *brecha*, all. mod. *brechen;* angl., *to break*, etc.), comportant l'idée de briser, casser, rompre. Mais le prov. *brisar* et le franç. *briser* ne procéderaient-ils pas de cette même racine? C'est possible, comme aussi ils peuvent être tirés d'une autre racine congénère, BRS ou BRT, qui se rencontre dans l'angl. *to burst*, rompre, et *brittle*, cassant ; dans le suédois *bryta* et le danois *bryde*, avec le même sens ; dans l'anc. h. all. *brestan, bristu* (Diez), briser, mot qui se retrouve à peu près intact dans notre rouergat *braste*, cassant, friable. Notons ici que ce *braste* a un synonyme *braude* (rappelant le *bryde* danois), qui a donné le verbe *brausir*, rendre friable, où le *d* originel s'est changé en *s*.

D'autre part, on peut légitimement supposer que le prov. *brisa* a pour origine un b. lat. *bricia*, forme diminutive de *brica*, et que *brisar* provient de *brecare par un fréquentatif *breciare. Quoi qu'il en soit, de même que nous avons *brisa* et *brica*, miette (brisure de pain), nous avons concurremment *brisar*, briser, et *brecar*, ébrécher.

4. — BRISAR et BRIAR se fontpendant comme *brisa* et *bria*. — La forme syncopée est usitée seule dans les environs de Rodez, et *brisar*, bien que classique, ne s'entend'guère qu'en ville, où il fait moins l'effet d'un archaïsme que d'une importation française. Cette dernière forme se rencontre en composition dans le mot *brisa-ferres*, nom donné autrefois au vérificateur des poids et mesures. (Voir l'article ci-dessus.)

5. — CAMISA et CAMIA, s. f., chemise. — La première de ces deux formes est adoptée par les citadins et lesgens de la campagne de la classe aisée ; l'autre est abandonnée aux paysans proprement dits, aux prolétaires ruraux ; c'est un terme réputé grossier, qui devait appartenir à l'ancien patois de la langue d'oc.

6. — CAMIAS, s. m., dérivé de *camia*, désigne un sarrau de grosse toile dont les paysans pauvres étaient vêtus autrefois ; c'est une dérivation péjorative. *Camisás* n'existe pas chez nous autrement que comme péjoratif possible de *camisa* ; il ne constitue pas, dans tous les cas, un substantif distinct comme le précédent. Il en est peut-être autrement dans le langage des Cévennes, et les Camisards, à ce compte, auraient dû leur nom à ce qu'ils portaient le *camisás*.

7. — CAPUSAR et CAPUAR, tailler du bois (le sens de l'anglais *to whittle*), ont absolument le même sens et s'emploient partout concurremment. Cependant, ici comme pour le doublet précédent, la forme syncopée est la plus rustique, la plus usitée parmi les paysans. Le vieux français a le même mot, mais sous une forme non syncopée: *chapuiser*.

8. — CAPUSADOR, s. m., est le nom que les pâtres de l'Aubrac donnent au petit couteau-poignard légendaire qui leur sert à tous les usages, notamment à confectionner leurs ustensiles de laiterie, et aussi à se faire à eux-mêmes cette sorte de justice barbare qu'on a nommée proverbialement dans le pays « justice de Laguiole. » Et nous avons aussi CAPUADOR, qui, dans nos grandes exploitations rurales, désigne le réduit servant d'atelier au valet-charron, qui est en même temps le maître-valet de la ferme.

9. — Cóa, s. f., queue. — Cette syncope du latin *cauda* est marquée de défaveur, suivant la règle, et abandonnée au bas peuple. Les personnes bien élevées rougiraient de l'employer, et se servent à sa place d'une variante de type irrégulier sur lequel nous allons revenir. Cette variante polie est COEITA. Quant aux formes régulières de CODA et COZA, qui se rencontrent dans les vieux textes, elles manquent totalement dans notre langage parlé actuel. Mais quelle est l'histoire de la forme excentrique *coeita?* Tout ce qu'il nous est possible de faire pour le moment, c'est de rapprocher ce mot d'un autre mot présentant la même transformation en *oit* de la particule primitive *od:* NOEIT, nœud, qui s'emploie concurremment avec NOS (avec *o* fermé). On dit pareillement *nosar* et *noeitar* ou *noitar*. L'abbé Vayssier, embarrassé sur l'étymologie de *coeita* et de *noeit*, s'est avisé d'en faire *coeta* (*coueto*) et *noet* (nouet) pour y trouver des diminutifs de *coa* et de *nos*. L'estimable lexicographe rouergat est d'ailleurs coutumier de cette même faute, consistant à altérer abusivement les mots pour en rendre l'explication plus facile [1].

10. — Estradal et estral, pour estraal, s. f., piste, sentier battu. — Le radical de ces mots est le prov. *estrada*, ou plutôt le latin *strata*, par un dérivé adjectif *stratalis*.

11. — La genèse phonétique des mots FAU avec *a* ouvert et FAU avec *a* fermé, qui sont respectivement la 1re personne du singulier et la 3e du pluriel du présent de l'indicatif du verbe *far* ou *faire*, faire, est particulièrement intéressante, ainsi que celle des deux VAU, dont il sera traité plus loin, comme démonstration de la haute ancienneté de la syncope de l's entre deux voyelles dans la langue d'oc. FAU, 1re pers. du singulier, vient de *facio*, par *fáso* et puis *fáo*, qui est l'équivalent graphique de *fau*. Donc la chute de l's dans le primitif de FAU date de l'époque où le suffixe latin *o*, qui marque la 1re pers.

[1] C'est ainsi qu'il a dénaturé le verbe TORRELHAR en *estorrelhar*, qu'assurément il n'avait jamais entendu sortir d'aucune bouche. Quoique étymologiste assez sagace, sinon très-instruit, il ne saisissait point que *torrelhar* venait de *torreo*, je grille, par un diminutif *torriculo*, et il en fit gratuitement *estorrelhar*, qu'il expliquait alors comme diminutif de *estorrar*, égoutter. Se *torrelhar*, c'est se griller devant un bon feu quand on a bien froid.

sing. du prés. de l'indicatif, était encore prononcé, et c'est cette chute préalable de l's qui a déterminé la conservation de cet o désinentiel, tout comme la syncope du g de fagum avait entraîné le maintien de l'u grammatical dans fau, hêtre, en amenant le contact de l'a et de l'u et en confondant ces deux voyelles en une diphthongue, ce qui est aussi l'origine de la conservation de l'u grammatical de Deus dans le prov. Dius et le fr. Dieu.

La formation de FAU avec a fermé, faciunt, n'est pas moins instructive : faciunt s'est successivement métamorphosé en fásunt et fáunt. Puis se produisent ici deux formes divergentes : pour le français, font ; pour le prov., faun. Cette dernière forme devient elle-même une souche d'où naissent deux formes secondaires collatérales : l'une par la chute de l'u, ce qui donne le type fan, le seul littéraire [1] et le plus répandu encore dans les patois ; l'autre par la chute de l'n, qui produit le type fau, propre au Rouergue, où il est seul en usage de nos jours, sauf toutefois dans le midi de la province, où fan l'emporte. La forme fau est signalée dans les Leys d'Amors (t. II, p. 374) en un curieux passage.

Ce passage nous apprend deux choses : premièrement, c'est que l'auteur toulousain ne connaissait le mot que pour l'avoir entendu prononcer, mais sans en connaître l'orthographe ; et secondement, que la diphthongue au avec a estrech se confondait, alors comme aujourd'hui, avec la diphthongue provençale ou. Nous citons : « Encaras devetz saber quez alqun verb son que en aquesta tersa persona plural del presen del indicatiu se termeno en an, solamen cum son tug aquil los quals alqu prononcio en ou, coma hou, vou, estou, fou, lasquals prononciacios es fort laia so es mal pauzada, perque son apelat otracujat, segon ques estat dig dessus, quar aytal verb termeno

---

[1] Cette assertion demande à être rectifiée. Depuis que cet article a été mis à l'impression, je me suis rappelé que la forme dialectale au = an se trouve indiquée et reconnue dans le Donat provençal. Exemples :

« El futur son semblan tuit li verbe en totas las conjugazos, que tuit finisson aici : amarai, ras, ra, amarem, retz, ran vel amarau. »

« .....auran, vel aurau amat. »

(Grammaires provençales, 2e éd., par Guessard, p. 8 et 18.)

tostemps la dicha tersa persona en *an*, coma *fan*, *desfan*, *refan*, *han*, *estan*, *van*. »

Nous croyons avoir montré que *fau*, 3ᵉ pers. plurielle, est formé tout aussi régulièrement que *fan*, quoi qu'en dise le grammairien de Toulouse, qui jugeait cette forme incorrecte par cela seul qu'elle était insolite dans le langage littéraire. Et ce qui vient d'être dit de *fau* s'applique également aux autres 3ᵉ pers. plurielles d'indicatif présent, *hau* pour *han*[1], *estau* pour *estan*, *vau* pour *van*. (Voir plus bas l'article *vau*.)

12 — FISEL et FIEL, adj., du latin *fidelis*. Tombé en désuétude sous l'une et l'autre forme.

13. — GLEISA et GLEIA, s. f., église. — Le premier est seul employé de nos jours dans l'arrondissement de Rodez ; le second règne dans l'arrondissement de Villefranche. Cette dernière forme est aussi celle qui se rencontre le plus souvent dans les documents en langue d'oc des archives municipales de notre chef-lieu.

14. — ISALAR et IALAR se disent indifféremment parmi nos bouviers et nos vachers. Toutefois le second est le plus usité dans les environs de Rodez. Ils servent l'un et l'autre à exprimer l'action de fuir précipitamment et de se livrer à une course furieuse, en parlant des animaux de l'espèce bovine, alors que la mouche les pique. Quelle est cette mouche ? car il s'agit ici d'une espèce particulière de mouche, qui, seule, paraît avoir la propriété d'affoler, d'épouvanter les bestiaux et de leur imprimer ces courses vertigineuses que rien ne peut maîtriser. Je n'ai pas eu occasion de voir l'insecte, et je ne

---

[1] HAU (avec *a* fermé) vient de *habent* par la vocalisation du *b* en *u*, qui se produit fréquemment dans la langue d'oc. *Habent* devenu *hàuent*, de ce rudiment le français a fait *ont* pour *aunt*, et le provençal a fait simultanément par la suppression de l'*u*, *an*, et secondement, par la suppression de l'*n*, *au*. Cette formation est tout à fait analogue à celle de *fau* de *faciunt*, et de *vau* de *vadunt*. Quant à *estau*, je présume qu'il a été forgé sur une fausse analogie ; je ne puis m'expliquer autrement cette formation. A ce propos, je noterai que, dans le rouergat actuellement parlé, le présent de l'indicatif de *estar* se conjugue ainsi : *éste* (au lieu de *estau*), *éstas*, *ésta*, *estàn* ou *esten*, *estàs*, *éston*. *Estau* avec *a* ouvert pour la 1ʳᵉ pers. du sing., et *estau* avec *a* fermé par la 3ᵉ du pluriel, sont entièrement oubliés.

saurais le déterminer. Une citation du *Donat provençal* sera ici à sa place : « *Izalar, inzalar.* Propter muscam fugere ; ad boves pertinet. »

15.— MAISÓ et MAIÓ, s. f., maison.— Ces mots sont peu usités aujourd'hui, particulièrement le dernier, qui, en revanche, domine d'une façon marquée dans nos vieux titres ruthénois.

16. — MESOLA (avec *o* fermó) et MIULA pour MEÓLA, s. f., moelle, du lat. *medulla*. La forme syncopée est la plus commune.

17. — NIS et NIU, s. m., nid. -- Le premier de ces mots ne peut pas être l'origine du second, dont l'*u* ne s'expliquerait pas par une pareille filiation ; et son *s* ne peut pas davantage être due à l'altération du *d* d'une forme romane antérieure, *nid*, car c'est seulement quand il est médial et entre deux voyelles que *d* est susceptible de se changer en *s*, et non point quand il est terminal. Ces formes remontent donc chacune à une souche bas-latine distincte, dans laquelle l'*u* grammatical du cas nominatif ou du cas accusatif latin subsistait encore : NIS vient de *nidus* par *'nisus;* NIU, de *nidus* par *'nius*. Cet exemple, qu'il faut rapprocher de *fau* et *vau* (voir les art. 10 et 27), est encore une preuve concluante que la syncope de *d* et *s* entre deux voyelles remonte jusqu'à la latinité rustique, de laquelle émergèrent nos langues romanes, c'est-à-dire jusqu'à la période gallo-romaine.

Ces deux formes sœurs ont leurs composés et dérivés particuliers, qui ne se correspondent pas toujours, ou qui diffèrent par le sens quand ils sont homologues. Ainsi de NIS, *nisar* et *anisar*, voulant dire nicher, au sens propre seulement, et *nisada*, nichée, également au propre. NIU donne : 1°*aniar* (*s'*), employé uniquement au figuré et en mauvaise part, pour *se nicher* et *pulluler ;* 2o *niada*, signifiant *nichée* pris au figuré et en mauvaise part ; 3° *foraniar*, quitter le nid, en parlant des jeunes oiseaux.

NIU est plus usité que NIS ; ce dernier sent la recherche.

Cada aussel
Troba son *niu* bel.

18. — NOSAR et NOAR, nouer. — Ici, comme dans tous les

autres cas, la forme syncopée est la plus familière ; l'autre présente une teinte de prétention.

Nos, métaphonie régulière du latin *nodus* par mutation de consonne, a un synonyme dans lequel il faut voir probablement une transformation bâtarde du même mot latin : NOEIT procéderait de *nodus*, comme son analogue COEITA, de *cauda*. Je n'aperçois pas, toutefois, les degrés intermédiaires de cette filiation.

19. — PESOL avec o fermé, et PIEU pour PEOL, s. masc. — Le premier se dit à Rodez et dans la plus grande partie du département, je crois ; l'autre se rencontre dans l'arrondissement de Villefranche et au nord du département. *Pieu*, ou *peu*, qui peut tout aussi bien s'écrire *piò* ou *peó*, ajoute à la syncope de l's de *pesol*, ou plus exactement du *d* du lat. *peduculus* pour *pediculus*, l'apocope de l'*l* de *peol*.

20. — PESADA et PIADA, pour PEADA, s. f., trace de pied. — La première forme est la seule employée dans le district de Rodez ; la seconde est aussi en usage dans le département, car elle est dans le dictionnaire de l'abbé Vayssier.

21. — PESASÒ et PIASÒ, pour PEASÒ, s. f., fondation. — Ce doublet, un dérivé de *pes, dis*, comme le précédent, est usité sous ses deux formes, concurremment et indifféremment. Toutefois une nuance est perceptible, c'est que *piasò* est d'un langage plus négligé, et que *pesasò* est d'un style plus soutenu.

22. — PRISÒ et PRIÒ, s. f., prison. — Le second ne se rencontre guère que dans l'arrondissement de Villefranche.

23. — ROSAL et ROAL, s. m., rosée. — Ici, comme dans presque tous les exemples qui précèdent, la forme syncopée est la plus commune, et l'autre a quelque chose de légèrement prétentieux.

24. — ROALDES, n. p. de famille ; vient probablement d'un teuto-latin *Rodovaldus*. — Il serait alors une syncope de RODALDES, qu'on rencontrerait peut-être dans les vieux titres.

25. — RODERGUE, ROSERGUE et ROERGUE, s. m., le Rouergue. — Les deux premières formes se rencontrent seules, à ma connaissance, dans les monuments écrits de notre idiome an-

térieurs à la deuxième moitié du XVIe siècle ¹; au contraire, c'est uniquement la forme syncopée qui est en usage dans notre patois actuel, et aussi dans celui des départements limitrophes, d'après tout ce que j'en ai pu apprendre. La syncope du *d* et de l'*s* placés entre deux voyelles ne répugne pas à la langue d'oc, au rouergat au moins, ainsi que nous venons de le montrer, et les variantes syncopées étant reconnues d'autre part être les plus vulgaires, les moins littéraires, de ces considérations il est permis de conclure que notre mot *Roergue* est bien indigène et qu'il n'est pas d'importation française, comme un de nos savants critiques l'avait pensé.

Le primitif latin de *Roergue* a subi plusieurs métamorphoses successives pour atteindre cette dernière forme ; ce primitif est, comme on sait, *Rutenicus*. Son *t* s'est changé en *d*, qui, à son tour, est devenu *s*, et la syncope finale s'est produite, soit sur cet *s*, soit sur le *d* antérieur.

26. — Trida et tria, subst. fém., draine, oiseau. —Conformément à la règle déjà si souvent constatée, le premier mot a quelque chose de recherché, le second est plus vulgaire.

27. — Vau, avec *a* ouvert, je vais ; du lat. *vado*, par *vaso* et *vao*, ou immédiatement par *vao*.—Vau avec *a* fermé, ils vont ; de *vadunt* par *vasunt* ou *vaunt*, *vaun*, ce dernier subissant finalement l'apocope de l'*n*, ou conservant cette consonne et perdant l'*u*, pour produire la variante plus usitée et plus littéraire *van*. (Voir ci-dessus l'article Fau.)

---

¹ Ceci encore est inexact. Dans des documents rouergats de la fin du XIVe siècle, qui ont été transcrits d'après les originaux et publiés avec toute garantie de compétence et de scrupule philologique par M. Vésy, bibliothécaire de la ville de Rodez, sous le titre de *Copie de pièces du XIVᵉ siècle* (t. XII des *Mémoires de la Société des lettres de l'Aveyron*), le nom de notre province se représente souvent dans les pièces en langue d'oc, notamment dans des lettres de Bernard et de Jean d'Armagnac ; il y est constamment écrit *Roergue*. D'autre part, il est orthographié *Rouerngue* dans deux lettres en français écrites par le duc de Berry.

II

Les critiques qui se sont occupés de mes *Études de philologie et de linguistique aveyronnaises* y ont signalé quelques erreurs dont, pour certaines du moins, je n'hésite pas à convenir. De ce nombre est mon interprétation étymologique, — proposée d'une manière très-dubitative d'ailleurs, — des mots *viála* et *vialar*. Il ne saurait subsister de doute à cet égard : ces formes sont des variantes de *vila* et *vilar*, et je dois remercier MM. P. Meyer et Constans de m'avoir éclairé là-dessus. Mais il peut être instructif de dire comment je suis tombé dans ma faute. Le voici :

Constatons d'abord que M. P. M. m'a mal lu pour m'accuser d'avoir *reproché* à M. Germer-Durand, auteur du *Dictionnaire topographique du Gard*, de donner *villa* et *villare* comme la traduction latine des mots prov. *viala* et *vialar*. Un tel reproche eût été un non-sens, car le savant nîmois s'est borné à rapprocher des noms modernes des localités de son département les noms latins par lesquels ces localités se trouvent désignées dans les documents du moyen âge ou de l'antiquité. Du reste, voici le passage incriminé :

« Nous sommes surpris de rencontrer dans le *Dictionnaire topographique du Gard*, par M. Germer-Durand, ces deux noms de *viale* et *vialar* ou *vialà*, traduits par *villa* et *villaris* d'après des chartes latines des XIIe et XIIIe siècles. Ces deux formes latines donnent déjà à la langue d'oc *vila* et *vilar* par une transformation régulière ; il nous échappe entièrement comment *viála* et *vialar* pourraient procéder de ces mêmes primitifs. » (*Études*, p. 13, en note.)

Ce qui m'avait empêché de retrouver *vila* dans *viala*, et par ricochet *vilar* dans *vialar*, malgré l'analogie des doublets bien connus de *fil* et *fial*, *abril* et *abrial*, etc., c'était la considération suivante: *Viala*, me disais-je, a disparu du vocabulaire rouergat depuis un temps immémorial, après y avoir été d'un grand usage, comme l'attestent les noms propres topographiques qu'il a laissés après lui. D'autre part, *vila* est encore parfaitement vivant et pleinement usité. Cela étant, si *viala* est, ainsi que *vila*, une transformation de *villa*, la première de ces deux formes serait alors la plus ancienne, et *vila* descendrait conséquemment de *villa*, par *viala*. Mais, d'autre part, les lois d'évolution phonétique excluent absolument la possibilité d'une telle filiation. Donc *viala* ne procède pas du latin *villa*.

En me livrant à cette démonstration par l'absurde, je négligeais un fait important de l'histoire naturelle de la langue d'oc, qui avait été signalé par moi-même, et dont il a été question notamment dans la première de ces *Notes*. Ce fait linguistique, jusqu'ici inaperçu, c'est que, en outre de son innombrable variété de dialectes suivant la diversité des lieux, notre vieille langue présentait une dualité dialectale dans l'unité de lieu et de temps, une dualité de langage correspondant, non à ses différents âges, non aux différentes régions de son vaste domaine, mais aux deux grandes divisions sociales qui partageaient alors la population sur tous les points du pays. Ainsi, en outre de ces catégories de différences qui distinguaient, par exemple, le provençal du XIIe siècle de celui du XVe siècle, ou celui d'Avignon de celui de Toulouse, il y avait cette autre sorte de différences par lesquelles une séparation existait partout entre le parler de la société relativement polie et cultivée, composée des nobles, des clercs et des bourgeois, et le parler des pauvres gens de la campagne, des vilains, des manants. Cette forme populaire, ce patois de la langue d'oc, ce *vulgaire du vulgaire*, n'a pas laissé de monuments écrits, mais il en reste des vestiges très-considérables, d'une part, dans la nomenclature topographique rurale du Midi, et, d'autre part, dans nos dialectes provençaux actuels. C'est dans ces deux sources qu'on peut retrouver en partie cette doublure agreste du provençal classique, plus ancienne sans doute que lui (car la pureté latine dut se conserver plus longtemps dans la bouche des sénateurs gallo-romains que dans celle de leurs colons et serfs), et qui lui a survécu, car le français a supplanté depuis longtemps le provençal écrit, sans avoir pu déposséder encore le vieil idiome de nos paysans. Cette seconde langue d'oc offre d'autant plus d'intérêt qu'elle dérive en ligne directe de la souche latine aussi bien que sa noble sœur, et que, bien qu'un contact continuel de tant de siècles ait forcément amené quelque mélange entre elles, elles ont suivi néanmoins un cours distinct d'évolution et ont eu chacune son développement propre. Ce provençal des hameaux présente en outre pour la science cette supériorité d'intérêt sur le provençal des châteaux et des cités, et de la littérature, qu'il constitue un langage plus *naturel*, moins gâté, sous prétexte de perfectionnement, par la main des grammairiens et des littérateurs.

Revenant au sujet de cette glose, nous répétons que ce qui nous avait fourvoyé sur l'étymologie de *viala* et *vialar*, c'était la difficulté, qui nous paraissait d'abord insoluble, de s'expliquer comment un mot d'une langue mère, le latin *villa*, dans l'espèce, peut être représenté dans une même langue dérivée, le provençal du Rouergue, par exemple, par deux formes, deux transformations différentes, soit *vila* et *viala*, dont l'une, bien qu'elle eût survécu à l'autre, ne saurait cependant en être issue. Nous n'avions pas réfléchi que la langue d'oc peut offrir d'autant mieux des doublets non successifs, mais collatéraux, qu'elle se dédoublait elle-même tout entière en deux plans parallèles, en superposition dans le temps et dans l'espace. C'est alors ainsi que, *vila* et *viala* appartenant à ces deux plans différents, ce dernier mot peut s'être éteint depuis des siècles, tandis que l'autre vit encore, sans qu'il y ait lieu de se demander, ainsi que je l'avais fait, comment la forme vivante a pu procéder de la forme morte, malgré les lois de la phonétique qui rendent inadmissible un tel rapport de succession.

Viala était donc la variante rustique de *vila*. Ces deux formes opposées font, du reste, partie d'un groupe de doublets qui fournit l'une des caractéristiques différentielles des deux formations de la langue, et qui consiste dans l'opposition de *il* et *ial* = lat. *illus* ou *ilus*. Ce groupe est du reste assez peu nombreux; nous relèverons comme lui appartenant les thèmes suivants:

APRILIS donnant *Abril* et *Abrial*,
ARGILLA — *argila* et *argiala*,
FILUM — *fil* et *fial*,
MILLE — *mila* et *miala*,
PILUS — *pel* et *pial*,
PILA — *pila* et *piala*,
VILLA — *vila* et *viala*.

Ces deux formes rivales ne sont plus en concurrence, dans
notre rouergat actuel, que pour les thèmes ARGILLA, PILUS
et PILA ; ainsi les formes *argila* et *argiala*, *pel* et *pial*, *pila* et
piala, sont encore concurremment, mais non indifféremmen
usitées. Ce type *ial* a supplanté *il* dans APRILIS et FILUM: *abr.*
et *fial* se disent seuls, à l'exclusion de *abril* et *fil*. Enfin *il*
prévalu contre *ial* dans MILLE et VILLA, *miala* et *viala* étant tor .
bés en désuétude, alors que *mila* et *vila* sont d'un emploi constant.

Dans les mots sus-indiqués, où les deux formes antagonistes
sont encore en présence, *ial* décèle toujours, dans celui qui
l'emploie, une personne de la plus basse condition. Je me rap
pelle qu'à une époque où les démarcations sociales étaien
beaucoup plus accusées et respectées qu'aujourd'hui, un bouvier, un berger, aurait eu l'air de « faire le monsieur » et de
vouloir empiéter en quelque sorte sur les prérogatives de son
maître s'il avait dit *pel* au lieu de *pial*, *argila* au lieu d'*argiala*,
de même que *camisa* pour *camia* ; et réciproquement, *lo mossu*
ou même *lo boriaire* (maître-valet) aurait cru déroger et presque s'avilir en employant les mots de cette deuxième forme,
regardée comme le propre et l'attribut des gens les plus pauvres et les plus grossiers. Que la même nuance sociale ait existé
jadis entre *vila* et *viala*, *vilar* et *vialar*, ce n'est pas douteux ;
cela résulte nettement, pour moi, de plusieurs considérations
que je vais présenter brièvement.

Une chose distingue toutes les localités auxquelles sont
restés attachés les vocables de *viala* (viale) et *vialar* (vialá)
comme noms propres ; ce sont toutes des localités d'une importance infime, ce sont pour la plupart de simples hameaux,
ce sont rarement des villages, ce ne sont jamais ni des villes
ni des bourgs. On dira peut-être qu'il n'y a rien de particulier
à inférer de cette circonstance, du moins quant au mot *vialar*, puisque, en tant que nom commun, il n'a jamais désigné
qu'une petite agglomération rurale. Sans doute, mais ce qui
est significatif, c'est que la variante *vialar* et *viala* ait constamment prévalu sur *vilar* et *vila* pour dénommer des lieux
habités de cette sorte. L'explication de ce fait remarquable,
c'est, à mes yeux, que la population rurale ayant baptisé elle-
même, dans la plupart des cas du moins, ses lieux d'habita-

tion, c'est dans son idiome spécial qu'elle a dû en prendre les noms. Et, en admettant même, ce qui est du reste probable, que ces mêmes noms topographiques revêtissent la forme du pr°vençal noble quand ils étaient consignés par écrit dans les c³ astres, les terriers, les pouillés, les actes notariés, comme c n'est point à une telle source, — le fait est constant, — que les rédacteurs français de notre topographie officielle ont p 'sé ces dénominations, mais qu'ils les ont prises de la bouche même des habitants, on comprendra aisément que cette nomenclature se soit perpétuée uniquement, ou du moins principalement, dans ses variantes rustiques.

L'analyse critique des applications du primitif *villa* comme nom propre offre ceci de particulier, et qui confirme bien notre thèse, que, lorsqu'il constitue ou sert à constituer le nom d'une ville ou d'un gros bourg, c'est toujours la forme *il* qu'il a revêtue dans notre roman; tandis que, toutes les fois que ce thème est entré dans un nom de hameau ou de village, c'est la forme *ial* qu'il a prise.

Notre topographie aveyronnaise compte 54 localités portant les noms de le *Viala* (= lo *Vialar*), *Bou viala* (= *Bovialar*), *Vialars*, *Vialarel*, *Vialaret*. Deux de ces localités seulement atteignent le chiffre de 241 et de 320 habitants; tout le reste n'est que petits villages ou hameaux. La forme *villar* n'est représentée que par son diminutif *villaret*, porté par deux villages seulement.

Les rôles de nos noms de famille contiennent en très-grand nombre celui de *Vialá*, évidemment pour *Vialar*, lequel se présente aussi exceptionnellement en toutes lettres; on y trouve aussi quelques *Villá* ; mais l'*r* finale de *villar*, de même que celle de *vialar*, ne se prononçant plus, on peut se demander si ces *Villá* répondent à *Villaris* ou à *Villanus*.

Le primitif *villa* nous a donné une trentaine de *Vials* (*Viála*), s'appliquant presque tous à de simples hameaux ou à des maisons isolées, sept seulement étant portés comme villages dans le catalogue de Dardé, parce que leur population atteint de 40 à 100 habitants. Le même primitif a fourni 17 *Villes* (*vila*), dont Villefranche (*Vilafranca*), ville de 7, 616 habitants; Villeneuve, 747 habitants ; Villecomtal, 594 habitants. Sur le restant, il y a une Villefranque (son peu d'importance ne lui a mérité d'être francisée qu'à moitié) et deux Villefranquette, qui ont eu probablement pour marraine Villefranche-de-Panat, près de laquelle elles sont situées. Il y a ensuite quatre hameaux appelés Villeneuve, qui sont peut-être de création moderne, et auxquels le nom de ville aurait été donné en manière de plaisanterie.

Il est incontestable qu'à l'époque où la forme *viála* appartenait au langage commun et servait à baptiser nos nombreux hameaux de ce nom, le mot avait le sens de son primitif latin *villa*, c'est-à-dire de *maison de ferme* ou de *maison de campagne*. Cependant *viala* signifiait aussi ville à une certaine époque du moyen âge, car cette désignation est appliquée, — par un scribe plus villageois que citadin, j'imagine, — à la ville de Milhau, dans un vieil acte mentionné par M. Constans [1].

Nous terminerons sur ce sujet par une remarque sur l'usage comparé des formes provençales issues des thèmes latins *villare* et *villaticum*, qui ont servi de part et d'autre à rendre l'idée de village. La même observation s'applique d'ailleurs à la langue d'oui.

Vilar et *Vialar* dans le Midi, *Villier* dans le Nord, servent de nom propre à une multitude de villages et de bourgades. Mais, dans toute la nomenclature topographique des deux régions, rencontre-t-on quelque *Vilatge* ou *Village*? Non, pas un seul, du moins à ma connaissance. Et pourtant *villaticum* est aussi ancien que *villare*, car ce sont tous deux des neutres d'adjectif latin pris substantivement, et le prov. *vilatge*, ainsi que le fr. *village*, appartiennent d'ailleurs respectivement au vocabulaire du plus vieux provençal et du plus vieux français

---

[1] Le cartulaire de Conques, en Rouergue, récemment publié, renferme plusieurs chartes latines, notamment une de l'an 801, dans lesquelles le mot *villa* sert à désigner, non pas la maison de campagne, mais le domaine rural lui-même, divisé en plusieurs manses. Nous croyons devoir citer ici un passage de la charte sus-mentionnée, dont je respecterai la rédaction barbare:

Propter hanc reverentia sanctitatis, ego Leutadus, seu devocione omnipotentis Domini ut exinde mercis michi aderescat et veniam delictorum adipisci merear, hanc cartolam donationis ad ipsum monasterium seu ad ipsos servicutas Deo consuribere et firmare fatio, hoc est infra pago Rutenis civitate, in valle Tarnis, in locis vel *villis* nuncupatibus ubi vocabulum est Priscio, casa dominicale cum superiores et subteriores vel cum appendicibus suis, cum curtis et ortibus vel et alios mansos, *quantos in ipsa villa habet*, etc.

des documents écrits. D'autre part, ce n'est pas seulement *vialar*, mais encore *vilar*, qui paraît étranger au langage littéraire, et pareillement du français *villier*. Que conclure de ces rapprochements, si ce n'est que le thème *villare* avait prévalu dans le parler des paysans (qui, comme nous l'avons fait déjà remarquer, baptisent eux-mêmes le plus souvent leurs demeures et en empruntent le nom à leur idiome usuel), et que le thème *villaticum* l'avait emporté sur son synonyme dans la langue des hautes classes?

III

Dans toute langue, l'un des mots dont l'étymologie doit le plus intéresser est assurément celui qui représente l'idée de travail. Le français et le provençal, et aussi les autres langues issues du latin, expriment cette idée importante (toutefois avec quelques nuances dans le sens) par un thème commun qui varie, suivant la phonétique propre à ces divers idiomes, en fr. *travail*, prov. *trabalh*, ital. *travaglio*, esp. *trabajo*, port. *trabalho*, angl. *travel* et *travail*. Or qu'est ce thème commun dans sa forme primitive, et quelle est la signification qu'il comporte dans cette forme première, originelle? Depuis longtemps déjà la question a été posée, et elle a excité l'émulation des étymologistes. Mais ont-ils réussi à la résoudre? Nous ne le pensons pas. Voici, du reste, les principales opinions émises sur ce sujet. Elles sont résumées dans l'*Etymologisches Woerterbuch* de Diez, auquel j'en emprunte l'analyse.

D'après Ferrari, c'est de *tribulum, tribulare*, que dérive le mot qui nous occupe; d'après Sylvius (Dubois), il dériverait de *trans-vigilia;* d'après Muratori, de l'italien *vaglio*, crible ; d'après Wachter, du kymrique *trafod*, travail.

Diez, à son tour, considère comme plus admissible une dérivation du gaëlique *treabh*, signifiant labourer, et il ajoute cette remarque que l'allemand *arbeiten* peut prendre le sens de labourer, de cultiver un champ. Il eût pu faire observer encore que, par la même association, l'idée de travail, lat. *labor*, s'était transformée dans l'esprit du français en celle du travail de la terre, *labour*. Cependant Diez se demande s'il ne serait pas plus juste de chercher l'origine du mot dans la langue même à laquelle il appartient, et il juge alors qu'elle pourrait bien être dans le provençal *travar*, entraver, sinon immédiatement dans le substantif latin *trabs*, dont ce verbe est tiré.

Sans chercher à expliquer comment le fr. *travail* est passé dans l'anglais, où il existe sous les deux formes orthographiques de *travel* et *travail*, Diez constate que l'allemand *arbeiten*, travailler, est arrivé, par extension de même sorte, dans le patois de la Bavière, à signifier voyager. Et enfin il termine en disant que ce sens détourné (ainsi qu'il le suppose) appartenait aussi au verbe *travailler*, dans le vieux français. Littré (*Dict.*, articles TRAVAIL et TRAVAILLER) fait la même constatation.

Le lexicographe américain Noah Webster (*An American Dictionary of the english language*, Springfield, Mass., 1850) tire les mots anglais *travel* et *travail*, qu'il assimile, du gallois *travelu*. Notons enfin que le dictionnaire breton de Legonidec contient l'article suivant, que nous citons en abrégé : « TRAVEL ou TRÉVEL, s. m. Travail, peine, fatigue, ouvrage. On se sert plus ordinairement du mot *labour*. — En Galles, *travael*; en gaëlique irlandais et écossais, *tréavar*. »

Les mots celtiques ci-dessus seraient la source la plus probable de notre *travail*, si ces mots n'étaient pas eux-mêmes, suivant toute apparence, des emprunts modernes faits au normand par le breton, le gallois, l'erse. Quant aux autres hypothèses, notamment celle de *trabs* et *travar*, ce ne sont, à notre avis, que des pis-aller imaginés en désespoir de cause. Et maintenant la solution du problème nous est dévoilée, croyons-nous, par un mot rouergat. Cette expression, que je ne connaissais pas (ceux qui possèdent le mieux le *vocabulaire* de ma langue maternelle ne le possédant jamais qu'incomplètement), fut recueillie par moi dernièrement dans une conversation que j'eus avec un paysan de mes voisins. Il importe ici de dire dans quelles circonstances.

Mon interlocuteur, homme d'un certain âge et journalier de profession, habite un hameau situé à une lieue d'Arsac, sur un plateau élevé et près d'une haute falaise qui forme le bord de l'Aveyron en ce point ; ma demeure est en face, de l'autre côté de la rivière, sur une colline à quelques kilomètres de distance.

Nous étions au pied de cette colline, du côté de l'eau, le brave homme et moi. Il me demandait de lui confier l'arrachage d'une haie qui se trouvait près de là. Je lui répondis que le seul travail que j'eusse à lui offrir était un défrichement à faire sur le flanc d'une deuxième colline, qui s'élève au delà de la première. Alors mon homme se mit à réfléchir et, d'un air contrarié, il me dit : « Je ne puis me rendre tous les jours à ce travail et m'en retourner chez moi ; c'est là un TRAPUECH qui m'excéderait. »

« Qu'entendez-vous par *trapuech?* » m'écriai-je, surpris de ce terme. Mais obtenir d'un paysan une définition de mot est chose impossible. Je dus me contenter de l'explication que voici : « J'entends, dit-il, que c'est trop fatigant de faire deux fois par jour un tel *chemin.* » Il était évident que ce qui lui répugnait dans cette corvée quotidienne, ce n'était pas tant la longueur du trajet, les distances à parcourir, que les reliefs du terrain à surmonter, que les *puechs* multiples à gravir successivement et à redescendre.

Bref, un *trapuech*, c'est un laborieux parcours à travers monts et vaux, c'est un *transpodium.* Cette idée me frappa instantanément, et amena aussitôt dans mon esprit, par voie d'association, celle d'un *transvallium*, qui m'apparut comme le prototype latin de notre mot *travail* et de ses homonymes des autres langues romanes.

Le *transpodium*, le *trapuech*, c'est le labeur d'un pénible voyage s'offrant à la pensée sous forme de sommets successifs à atteindre ; le *transvallium*, le *travail*, c'est la même pensée, c'est le même sentiment, évoquant cette fois, dans l'imagination du pèlerin, le tableau de vallées, de gorges profondes à *creuser* de ses jambes, une à une, sous le poids du corps qui s'appesantit par la descente, que rend ensuite plus lourd encore la montée! Ici et là c'est une *même image*, l'image d'une même tâche d'efforts soutenus et de fatigues, mais que, pour ainsi dire, l'esprit voit tantôt en relief et tantôt en creux.

Et notre explication concorde bien avec cette observation remarquable sur laquelle insistent les deux plus savants historiographes du mot *travail*, Diez et Littré, à savoir que, dans ses applications les plus anciennes, il comporte la double acception de fatigue et de voyage.

Si maintenant on nous demande : Le verbe *travailler* vient-il du substantif *travail*, ou bien est-ce la filiation inverse qui est la vraie ? Nous répondrons que le *l* mouillé de ces deux mots suffit pour résoudre la question. Si le verbe était la souche, il viendrait d'un lat. *transvallare*, qui eût donné *travaler*. *Travailler* procède donc de *transvallium* et *travail*.

Terminons cette petite dissertation en contestant encore une opinion de M. Littré. Il affirme que le mot *travail* signifiant l'appareil à ferrer des maréchaux n'a pas une origine et une signification première distinctes de *travail* rendu par le latin *labor*. A mon avis, c'est là une erreur. Le *travail* des maréchaux vient de l'adjectif latin *trabalis*, formé de poutres, ce qui cadre entièrement avec la nature de l'objet ainsi désigné.

IV

Nous possédons en rouergat certains proverbes présentant une anomalie curieuse, qui fait naître une question philologique de quelque intérêt. Ce sont tantôt des distiques où le bon sens et la rime s'accordent tellement peu ensemble, qu'il faut sacrifier entièrement l'un des deux pour obtenir l'autre ; et tantôt ce sont des équivoques dont la malice reste impénétrable, le mot sur lequel on prétend jouer manquant du double sens qui doit faire le calembour.

Jusque-là, la chose ne mériterait peut-être pas grande attention ; mais ce n'est pas tout, et ce qui reste à noter est assurément piquant. Eh bien ! donc, qu'à la phonétique du dialecte rouergat, dans lequel sont dits ces adages à intention évidente d'être rimés, et qui pourtant ne riment pas, ou qui rimant ne disent rien, et ces jeux de mots qui ne jouent point du tout, on substitue la phonétique primitive de la langue d'oc, ou, ce qui revient au même, celle de ses dialectes modernes qui l'ont conservée, et voilà tout à coup que la rime absente se retrouve et que l'intention plaisante se laisse apercevoir. Nous allons donner quelques exemples de ce phénomène.

Il est familier aux Rouergats de dire :

Pren la filha del vesi,
Que li conoisseras son si.

Or le mot qui termine le dernier vers n'a pas de sens ; c'est un substantif inconnu dans notre vocabulaire. Serait-il un archaïsme dont la signification se serait perdue? Non ; c'est tout simplement un mot qui a été tronqué brutalement pour les besoins de la rime. *Si* est pour *sin*, tare, défaut, dont on a supprimé la finale pour le faire accorder avec *vesi* ; et on en a fait parlà une expression énigmatique, dont il faut être philologue pour deviner l'origine et la valeur. Et, si nos paysans répètent néanmoins le dicton, c'est par tradition, en se contentant de comprendre, *grosso modo*, que le précepte recommande de préférer comme épouse la fille du voisin, dont on sait le pour et le contre, à l'étrangère, qui est une inconnue.

Et maintenant, comment *sin* put-il jamais rimer avec *vesi*? — Cet accord était tout facile à l'époque ancienne, où *vesi* était encore *vesin*.

Nos gens du Rouergue affectionnent encore cette sentence :

Que perd son be
Perd son se.

A prendre cette phrase à la lettre, elle devrait se traduire par « qui perd son bien perd son *sein* », ce qui est absurde. Il est d'ailleurs facile de reconnaître dans ce *se* une mutilation du mot *sen*, qui veut dire bon sens, d'autant plus que le dicton s'applique communément à ceux dont des revers de fortune ont égaré la raison.

Et, encore une fois, comment *sen* put-il rimer jadis avec *be*? Même réponse : c'est qu'alors notre *be* actuel était encore à l'état de *ben*.

S'il est question entre paysans rouergats du mariage d'une fille sans dot, les plaisants sont dans l'usage de faire une remarque qui, à première audition, ne semble comporter que le libellé ci-après :

Es coma totas : a [g]onse cens ; c'est-à-dire, en français : Elle est comme toutes, elle a onze cents (francs de dot).

D'abord on cherche vainement le sel de ce bon mot, dont la finesse ne doit pourtant pas être bien attique. Et il échappe aussi à ceux qui font le mot, comme à ceux qui l'écoutent.

J'ai pu m'assurer que c'est un *cliché* qu'on se transmet de génération en génération, sans en pénétrer la signification réelle. On sait que la chose se dit en telle occasion, et on la répète de confiance et machinalement, comme on l'avait entendue, c'est-à-dire sans comprendre au juste ce que cela signifie.

La philologie du rouergat m'a permis, je crois, de pénétrer aussi cette énigme. Elle s'explique par un jeu de mots d'un goût un peu trop rabelaisien peut-être, mais qui était celui de nos ancêtres, on peut le dire sans les calomnier. Si nous nous permettons de produire ici cette explication, c'est parce que nous croyons faire de la science, et que chez elle rien n'est impur, de même que dans la maison de Jupiter.

La phrase parlée se prête donc à deux interprétations, l'une anodine et insignifiante, l'autre licencieuse. Cette double entente repose sur une assonance et sur une consonnance. La première n'a éprouvé aucun changement des révolutions phonétiques de la langue, mais la seconde y a disparu. Maintenant, pour que celle-ci soit rétablie, il suffit de restituer au substantif pluriel *ses*, *seins*, son *n* primitif : il redevient alors *sens*, qui pour le son se confond entièrement avec *cens*. Voici donc l'écriture de la phrase à double sens correspondant à sa signification cachée et malicieuse ; on me dispensera de la traduire en français :

Es coma totas : a c... (*vulvam*) e sens (*mammas*).

Pour saisir l'à-peu-près ou assonance, on doit savoir que, dans notre rouergat, le nombre *onse* est prononcé comme s'il s'écrivait *gonse*.

Les dictons que nous venons d'examiner et leurs pareils, s'ils n'ont pas été empruntés par le Rouergue aux dialectes du Sud-Est, ce qui est peu vraisemblable, se trouvent datés, par les singularités philologiques que nous venons d'y relever, des premiers temps de la langue d'oc, c'est-à-dire de cette période embryonnaire de son développement où elle ne s'était pas encore scindée en dialectes, tout au moins où les dialectes de l'Ouest et du Nord ne s'étaient point détachés de la forme mère par la chute du *n* des suffixes *an*, *en*, *in*, *on*, *un*, lequel a

persisté jusqu'à ce jour sur une petite partie du domaine provençal.

A cette conclusion, il y a une difficulté qu'il faut résoudre.

Étant reconnu que le *n* caduc, qui doit rimer dans nos proverbes avec un *n* persistant, était encore adhérent à l'époque
où ces dires populaires furent composés, la bizarre irrégularité
actuelle de ceux-ci n'est plus alors un mystère. Mais la critique philologique *no sera pas encore satisfaite* : elle voudra
savoir comment, de deux *n* ayant les mêmes rapports de situation dans le mot et ayant été soumis tous deux aux mêmes
causes de modification phonétique propres à un même dialecte, l'un s'est perdu et l'autre s'est conservé. Cette question
doit se résoudre ainsi : A l'époque où les deux *n* coexistaient
et rimaient ensemble dans nos vieux dictons, ils n'avaient pas
toutefois un son identique ; c'était bien un *n* de part et d'autre,
mais formant deux *n* distincts, séparés par une nuance. Le
n caduc, placé dans le thème latin entre deux *voyelles simples,*
dont l'une disparaissait entièrement avec la désinence casuelle,
était dépourvu de soutien et suivait bientôt cette désinence
dans sa chute. Au contraire, le *n* de l'autre sorte, étant primitivement en contiguïté avec une consonne ou une demi-con-
sonne qui s'absorbait ensuite en lui, il recevait de cette fusion
une sorte de renforcement qui le préservait de la syncope.
C'est ainsi que, pour en revenir à nos exemples, tandis que
le *n* de *vesin* (*vicinus*) tombait faute d'appui, ce qui produisait *vesi*, le n de *sin* (*signum*, cicatrice) se maintenait grâce au
renforcement fourni par le *g* qui le précédait primitivement.
Donc, à l'origine, tandis que *vesi* était *vesin*, de son côté *sin*
était *sign*, ce qui donnait une rime suffisante, sinon riche. Puis,
sous une influence contractive pesant à la fois sur l'un et sur
l'autre, alors que le *n* simple était entièrement éliminé, le *n*
composé ou *gn* passait à son tour à l'état de *n* simple, et toute
consonnance disparaissait.

De même pour *be* (*bene*) et *sen* (*sinnus*) : le premier, en perdant sa désinence adverbiale, a perdu sa lettre d'appui du *n*,
et celui-ci est tombé; chez le second, le *n* actuel a résisté, grâce
au deuxième *n* dont il était suivi dans le primitif, et qui lui
donnait pour ainsi dire une force double.

Nous ferons observer incidemment que le *sen* (bon sens) provençal ne vient pas du latin *sensus*, comme le français *sens*, mais du germanique *sinn*, qui a donné aussi l'italien *senno*. Cette remarque est de Littré.

Pour ce qui est du troisième dicton, disons que *cens* pour *cents* a conservé son *n* grâce au *t*, qui le suit encore au singulier, tandis que *ses*, pluriel de *se* (sein), venant de *sinus*, perdait le sien faute de renforcement.

Une lettre de soutien qui joue un grand rôle dans la physiologie du *n* terminal persistant, c'est le *i* des désinences latines *ius, ium*. Dans la syncope de la particule casuelle, qui est en réalité *us* et *um*, l'*i* de la diphthongue reste attaché au radical, auquel il appartient véritablement, et il s'absorbe alors avec le *n* qui le précède, en lui communiquant un son mouillé que la graphie provençale exprime par *nh*. Ce *nh* à la fin des mots n'est plus aujourd'hui que potentiel, il sonne comme un simple *n*; mais, dans le principe, il devait être actuel, il devait répondre à un *n* mouillé. Les troubadours font toutefois rimer *anh, enh, inh*, etc., avec *an, en, in*; mais il faut en inférer, ou qu'ils se contentaient d'une rime imparfaite, ou que le *h* du *nh* final n'avait plus pour eux qu'une valeur orthographique.

Quelle date approximative faut-il assigner à la crise phonétique où s'évanouit le *n* caduc? Nos textes rouergats les plus anciens, mais qui ne remontent pas au delà du commencement du XII° siècle, témoignent que ce changement était déjà accompli à cette époque.

Ajoutons que notre patois rouergat contemporain conserve encore quelques traces du *n* primitif, que, du reste, on ne rencontre pas dans la langue écrite du moyen âge. Ainsi *bo*, bon, recouvre son *n* caduc toutes les fois que cet adjectif se trouve suivi du substantif qualifié, soit que celui-ci commence par une voyelle ou par une consonne. Ex.: de *bon* vi, un *bon* païs, un *bon* home; tandis que l'on ne dit jamais autrement que: aquel vi es *bo*, aquel païs es *bo*, aquel home es *bo*.

Le *n* reparaît en outre dans *ma*, main, quand ce substantif est suivi de ses qualificatifs *drecha* et *gaucha* ou *esquerra*, du moins dans le langage des vieillards, bien que rarement dans celui des jeunes, qui, ayant passé par l'école, s'écartent volontiers de la tradition automatique pour suivre les indications de l'analogie grammaticale. Nos vieux disent donc : « la *man* drecha, la *man* gaucha. »

V

Dans la première de ces Notes, il a été commis une erreur que j'ai reconnue depuis, et je suis d'autant plus pressé de la réparer qu'elle consiste en une imputation injuste contre mon compatriote et confrère en philologie rouergate feu l'abbé Vayssier.

Contrairement à ce que j'avais avancé, j'ai constaté dernièrement que, dans la partie occidentale du département de l'Aveyron, *coeta* et *noet* se disent pour *coeita* et *noeit*, ce qui dès lors autorisait notre lexicographe patois à considérer ces formes épenthétiques comme des diminutifs. Cette opinion me paraît confirmée d'ailleurs par notre mot *foeit*, qui n'est qu'une épenthèse du mot français fouet. De ces rapprochements il semble résulter en effet que la diphthongue *oet* est antipathique au caractère du rouergat central, et qu'elle s'y transforme naturellement en la triphthongue *oeit*. Tout porte donc à penser que *coeita* et *noeit* sont des équivalents locaux de *coeto* et *noet*, dans lesquels il serait difficile de ne pas voir des diminutifs.

La souche du premier est évidemment *coa*; mais la question se pose pour la dérivation du second. *Noet* et son épenthèse *noeit* peuvent, en effet, ou bien être une syncope de *noset*, issu de *nos*, ou bien être les dérivés directs d'un primitif syncopé *no*, qui n'existe plus, mais que peut faire admettre une forme fondamentale possible *noùs = nodus*. analogue à *nius = nidus*, origine démontrée de notre *niu*, nid. (Voir ci-dessus, *Note I*.)

Nous avons encore reproché à l'abbé Vayssier d'avoir altéré *torrelhar* en *estorrelhar* pour en rendre l'étymologie plus facile. A ce propos, notre excellent collègue M. Roque-Ferrier a bien voulu m'apprendre que le patois de Montpellier possède un *estorrolhar*, lequel se trouve aussi dans Vayssier comme variante d'*estorrelhar*[1]. De tout cela je conclus que j'avais commis un jugement téméraire, et, pour faire pleine

---

[1] *Estorrelhar = *extorriculare; estorrolhar = *extorruculare.

réparation à qui de droit, je dois reconnaître que notre lexicographe a produit une œuvre parfaitement consciencieuse et d'une valeur considérable. Cela dit, et après avoir renoncé à contester l'existence réelle d'*estorrelhar* et *estorrolhar*, fréquentatifs régulièrement formés d'*estorrar*, lat. *extorrere*, dessécher par la chaleur, je maintiens une partie de mes reproches contre le dictionnaire rouergat : il a certainement eu tort d'omettre le verbe *se torrelhar*, se griller, et de le remplacer dans un de nos proverbes par un mot congénère qui ne rend pas la pensée du dicton. Voici ce proverbe rétabli dans sa forme authentique :

> Que per Nadal se solelha
> Per Pascas se torrelha.

Et cela veut dire : Qui se chauffe au soleil à la Noël se chauffe au feu à Pâques.

VI

La *Note II* a été consacrée à la discussion d'une des critiques qui ont été formulées par M. Paul Meyer contre certaines étymologies proposées dans mes *Etudes de philologie et de linguistique aveyronnaises*. Les autres ne sont pas moins dignes de notre attention, et nous allons reprendre cet utile examen.

Me fiant trop aveuglément aux renseignements de nos celtistes, j'avais identifié ensemble les racines rouergates CAIR et CAIL, et par là j'avais été conduit à méconnaître la véritable filiation des mots *cailar* et *cailus*. Le savant romaniste m'a donc fait très-justement observer (voir *Romania*, n° de janvier 1880, pp. 152 et 153.) que ces formes provençales répondent à des formes gallo-romaines *castellare*, *castellucius*, et que les textes latins du moyen âge les reproduisent dans les nuances intermédiaires et successives de *castlare*, *castlucius*, et *caslare*, *caslucius*. J'ai pu, depuis lors, constater dans les sources l'exactitude absolue de ces assertions, notamment dans le *Cartulaire de Conques*[1].

---

[1] *Cartulaire de l'abbaye de Conques en Rouergue*, publié par Gustave Desjardins. Paris, 1879.

Quant à a racine CAIR, M. P. M. on nie l'origine celtique tout aussi péremptoirement que pour CAIL ; elle n'est, suivant lui, que la régulière transformation de la racine latine QUADR fournie par le mot *quadrum* et ses développements. Sur ce deuxième point, je ne suis pas disposé à passer condamnation aussi facilement que sur le premier ; je dirai pourquoi tout à l'heure. Mais revenons un instant sur CAIL et ses composés *cailar* et *cailus*.

Si l'origine de cet élément n'est pas douteuse, l'histoire de sa formation, sa *genèse*, n'en est pas moins un problème qui offre à la fois beaucoup d'intérêt et de sérieuses difficultés.

Cette formation est certainement anomale, car la formation régulière correspondante nous eût donné en provençal *castelar* ou *castelier*, et *castelus*, qui se rencontrent d'ailleurs dans certains pays d'Oc, de même qu'elle a donné effectivement en français *châtelier* et *châtelus*[1], sans parler de l'italien et de l'espagnol, sur les domaines géographiques desquels on relèverait nombre de *Castellare, Castillero, Castelluccio*, etc.

D'où est née cette anomalie, cette difformité ? Sans doute de quelque accident survenu pour contrarier le développement normal des mots durant leur évolution, à l'instar de ce qui s'observe dans la production de tout phénomène tératologique dans les divers ordres de la nature.

Et quel fut cet accident dans le cas qui nous occupe ? Là est pour ainsi dire le noyau de la question ; mais, pour le dégager, il faut commencer par résoudre quelques difficultés préliminaires qui en forment en quelque sorte les enveloppes.

Ainsi, à la racine latine CASTELL de *castellaris* et *castellucius*, correspond la racine provençale CAIL de *cailar* et *cailus* ; et, secondement, le pseudo-latin ou latin barbare du haut moyen âge fournit deux termes successifs de transition entre ces deux formes extrêmes, soit les racines CASTL et CASL. Cela dit, procédons par voie régressive et cherchons d'abord le passage de CASL à CAIL, puis celui de CASTL à CASL, et enfin celui de CASTELL à CASTL. J'adopte pour mon exposition cette

---

[1] Les *Châtelus* sont sans doute moins nombreux dans les pays de langue d'oui que les *Caylus* dans les pays de langue d'oc, mais ils s'y rencontrent ; le département de la Creuse, notamment, en possède plusieurs.

marche à rebours, parce que c'est celle que j'ai été amené à suivre dans l'étude qu'ont provoquée les observations de M. Meyer.

La dernière métamorphose ne présentait rien d'exceptionnel: *caslar*, *caslus*, se transformaient en *cailar*, *cailus*, comme *vaslet*, de *vassalet*, s'est transformé en *vailet*, valet ; comme l'*s* s'est changée également en *i* devant *m* dans *deime*, dixième, et *Maime*, Maxime, remontant par *desme* et *Masme* à leurs originaux latins respectifs, *decimus* et *Maximus*[1].

Rattacher le changement de CASTL en CASL à une loi connue était plus difficile. Le vocabulaire provençal ne m'offrit qu'un seul mot, en dehors de *cailar* et *cailus*, qui eût l'élément ASTL dans ses origines, et, dans ce cas, la lettre *t*, au lieu d'avoir été éliminée, s'était changée en *c*. Le mot dont il s'agit est *ascla*, bûche de bois fendu, procédant du diminutif latin *astula* par une forme intermédiaire *astla*, comme le *t* de *vetlus*, contraction de *vetulus*, est devenu encore le *c* de *veclus*, d'où *velh*, *vielh*[2].

La mutation de CASTL en CASL reste donc un fait isolé, une exception unique dans la morphologie phonétique du provençal. Pourquoi la loi, pourquoi la cause qui a fait *ascla* de *astla* n'a-t-elle pas fait *casclare* et *casclucius* de *castlare* et *castlucius*; ou pourquoi ce qui a produit *caslare*, *caslucius*, n'a-t-il pas produit concurremment *asla* au lieu de *ascla*? Contentons-nous de répondre, pour le moment, que cette différence de deux effets qu'on s'attendrait à trouver semblables s'explique en ce que, en réalité, ils relèvent de causes différentes, qu'ils se sont produits dans des temps et des milieux notablement distincts, ce qu'il s'agira de démontrer tout à l'heure.

La consonne composée STL est insurmontablement répugnante au tempérament phonétique de la langue latine et de ses filles les langues romanes ; et TL lui-même, qu'elles ont admis dans quelques mots, comme *Atlas* et *Atlantique*, y est une

[1] La tendance de l'*s* à fléchir en *i* devant certaines consonnes ne s'observe pas seulement dans le conflit des lettres d'un même mot, mais encore entre les mots contigus d'une phrase ; c'est ainsi que l's des articles *los* et *las* se change volontiers en *i* devant les mots commençant par une consonne.

[2] Conf. *usclar*, v. a., flamber, hâler, du lat. *ustulare* par un intermédiaire obligé *ustlar*.

importation du grec et y fait disparate. Cela étant, je crois
pouvoir avancer deux choses :

Premièrement, que le STL de *astla*, forme transitoire de
astula, n'eut jamais qu'une existence virtuelle, et que, par le
fait, *ascla* succéda immédiatement à *astula* lorsque l'*u* de celui-
ci dut disparaître pour accommoder ce proparoxyton latin à
la tonalité provençale ;

Secondement, que les mots *castlare*, *castlucius*, traduisent
une prononciation germanique de *castellare*, *castellucius*, qui
fut probablement introduite par les Francs dans les temps
carolingiens, et qui prévalut accidentellement sur les formes
romanes vraies dans une région de notre Midi, par suite de
circonstances particulières à découvrir, mais analogues à
celles qui imposèrent à la population « romaine » de nos provinces les noms propres d'homme et de femme apportés par
ces Barbares.

Je crois inutile de m'arrêter sur la première de ces deux
propositions ; je vais entrer dans quelques détails touchant la
seconde.

Nos vieux documents, notamment le *Cartulaire de Conques*
(dont une charte remonte à l'an 801), nous offrent le fait remarquable autant que peu remarqué que voici : les noms propres des Rouergats de l'époque qui s'y trouvent consignés,
et le nombre en est grand, appartiennent tous, ou bien peu
s'en faut, à la langue germanique. Ce n'est pas tout : ces noms
germains de personne ne présentent, dans la plupart des cas,
aucune trace de romanisation, alors que la nomenclature topographique contemporaine, toute de source latine ou gauloise, porte déjà les signes d'une romanisation très-prononcée.
Ces noms propres germaniques sont sans doute, tant bien que
mal, accommodés aux déclinaisons latines, mais leur latinisation n'est pas autre que ce qu'elle devait être quand les
mêmes noms, au lieu d'être écrits dans le Rouergue, étaient
écrits au sein même de la Germanie.

Évidemment, durant la période carolingienne, deux langues
étaient en présence dans notre province et luttaient pour l'empire, celle de la population « romaine » et celle des Francs.
Ces derniers devaient être nombreux dans le pays, et comme
officiers publics placés à la tête des *ministeria*, des *vicariae* et

des *aïces*, et comme propriétaires terriens, et aussi apparemment à titre de simples colons et de serfs; et de plus, à en juger par le chassé-croisé des *missi dominici* et des *missi* de l'abbaye de Conques, entre Aix-la-Chapelle et le Rouergue, auquel nous font assister certains récits du *Cartulaire*, les communications étaient étendues et actives entre notre pays et les pays germains, ce qui devait contribuer à entretenir la connaissance de leur langue nationale dans nos familles d'origine franque. Sans doute, les noms étrangers que faisait adopter par les indigènes la tendance qui, en tout pays et en tout temps, porte la masse à modeler ses mœurs sur celles de ses maîtres, ces noms devaient perdre de leurs aspérités tudesques en passant par la bouche des « Romains » ; mais, lorsqu'ils étaient écrits, si le scribe était d'origine barbare, ces vocables à lui familiers étaient naturellement orthographiés par lui comme ils avaient coutume de l'être par delà le Rhin ; et, si le rédacteur était au contraire de nation « romaine », l'orthographe tudesque lui était imposée en quelque sorte par la prononciation du déclarant, s'il était Barbare, lequel articulait son nom à la façon des gens de sa race; et d'ailleurs le scribe, crainte de déplaire, devait s'efforcer d'estropier ce nom le moins possible et d'en rendre de son mieux les sons exotiques au moyen de son alphabet latin.

Ainsi, tandis que dès la fin du VIIIᵉ siècle, date de nos documents rouergats les plus anciens, l'orthographe des noms de lieu atteste que la population « romaine » trouvait déjà trop dures pour l'oreille ou pour la voix certains concours de consonnes simples de la latinité pure, et qu'elle altérait ces sons pour les adoucir, l'orthographe des noms germaniques en respectait toutes les rudesses et s'interdisait jusqu'à ces sobres atténuations que le latin de l'époque impériale et de l'époque mérovingienne elle-même se croyait tenu d'apporter aux noms barbares, en intercalant d'office certaines voyelles entre les consonnes, pour empêcher celles-ci de se heurter trop fort et de produire par leur choc des articulations trop difficiles à émettre, trop désagréables à entendre. Par exemple, alors que, dans les écrits latins des deux époques précitées, nous rencontrons les noms des chefs barbares sous les formes adoucies de *Dagobertus, Gundobaldus, Sigobertus* ou *Sigibertus*, etc.,

pour *Dagbertus, Gundbaldus, Sigbertus,* etc., nos textes rouergats carolingiens, et jusqu'à ceux de la fin du Xe siècle, ou
de plus tard encore, orthographient brutalement : *Aïcfredus,
Aïcmarus, Bertoaudus, Bertlandus, Gausfredus, Godbrandus,
Guïtbaldus, Guïtbertus, Guïtvfredus, Guïtmarus, Huobaldus, Huo-
bertus, Jatbaldus, Jatfredus, Josfredus, Leodbertus, Leudoar-
dis, Leutfredus, Leodlandus, Matfredus, Ratoardis, Rotbertus,
Rotoarius, Rotlandus, Sicfredus, Teutbertus, Teutoarius,* etc.[1]

Une autre observation philologique prouve encore d'une
manière décisive que, à l'époque où les textes qui nous occupent étaient rédigés, une partie considérable de notre population, considérable par le nombre et non pas seulement par
la situation des personnes, faisait usage des dialectes germaniques, et que la rédaction des noms germains, de beaucoup
d'entre eux tout au moins, avait lieu sous la dictée de Germains qui, bien que jargonnant le latin comme langue officielle, employaient en famille la langue de leur pays d'origine.
Dans le *Cartulaire de Conques* déjà cité, on rencontre toute
une catégorie de noms de femme qui, terminés en *a* au cas nominatif, font *anæ* au génitif, ou plutôt *ane.* Suivant la remarque de Littré (voir *Dictionnaire,* art. Nonnain), faite à propos
du même phénomène observé ailleurs, par Jules Quicherat
principalement (voir *De la Formation française des anciens noms
de lieu,* p. 62 et suiv.), cette façon barbare de décliner en latin
était la réminiscence d'une déclinaison germanique, d'où il
est permis de conclure que ceux qui commettaient ce germa-
nisme parlaient le tudesque. Ainsi, dans des actes de donation
que renferme le Cartulaire, *Aiga*[2], *Berta, Gisla, Odda,* se dé-
clarent donatrices ; puis au bas de l'acte se lit : *Signum Ar-
gane, Bertane, Gislane, Oddane.*

Eh bien ! pareillement, il nous est avis que les formes *castlare, castlucius,* à l'époque où ces mots s'inscrivaient dans nos

[1] Voir *Cartulaire de l'abbaye de Conques,* op. cit., à la table des noms propres.

[2] A propos de ce nom, nous devons signaler à M. Constans une méprise. Il a cru voir dans ce mot le substantif provençal *aiga,* employé comme nom propre de femme. *Aiga,* n. p., est un nom germain qui se retrouve sous deux formes masculines et appliqué à des hommes, *Aigus* et *Aigo,* et qui entre dans la formation d'une foule de noms composés, par exemple : *Aigbrandus, Aig-*

vieilles chartes, étaient des prononciations tudesques de *castellare* et *castellucius*, servilement reproduites par le scribe telles qu'elles tombaient des bouches barbares, et servilement adoptées par la population indigène à l'instar des noms propres de personne.

Nous pensons que ces mots difformes finirent par se substituer dans le langage commun à leurs équivalents, mais que, le naturel de la phonétique romane reprenant le dessus, ces formes barbares se romanisèrent à leur tour, en s'adoucissant successivement en *castar*, *castus* ; *cailar*, *cailus*.

Notons en passant, ces remarques vaudront ce qu'elles vaudront, que les Anglais ont fait de *castellum*, *castle* (en opérant il est vrai sur le primitif et par déplacement de l'accent tonique, tandis que *castlare*, *castlucius*, sont tirés de dérivés et sans changement d'accent), et qu'ils prononcent aujourd'hui ce mot comme s'il s'écrivait *cassle* ; et notons, en deuxième lieu, que *castellum* a reçu un traitement semblable des Allemands dans le nom de ville *Cassel*, en latin *Castellum Cattorum*.

J'ai dit que les formes *castlare*, *castlucius*, sont une anomalie, une exception, un pur accident dans le langage du Rouergue, et j'ai cherché à dévoiler les causes de cet accident. Mon étiologie pourra être contestée, mais le fait de l'accident est indéniable. Si *castlare*, *castlucius*, et leurs transformations ultérieures en *cailar*, *cailus*, se rattachaient aux lois de notre phonétique, je prie d'observer que ces mêmes lois ne nous eussent point donné en rouergat *rastelar*, ratisser, et *rastelier*, râtelier, mais bien *railar* et *railier*, parfaitement inconnus.

Et ce qui montre encore que les formes en question sont entièrement accidentelles, c'est que non-seulement elles sont isolées, intruses dans le dialecte où elles se rencontrent, mais qu'elles sont étroitement localisées dans le domaine géographique des langues romanes, puisqu'on ne les observe que dans un petit groupe provençal dont le Rouergue paraît être le centre (dans le nord de la Lozère, dans le Cantal, la Corrèze, la Haute-Loire, où CA = CHA, *cailar*, *cailus*, se présentent modifiés en *chailar*, *chailus*), et que partout ailleurs on trouve à leur place les formes normales correspondantes.

fredus (d'où nos *Ayffre* modernes), *Aiglenda*, *Aigmarus*, *Aigulf*, etc (Voir le *Cartulaire*, loc. cit.)

Finissons sur ce sujet en faisant connaître que *castlare* est employé comme appellatif commun dans plusieurs chartes sans date précise, mais que M. Gustave Desjardins rapporte au XIe siècle. Une autre charte, dont l'éditeur du *Cartulaire* place la date entre 1087 et 1107, donne *castlar*, sans flexion latine, dans une phrase dont la première moitié est en latin et la deuxième en vulgaire. La voici : « ..... et similiter donamus totam illam decimam quam habet Geraldus de Castaliaco in pignora per XII solidos podienses in toto illo *vinobre de Castlar del laus e de la foillada e de tos los frauz.* »

VII

M. Paul Meyer, avons-nous dit[1], entend rattacher au radical QUADR de *quadrum* tous les radicaux CAIR de la langue d'oc, alors que nous leur avions attribué une origine celtique, suivant l'opinion générale des celtistes. Nous pensons aujourd'hui qu'on pèche de part et d'autre pour être trop absolu.

Le mot *caire*, s. m., au sens de carreau et de quartier, n'est évidemment autre que la métaphonie de *quadrum*, de même que *cairar*, v., celle de *quadrare*. Mais le mot *caire* signifiant pierre et hauteur fortifiée, son diminutif *cairol* et ses dérivés *cairò*, tas de pierres, *cairuc* et *cairós*, pierreux, proviennent-ils de la même source? *That is the question*. Cette question, je renonce pour le moment à la résoudre, mais je vais en soumettre au lecteur quelques données, qui sont inédites et intéressantes, si je ne me trompe.

Un grand fait offert par la linguistique romane, que j'ai signalé ailleurs[2], c'est que le CA latin s'est romanisé en CHA sur une large bande du territoire gaulois, comprenant des pays de langue d'oc et des pays de langue d'oui, et embrassant à peu près tout ce qui s'étend entre les 45e et 49e degrés de latitude. Ainsi, par exemple, tandis qu'en dehors de cette zone, au Sud et au Nord, les mots latins *capra, campus, castellum*, se retrouvent sous les formes du prov. *cabra, camp, castel*, et du normand-picard *quèbre, camp, câteau*, les mêmes mots ont pour

[1] Voir mes *Études de phil. et de ling. aveyronnaises* (Maisonneuve et Ce).

homonymes, dans l'intérieur de la zone, *chabra, champ, chastel*, pour le domaine provençal, et *chèvre, champ, château*, pour le domaine français.

Or le QUA latin ne suit pas cette loi du CA : il ne devient pas chuintant comme ce dernier, il se maintient toujours et partout dans la valeur de KA. C'est ainsi que l'on ne rencontre nulle part *chatre* pour quatre ; *chartier* pour quartier ; *chal* ou *chel* pour qual, quel ; *chand* pour quand, etc. Ce principe établi, il va nous fournir un critérium pour discerner, dans les différentes applications de l'élément CAIR, les cas où il procède du latin et ceux où il n'en procéderait pas. Eh bien ! il se trouve que le vocabulaire des noms propres topographiques des pays chuintants nous offre en grand nombre des *Chéron* et des *Chayrouse*, qui répondent évidemment aux *Cayron, Quéron* et *Cayrouse* des pays, soit du Nord, soit du Sud, où le CA latin reste égal à KA.

Conclusion : le CAIR de *cairé*, tas de pierres, de *cairos* et *cairuc*, pierreux, et par conséquent de CAIRE constituant le primitif de ces dérivés, a une autre origine que le CAIR de *caire, cairel* et *cairar*, homonymes et synonymes sud-provençaux des mots latins *quadrum, quadrellum, quadrare*.

Les innombrables *Caire* et *Cairol* du dictionnaire topographique rouergat, dénommant tous des lieux qui se font remarquer par quelque ruine de donjon ou quelque abrupte rocher, ne doivent-ils pas dès lors être rattachés au KEAR ou KER celtique, désignant actuellement un château, un bourg, et dont la signification primitive peut bien avoir été celle de rocher (en breton, l'idée de falaise ou rocher du bord de la la mer se rend par la forme adjective *karrek* et *kerrek*) ? Le vieux breton insulaire traduisait le latin *vicus* par *kair*, témoin l'ancien nom de la ville de Kent, *Kair-kent*, qui était rendu par *Quentovicus* dans le latin du moyen âge (Belloguet, *Types gaulois*, p. 79).

M. P. M. objectera que l'idée de pierre attachée au prov. *caire* se retrouve dans le latin *quadrum*, qui signifie par extension carreau de pierre, pierre de taille. Mais la difficulté d'ordre phonétique que je viens d'exposer n'en reste pas moins entière. J'aurais d'ailleurs beaucoup de plaisir à voir l'éminent romaniste du Collége de France s'attaquer à ce problôme, dont il est, cela va sans dire, bien plus à même que moi d'avoir raison.

Ce qui trancherait la question, ce seraient des textes lointains du moyen âge donnant la forme primitive authentique des noms de lieu sus-mentionnés. Ceux que je connais offrant les noms dont il s'agit ne remontent pas au delà du X⸱ siècle. Ces noms s'y rencontrent sous les *formes de Cairolos, Caironos* (Voir le *Cartulaire de l'abbaye de Conques*), mais jamais sous celles de *Quadrum, Quadreolos, Quadrones*, auxquelles on devrait s'attendre en tenant pour entièrement vraie la thèse de M. P. M.

VIII

Le rouergat possède plusieurs séries de doublets où les deux formes concurrentes paraissent être contemporaines et dater des commencements de la langue d'oc. J'en ai indiqué une intéressante catégorie dans ma Note II ; je vais en signaler ici quelques autres.

A. — Doublets par différence d'accentuation tonique

Type latin	Types romans
CUMULUS....	cómble, comól.
NEBULA.....	nébla, niból, s. f.
MESPILUS...	néspla, nespóla
* TURBULUS. .	tréble, treból.
FABRICA....	fárga, fabréga.
FÆMINA....	fémna, feména.
*LAMPADA... (*lampas*)	lámpa, lampésa.

Les *deuxièmes* formes des couples ci-dessus présentent une altération de l'accentuation latine ; elles sont irrégulières.

Dans le rouergat de Rodez et de ses environs, les deux types concurrents sont usités indifféremment pour ce qui est de *nebla* et *nibol, treble* et *trebol. Comble* ne se dit guère. *Fabrega* n'existe plus que comme nom propre de lieu, et, consécutivement, comme nom de famille ; les *Lafabrègue* sont nombreux. *Femena*, qui caractérisait autrefois le parler du Rouergue, au rapport des *Leys d'amors*, n'existe plus dans notre langage actuel que dans son diminutif *femenela*, femelle. *Lampa*, de la langue classique, est rarement employé de nos jours et semble n'être qu'une imitation du fr. *lampe* (la lampe rustique ou lampe romaine, la seule en usage chez nous dans mon enfance, est désignée par le mot *calel*); *lampesa* s'applique à la lampe d'église. *Nespla* est classique, mais est tombé en désuétude en Rouergue ; *nespola* se rencontre seul, toutefois avec *mespola*, qui a retenu l'*m* original. Littré fait venir *trouble*, adjectif, de *trouble*, substantif, et ce dernier du latin supposé *turbulus*, équivalent masculin de *turbula*. Je crois plutôt que l'adjectif français et l'adjectif provençal ont pour original latin un *turbulus* (par inversion *trubulus*) qui était pris lui-même adjectivement ; car les homonymes prov. *treble* et *trebol* sont purement adjectifs.

Notons que l'*o* des désinences *ol* du lat. *ulus* est un *o* fermé. Je dois constater en même temps qu'il est à ma souvenance qu'autrefois beaucoup de personnes prononçaient cet *ol* atone, faisant très-nettement porter l'accent sur la voyelle précédente, et prononçant par exemple *níbol, trébol, trémol, píbol,* au lieu de *niból, treból, tremól, piból*, qui paraît avoir pris entièrement le dessus[1]. Et ce qui prouve bien que cette prononciation était originale, c'est que, s'il en eût été autrement, le lat. *nebula* eut donné *nibóla* et non point *niból*. La chute de la désinence féminine ne peut en effet s'expliquer que par l'inaptitude de l'organe provençal à émettre des proparoxytons.

[1] L'abbé Vayssier (*Dictionnaire patois-fr. du département de l'Aveyron;* Rodez, 1879, librairie veuve Carrère) accentue *nibol, pibol* et *trémol*.

B. — Doublets par concurrence de contraction et de non-contraction, sans différence d'accentuation

Type latin	Types romans	Filiations
ACINUS	aine¹....	acinus (= akinus), acnus, aine.
	ase¹....	acinus, acen, asen, ase.
COQUERE	coire²....	cóquere, cócere (= {cokere) cocre / cósere) cosre} coire.
	cóser³..	cóquere, cócere, cósere, cóser.
CLAUDERE	claure....	cláudere, claudre, claure.
	cláuser...	cláudere, cláuder, cláuser.
CREDERE	creire....	crédere, credre, creire.
	créser....	crédere, créder, créser.
FODERE	foire²....	fódere, fodre, foire.
	fóser³....	fódere, fóder, fóser.
PLACERE	plaire..	plácere(= {plákere) plácre / plásere) plasre} plaire.
	pláser....	plácere, plásere, pláser.
POTERE	poire²...	pótere, potre, poire.
	póder³...	pótere, póter, póder.
RADERE	raire....	rádere, radre, raire.
	ráser.....	rádere, ráder, ráser.
RIDERE	reire.....	rídere, ridre, reire.
	riser.....	rídere, rídcr, ríser.
VIDERE	veire...	vídere, vidre, veire.
	véser.....	vídere, véder, véser.

Le tableau ci-dessus prête à de nombreuses observations ; je vais indiquer celles qui me paraissent les principales.

Notons d'abord que l'original latin des verbes provençaux dont nous venons de donner la filiation est souvent un barbarisme : barbarisme par fausse accentuation, simplement, comme dans *ridĕre*, *vidĕre*, originaux incontestables de *reire* et *riser*, de *veire* et *véser*, pour *ridēre*, *vidēre*, ou barbarisme tout à la fois par vice de formation et vice d'accentuation ; exemple : *potĕre*, origine nécessaire de *poire* et *póder*, pour *potēre*, variante analogique de *posse*.

---

¹ *Aine* et *ase* se disent en Rouergue pour le muron d'une espèce de ronce à fruit acide.

² L'o de *coire* et *foire* est ouvert ; celui de *poire* est fermé.

³ L'o de *cóser*, cuire, est ouvert, tandis qu'o est fermé dans *cóser*, coudre : il est également ouvert dans *fóser* ; il est fermé dans *póder*.

Le *dimorphisme* des transformations romanes des mots latins
donnés dans les deux précédents tableaux confirme un grand
fait linguistique que j'ai déjà signalé dans une autre de mes
Notes ; c'est que de tout temps deux langues ont coexisté en
superposition dans ce pays, comme dans beaucoup d'autres
sans doute, celle des hautes classes et celle des basses classes de la société ; c'est que, dans l'espèce, le vocabulaire de
nos patois provençaux actuels tire son fond de deux langues
provençales anciennes ainsi superposées, celle des nobles et
bourgeois, et celle des manants (et plus particulièrement de
cette dernière), et enfin que ces deux couches sociales de la
vieille langue d'oc correspondaient à deux couches sociales
analogues du latin gallo-romain dont elle est issue. Quand les
linguistes parlent de transformations *régulières* et de transformations *irrégulières* de mots passés du latin dans un idiome
roman, ils expriment le plus souvent un fait inexact. Dans le
plus grand nombre des cas, la transformation dite irrégulière
est une transformation parfaitement régulière d'un mot latin
irrégulier, barbare. Ce latin irrégulier, barbare, c'était celui
de la plèbe et des esclaves, il y a tout lieu de le croire ; de
même qu'il y a toute raison d'admettre que le latin pur et
classique, attesté par les doublets romans dits réguliers con-
comitants, était celui des familles sénatoriales et curiales, celui de la classe riche et instruite chez les Gallo-Romains.

Voici d'abord en présence et en concurrence deux variantes
des mêmes mots qui se distinguent en ce que l'une a conservé
la vraie tonalité latine, tandis que l'autre l'a perdue ; exemples : *fárga* et *fabréga, femna* et *feména,* etc. Il est naturel
de penser que ceux qui savaient respecter la prosodie latine
étaient ceux qui avaient étudié le latin, et devaient, vu leur
rang social, être jaloux de le parler correctement ; tandis que,
par une raison inverse, on doit supposer que ceux qui né-
gligeaient la *quantité* dans la pratique étaient ceux que l'hu-
milité de leur condition avait exclus des études classiques.

Mais quelle raison avons-nous d'affirmer que la séparation
de nos doublets provençaux remontait jusqu'à l'époque gallo-
romaine? Nous avons les preuves incontestables du fait dans
l'analyse raisonnée de ces mêmes doublets que j'ai donnés
dans les deux tableaux ci-dessus. En effet, il saute aux yeux

que les formes anomales *fabréga* et *feména* ne peuvent procéder des formes contractées *fargu* et *femna*, et que ces dernières ne sauraient provenir non plus des premières. Les unes et les autres se rattachent donc immédiatement à leurs souches latines communes *fabrica* et *fœmina*, et il faut dès lors admettre que celles-ci étaient prononcées classiquement *fabrĭca* et *fœmĭna* par les Gallo-Romains lettrés, tandis que leurs compatriotes des classes ignorantes leur donnaient cette accentuation vicieuse : *fabrīca*, *fœmīna*.

Les mots du deuxième tableau ne sont pas moins instructifs et moins concluants. Comme ceux du premier, ils témoignent de ce fait intéressant que notre idiome actuel a emprunté ses éléments à deux latins distincts, mais contemporains et superposés, en usage chez nos ancêtres durant la domination romaine ; que dans l'un, sans doute celui des *gens comme il faut*, on se piquait d'observer les règles de la prosodie classique, ou du moins de mettre un grand soin à se montrer capable d'articuler les proparoxytons, et même cela avec une préoccupation excessive, portant à en voir jusque dans de simples paroxytons [1]; que, dans l'autre, le patois de l'époque probablement, ces règles, quand il s'agissait des proparoxytons, rencontraient dans l'appareil vocal quelque insurmontable obstacle que, ne pouvant le surmonter, on tournait, et cela de deux manières différentes. Les exemples du tableau *A* nous offrent l'un de ces procédés; *il consiste, nous l'avons vu, à déplacer l'accent des mots proparoxytons, à le reporter de l'antépénultième syllabe sur l'avant-dernière.* L'autre expédient, dit *contraction*, s'observe dans les premiers termes des couples de doublets que nous présentons dans le tableau *B;* c'est la suppression même ou l'*écrasement* d'une syllabe, la syllabe moyenne entre l'antépénultième tonique et la dernière.

Le mécanisme de la contraction n'est pas toujours aisé à

---

[1] Quelle est l'origine des nombreux infinitifs gallo-romains à fausse accentuation, en *ĕre* pour *ēre*, qui se révèlent dans des infinitifs français ou provençaux correspondants ? Rien de plus que le zèle des Gallo-Romains des hautes classes à prouver qu'ils n'étaient point, comme leur menu peuple, impuissants à prononcer les proparoxytons latins.

découvrir ; mais cette recherche peut amener à des résultats intéressants.

Aine, de *acinus*, suppose nécessairement une première modification de cet original latin, par voie de contraction, en *ac-nus*. Mais, dans cette forme de transition, la lettre *c*, placée devant *e* et *i*, a-t-elle conservé sa valeur primitive de gutturale, ou a-t-elle déjà subi la grande crise qui, à une époque mal déterminée, en altéra si profondément le son dans tout le monde latin, la convertissant, dans les Gaules, en une sifflante égale à *ss*, en une chuintante en Italie, etc.? En termes plus concis, la transformation contracte *ac-nus* se fit-elle sur un *acinus* = *akinus*, ou bien sur un *acinus* = *assinus*?

Il se trouve malheureusement que les gutturales et les sifflantes ont la même réaction avec *n*: les unes et les autres peuvent passer à l'état d'*i* par leur conflit avec cette nasale. Ainsi : lat. *Carolus Magnus* fait prov. *Carles Maine*, et lat. b. *masnaticum*, pour *mansionaticum*, donne pr. *mainatge*. La question reste ainsi douteuse; cependant l'analyse morphogénique de quelques autres doublets contractés du même tableau répand sur elle quelques lueurs, mais sans en dissiper toutes les obscurités.

Coire, cuire, vient de *coquère*, pour *coquère*, par une contraction de cet infinitif latin. Cette forme contracte, intermédiaire entre le verbe latin et le verbe provençal, quelle est-elle au juste? Le primitif *coquère* a prélude à cette contraction en passant d'abord à l'état de *cocere*, lequel était égal à *cókere*; mais, avant de se contracter, ce *cocere* était-il déjà devenu égal à *cossere*, de même que *Cicero* n'était plus égal à *Kikero*, mais à *Sissero*, ou bien était-il encore égal à *cókere*?

Cette dernière supposition semble tout d'abord devoir être écartée, par la raison que la syncope du premier *e* de *coquere*, en amenant le contact des consonnes *c* (= *k*) et *r*, eût fait de *coquère*, *cokre*, lequel eût donné en provençal *cogre* et non *coire*, ainsi que *sequère* (pour *sequi*) lui a donné *segre* par *sekre*, et que *macrum*, maigre, lui a donné *magre*, etc. Et cependant à cette conclusion il y a une objection sérieuse : c'est que l'élément latin *cr* ou *gr* ne passe pas toujours tel quel dans le roman, et que parfois la gutturale s'y résout en *i*, comme par exemple dans le prov. *neire*, noir; *neïra*, puce, et le fr. *noir*, du lat. *nigrum*.

L'autre supposition est sans doute moins contestable, car il n'est pas douteux que l's tend à fléchir en *i* devant les liquides. Nous avons donné des exemples de ce fait dans la Note où j'ai traité du mot *cailar*. Toutefois il me paraît résulter de certaines considérations, que je me réserve de présenter plus tard, que le *c* = *ss* à l'état naissant (comme on dirait en chimie) avait bien cessé de sonner comme κ, mais n'avait pas encore acquis toute la valeur d'une sifflante. Ce son transitoire, aujourd'hui perdu, rendrait mieux compte peut-être que le *ss* lui-même du passage du *c* à l'*i* dans *aine*, *coire*, *plaire*, etc. [1].

Quant à la substitution de l'*i* au *t* ou au *d* dans les formes contractes des autres infinitifs du tableau *B*, et de leurs semblables, elle suit la règle bien connue de la réaction de l'*r* provençale sur la dentale antécédente. Exemples : *paire* (*patrem*), *fraire* (*fratrem*), *loira* (*lutra*).

Je terminerai par quelques remarques qui ont plus directement trait au sujet de cette Note.

Quelle est l'accentuation des infinitifs en *er* (de forme non contracte) de notre tableau *B*, et de leurs similaires? — Je ne répondrai que pour le rouergat et pour celui que je puis observer actuellement comme langue vivante. Je dirai donc que toutes ces terminaisons *er* sont atones, *en tant du moins que le mot est pris dans l'acception d'un infinitif*. S'il est employé substantivement, cette finale devient tonique. Ainsi, *plaïser*, de même que *plaire*, est pour le français *plaire*; et *plaïsér* rend *plaisir*. *Véser*, c'est voir, infinitif, et nous disons *belvesér*

---

[1] Dans le latin passant au roman, provençal ou français, le *s* de l'élément *sce..* ou *sci..* éprouve du *c* une réaction autre que du *c* guttural de *sca..*, *sco..*, *scu..*, et aussi, qui plus est, d'un autre *s*. Ainsi *cognoscere*, *fascis*, *miscere*, *nascere (*nasci*), *pascere*, *piscis*, nous donnent en rouergat *conoisser*, *fais*, *meisser* (servir à boire), *naisser*, *paisser*, *peis*, où l's du latin s'est invariablement changée en *i*, alors qu'elle s'est conservée intacte dans *conoscut*, *mescut*, *pesca*, etc., et enfin dans *massa*, *pas*, *passar*, *passio*; et, ce qui est plus frappant encore, dans *esser* être, du lat. *missa*, *passum*, *passionem*, et *essere (en si étroite analogie avec les infinitifs en *scere* !), où deux *s* sont en contact: *sce.. sci..* n'étaient donc égaux ni à *ske.. ski..* ni à *sse.. ssi..*??

littéralement *beau voir*, pour *belvedère*. On peut induire que les désinences infinitives *er* sont primitivement atones de cette observation que l'o de *cóser*, cuire, est ouvert, car l'o ouvert est *toujours* tonique, tandis que l'o fermé peut être indifféremment tonique ou ne pas l'être.

Encore : *Per póder, cal vóler ;* et: *Autra causa es lo volér, autra causa es lo podér.*

Je me souviens, un peu vaguement toutefois, d'avoir rencontré la constatation des mêmes faits dans une de nos vieilles grammaires provençales.

L'*r* des infinitifs en *er* est muette; elle *se* fait entendre dans les mêmes infinitifs pris substantivement, sans doute à cause de la situation différente de l'accent tonique.

Les infinitifs rouergats descendus d'infinitifs latins en *ere* sans altération de l'accentuation, ont cela de remarquable qu'ils ont conservé entière la désinence latine. Ainsi, au lieu de dire, suivant la grammaire de la langue littéraire, *aver*, avoir ; *saber*, savoir, nous disons : *abere, sabere*. Ce dernier mot possède un doublet tiré d'une forme latine *sapère :* c'est *saure*, pour *sapre*[1], régulièrement formé par la vocalisation d'une labiale. Cependant *devér*, de *debère*, a subi l'élision, et il est accentué sur la dernière syllabe, dans l'une et l'autre de ses deux acceptions d'infinitif et de substantif. Mais il a comme variante une forme contracte très-régulièrement issue d'un infinitif latin à accentuation barbare, *debère;* c'est le mot *deure*, l'analogue de *saure*, savoir, de *sapère*. Cette forme n'est jamais employée substantivement.

Une dernière observation. Le dualisme de formation de la langue d'oc, signalé déjà dans une de mes précédentes Notes, et démontré avec des développements nouveaux dans celle-ci, nous montre généralement certains rapprochements remarquables, à savoir, que l'une des deux formes de cette dimorphie rappelle plus que l'autre la correction latine et est en même temps celle que le langage littéraire a choisie ; tandis que la seconde trahit une latinité plus ou moins barbare, est souvent étrangère au provençal classique, et en même temps constitue un des traits communs de nos patois méridionaux

[1] On dit aussi, et le plus souvent, *saupre*.

modernes qui les sépare de ce que les troubadours appelaient
la fina parladura, le beau langage. Et n'oublions pas d'ajouter
que, dans nos patois eux-mêmes, si la forme noble par aven-
ture entre en partage avec sa variante vulgaire, c'est pour le
seul usage des plus huppés de la population patoisante et pour
les distinguer des purs manants.

<h2 style="text-align:center">IX</h2>

L'étude des noms servant à désigner les agglomérations
et plantations d'arbres d'une *même* essence nous fournit des
renseignements intéressants de plusieurs sortes. La plupart
de ces dénominations sont passées à l'état fossile, ne se rencontrant plus que comme noms propres de lieu ; mais par cela
même elles sont devenues des documents historiques. C'est
ainsi qu'elles nous découvrent certains côtés de la culture
ancienne par lesquels elle différait de celle de nos jours.

Aujourd'hui, en Rouergue tout au moins, les essences sylvestres sont éparses dans les bois et distribuées au hasard des
végétations spontanées ; et quand, dans nos fermes modernes,
l'*aplechaire* a besoin d'une bille d'*orme* pour faire des jantes
ou des moyeux de roue, d'un pied de frêne pour en tirer des
ages de charrue ou des manches d'outil, d'un tronc de hêtre
pour en former des devants de crèche ou des jougs de bœuf,
de rameaux de bouleau pour en composer des balais d'aire-
sol, de perches et baguettes de coudrier pour en confectionner des fourches et des râteaux, etc., il doit aller, pour ainsi
dire, à la découverte du bois désiré ; il doit le chercher, et à
travers la forêt, et le long des haies, sur les sommets escarpés
ou bien dans les ravins profonds de la montagne. Or les choses
se passaient autrement jadis : chaque essence utile avait sa
plantation à part sur le domaine, et on se rendait là tout droit
et sûrement, pour cueillir l'arbre ou l'arbrisseau nécessaire.
Voilà ce qu'atteste cette nomenclature sylvicole tombée en
grande partie en désuétude et disparue du vocabulaire des
noms communs, mais heureusement conservée dans les noms
topographiques.

Il faut dire toutefois que cette particularité de notre ancien
régime cultural est constatée par nos vieux cadastres et ter-

riors. D'un autre côté, il est à remarquer que les dénominations françaises correspondant à celles dont il s'agit figurent encore dans le dictionnaire et sont en pleine vie. Notons aussi qu'un Cévenol du XVI° siècle, qui écrivait en français, Olivier de Serres, s'exprime comme il suit dans son *Théâtre d'agriculture et mesnage des champs :* « Qu'aux lieux plus bas soient les estangs, saussaies, peuplaies, tremblaies, aunaies, oseraies et semblables bois aquatiques. » On lit ailleurs dans le même ouvrage : « Voyant les belles chesnaies d'un côté, de l'autre les chasteneraies, les ormaies, les coudraies, les fresnaies, etc. » D'ailleurs, cette habitude de cultiver les arbres utiles de toute sorte en plantations distinctes remonte aux Romains, de même que les *collectifs* ou *locatifs* qui font l'objet de notre étude ; le traité *de Arboribus* de Columelle en fait foi.

Quoi qu'il en soit de ce point d'histoire agricole, la philologie des noms collectifs d'arbres encore en usage dans notre parler, ou n'ayant survécu que comme noms de lieu, offre par elle-même beaucoup d'intérêt. C'est ce que prouvera, je l'espère, l'analyse succincte suivante.

Le nom collectif de chaque espèce d'arbre ou d'arbuste a été formé du nom de cette espèce et de divers suffixes qui s'y ajoutent. Ces suffixes spéciaux sont tous d'origine latine, mais l'élément radical désignant l'*essence* est quelquefois celtique ou de formation bas-latine. Toutefois les mots hybrides ainsi formés appartinrent, ce n'est pas douteux, au langage des Gallo-Romains, et ne passèrent au roman qu'après une période de latinité plus ou moins gauloise.

Les suffixes collectifs en question sont de trois sortes ; mais, tandis que dans le latin classique ils n'ont qu'une forme de genre, qui est le neutre, dans le latin vulgaire ils en revêtirent une deuxième, féminine, peut-être tirée par méprise du pluriel de la première. Ces désinences latines, originaux de nos désinences collectives, sont : *ium, ia; arium, aria; etum, eta.*

Le premier type est parfois peu reconnaissable à première vue dans ses transformations provençales, à cause d'une fusion produite entre l'*i* de la particule et la consonne contiguë du radical. Toutefois on se rend compte sans grande peine de ces accidents morphologiques quand on en possède la clef.

Voici maintenant le tableau de nos noms collectifs spécifiques d'arbres, ainsi que de quelques arbustes et autres plantes, avec leur *homonymie* latine (laquelle n'en est pas toujours la vraie *synonymie*, du moins quant au latin classique). On remarquera que, tandis que certaines espèces comportent tous les différents suffixes, quelques-unes de ceux-ci seulement s'appliquent aux autres. Mais ces lacunes se rempliraient probablement, tout au moins en partie, si aux documents puisés dans les noms des lieux habités, —à peu près les seuls que j'aie consultés, — on ajoutait ceux, beaucoup *plus riches*, que nous fournirait la nomenclature cadastrale. Nous observons toutefois, dans les auteurs latins, que les modes collectifs ne sont pas les mêmes pour tous les arbres ; que, par exemple, *ulmus, vitis,* comportent exclusivement ou principalement la forme en *arium,* formant *ulmarium* et *vitiarium,* tandis que la forme *etum* s'associe seule à *quercus,* qui ne donne jamais, du moins que je sache, ni *quercium,* ni *quercarium,* mais uniquement *quercetum.* Les trois désinences n'étaient point prises indifféremment l'une pour l'autre à l'origine, suivant toute probabilité ; autant que j'ai pu saisir la distinction originelle de ces trois nuances de l'idée de collection rendues par ces trois suffixes joints à des noms d'arbre, j'incline à croire que *ium* servait à caractériser un lieu par la *présence* de l'espèce d'arbre visée, qu'en un mot il était plutôt locatif que collectif ; que *arium,* renfermant en général une idée de fabrique, d'opération, de production, s'appliquait aux *pépinières* et aux *plantations* comme telles, et qu'enfin *etum* conférait purement le sens de *multitude,* de *rassemblement.* Mais ce ne sont là que des vues hypothétiques et suggestives, que je ne donne que pour ce qu'elles valent.

Le tableau ci-contre donne lieu à des remarques et à des questions intéressantes ; je vais en examiner quelques-unes en suivant l'ordre des articles.

Albar, subst. masc., nom rouergat du saule blanc. Dans notre prononciation de ce mot, la consonne *l* est ordinairement vocalisée, et on prononce alors comme si l'on écrivait *aubar.* Ce nom est porté par quelques-unes de nos familles ; elles l'écrivent par *l* et non par *u.* L'*r* finale se fait entendre, du moins à Rodez ; à Saint-Affrique, elle est muette.

Albar a pour original latin *albaris,* forme adjective employée substantivement.

A ma connaissance, les seuls collectifs auxquels ce nom d'arbre se trouve associé, c'est *albaret,* et son féminin *albareda;* et encore ne sont-ils plus vivants. Ces deux mots ne figurent pas dans le dictionnaire de l'abbé Vayssier; ils ne se rencontrent plus que comme noms propres de lieu ou de famille, et je doute que leur signification lexiologique soit entendue de personne aujourd'hui, en dehors des philologues. Au moyen âge, ils étaient en pleine vie, les documents de l'époque l'attestent. Des textes du X° siècle contiennent déjà *albareda* dans sa forme pleinement romane. Nous lisons ce qui suit dans les chartes n°ˢ 93, 99, 135 et 138 du *Cartulaire de l'Abbaye de Conques* [1]:

« *Et in alio loco, illo prato et illas vernias et illas albaredas de Pedreleiras....* » «*....hoc est meus unus pratus, cum vernarias, cum albareddas....*» «*...Dono etiam illum meum pratum de Fonte Frigida cum albareddas et vernarias...*» «*... cum vineas, cum albareddas.* »

Le français littéraire moderne n'a pas l'homonyme de notre *albar* et de ses dérivés, mais la vieille langue devait les posséder; certaines dénominations topographiques des pays d'oïl semblent en témoigner: tel *les Aubrais,* nom d'une localité près d'Orléans.

AGRIFOL (avec *o* fermé), s. m., houx. Ce mot n'est pas une métaphonie corrompue d'*aquifolium,* ainsi que je l'ai dit par erreur dans mes *Études de phil. et de ling. aveyronnaises,* mais procède d'un *acrifolium,* dont l'origine classique est indiquée à la fin du passage suivant de Calepin : « AQUIFOLIA... *etiam diversa arbor est, semper viridis, cujus folia per ambitum aculeata ac spinosa, etc. Olim vocata est aquus pro acus,* THEOPHRASTO ἄκρια.....» Notre mot se retrouve, d'ailleurs, dans l'italien *agrifoglio.* Toutefois, je ne suis pas certain que l'élément *fol,* qui présente un *o* fermé, réponde dans ce cas à la forme latine *folium,* qui partout ailleurs nous donne *fol* par *o* ouvert, ou *fuel:* témoin *aurifol,* d'un lat. *aurifolium,* nom

[1] *Cartulaire de l'abbaye de Conques en Rouergue*. publié par Gustave Desjardins. Paris, 1879.

rouergat de la renoncule des champs, et *trefuel*, trèfle, *trifolium*, et le simple *fuel*, de *folium*. A cette difficulté, tirée du son de l'*o* de la désinence *fol* dans agrifol, il s'en ajoute une autre qui naît de la virtualité de son *l* finale. Cette *l* est-elle virtuellement sèche, cette circonstance exclut la dérivation par *olium*, qui donne toujours au provençal une *l* mouillée. Or l'*l* d'*agrifol* ne fléchit pas en *lh* dans ses dérivés, mais reste simplement *l*. Exemples : *agrifolet*, *agrifolas*, *agrifolada*. Cette double observation m'incline à penser que notre mot pourrait bien procéder d'une transcription latine *acrifullum*, pour *acriphyllum*, d'une forme grecque possible ἀκρίφυλλον.

Dans une portion du Rouergue, à Rodez notamment, *agrifol* a subi l'aphérèse de l'*a* initial et est devenu *grifol*. De là une méprise dans l'orthographe française de certains noms propres de lieu qui sont formés de notre appellation du houx précédée de l'article. Cette faute consiste à écrire *la Griffoul* au lieu de *l'Agriffoul*. Mais le désaccord qui éclate dans ce nom propre entre l'article féminin et le genre masculin du substantif rend l'erreur manifeste et rappelle l'existence primitive de l'*a* initial dans le nom commun.

Les collectifs *agrifolha* (lat. *acrifolia* ou *acrifullia*) et *agrifolieira* (lat. *acrifolaria* ou *acrifullaria*), ont encore cours parmi nous comme appellatifs communs. Ils sont très-répandus aussi comme désignations topographiques, ce qui est bien en rapavec l'âpreté de notre sol et de notre climat, éminemment propices à la feuille épineuse. Le dérivé *agrifolet*, en tant que nom propre, peut être considéré, soit comme un diminutif, soit comme un collectif de type *etum*.

Bes (avec *e* ouvert), s. m., bouleau; avec ses multiples dérivés, il sert à nommer une foule de localités, ainsi qu'un grand nombre de familles du département. Ce mot procède sans doute directement du thème gaulois d'où a été tiré le *betula* latin, forme diminutive. La latinisation de ce primitif celtique par les Gallo-Romains dut être, je présume, *betis*, qui, à l'instar de plusieurs autres noms monosyllabiques ou portant l'accent tonique sur leur première syllabe, aura conservé l's casuelle du nominatif et laissé tomber le *t*: tel *puteus*, nous donnant *pos* par *pots*. Faisons toutefois observer que la valeur virtuelle de l's de *bes* n'est pas celle d'une *s* simple, ou *z*, comme est celle de *pos*, dont les dérivés sont *poset, posar* = *pozet, pozar*, mais celle de *ss*, comme le montrent *bessò, besssás, besset*. Cependant la nomenclature topographique fournit trois curieuses séries de mots qui semblent nous offrir des variantes de *bes* = *bess* et de ses dérivations : l'une avec la réapparition du *t* primitif que fait supposer le lat. *betula ;* l'autre avec l'adoucissement du *t* en *d ;* la troisième avec la substitution de *s* = *z* à l's = *ss*.

La première série est particulièrement remarquable ; elle se compose de *bet* (lat. *betis*), *betelh* (l. *beticulus*), *betelha* (l. *beticula*), *betolha* (l. *betucula*), et enfin de *bets*, masc. sing., ce qui est indiqué par l'article qui précède ce mot dans son emploi comme nom propre de lieu. L'orthographe administrative donne à la vérité *le Bex* par un *x*, mais ce caractère est le signe banal d'un son qui correspond à trois notations étymologiques distinctes : *x* d'abord, comme dans notre *pax*, paix, lat. *pax ; cs*, comme dans *persecs*, pl. de *persec*, pêche ; *chs*, comme dans *befuchs*, pl. de *befach*, bienfait ; et enfin *ts*, comme dans *fats*, pl. de *fat*, fou ; car ces quatre terminaisons, quoique écrites de quatre différentes manières respectivement réglées sur leur valeur étymologique, n'expriment en réalité qu'un seul et même son dans notre parler rouergat. Ceci posé, je crois que l'*x* de *le Bex* de notre nomenclature topographique aveyronnaise francisée, à la notation de laquelle n'a présidé aucune critique philologique, tient ici la place de *ts*, l's finale étant là, non comme signe du pluriel, mais comme signe conservé du nominatif latin, suivant ce qui s'observe dans un certain nombre de nos mots monosyllabiques.

Dans la deuxième série, je placerai *Ledássas*, f. pl., ayant toute l'apparence d'un augmentatif de *bed* ou *beda ; bedenous* (écrit en français *Bedenaux*), dont l'analyse m'échappe ; *bedena*, écrit en fr. *Bedène*, nom d'un terroir montagneux du nord du département, que l'on rencontre dans nos plus anciens titres du moyen âge latinisé en *betonicus* et *betonensis*. (« *Et in alio loco, in vicaria Betonense, donamus illum mansum de Pers.* » *Cart. de C.*, charte n° 32 de l'an 1031. «...*et sunt ipsas res in pago Ruthenico, in vicaria Bethonice.* » *Ib.*, ch. n° 192 de l'an 990) ; *bedós* (par o fermé), forme de diminutif masculin pluriel ou d'adjectif tiré de *bed*. Citons enfin, dans ce même ordre, un nom de lieu, aujourd'hui perdu, qui figure comme rubrique de la charte n° 178 du *Cart. de C.*, de l'an 1012, écrit *bedled*, et que le texte, de date plus ancienne, donne écrit par *t* au lieu de *d* (. . . . *hoc est alodus noster in Betledo unus mansus qui nobis per conquistum obvenit.*) Ce *betled* ne serait-il pas une contraction tudesque de *betuletum*, à rapprocher de celle de *castlar* et *castlus*, pour *castelar* et *castelus* ? (Voir la Note ci-dessus.) Citons enfin *bedela*, s. f., nom de plusieurs parcelles de notre cadastre (transcr. fr. *la Bédelle, Bédèle*), qui s'interprète visiblement par le lat. *betella, betula*.

Je compose finalement la troisième série des noms suivants: *besía*, f. s., et *besonía*, f. s., qui se présentent naturellement comme locatifs, l'un du primitif *bes* (avec *s = z*), l'autre de son diminutif *besó*. Viennent ensuite *besorg*, que je ne puis expliquer; *besánas*, f. pl., forme d'adjectif préditif pouvant correspondre à un lat. *betianas*, f. pl. de *betianus ; besairía*, f. s., locatif de forme anomale, pour *besieira*, faisant pendant à *bessairía*, variante anomale de *bessieira ; besélgas (?); besomba*, très-répandu comme nom propre de famille, se rencontrant dans la ch. n° 192 du *Cart. de C.*, de l'an 990, sous une forme sans doute déjà romanisée (« *et in alia vinea in Besumba que ego de Oddone adquisivi* »). Cette série se clôt par *besó* (fr. *Besou*), diminutif de *bes*.

M. Littré nous apprend que le berrichon a le mot *betou* avec le sens de bouleau ; je suis persuadé qu'il se rencontrerait aussi quelqu'un des patois de langue d'oc ayant notre *bes* sous une forme où le *t* primitif que nous supposons aurait persisté. L'irlandais a *beith*, et le gallois a *bedu;* le breton *bezó* n'est qu'une altération du précédent, et son *z* a ainsi, étymologiquement parlant, la valeur de *d* et *t*.

On lit dans le dictionnaire polyglotte de Calepin, au mot BETULA: « *Arbor est satis vulgaris, cortice candidissimo, quam Romani ex Gallia in Italiam transtulerunt: et ex ea fasces conficiebant qui magistratibus solebant præferri. Indeque nomen sortita est a batuendo batula, levique mutatione betula. Quo error insignis corrigitur Mathæli in Dioscoridem c. de populo: qui betulam a bitumine existimavit.* »

J'estime pour mon compte que, si *batuo* et *betula* ont quelque chose de commun entre eux, c'est le premier qui tire son origine du second, et non le second du premier. *Batuere* pourrait fort naturellement avoir eu, dans le principe, le sens de frapper avec ces verges de bouleau que le lexicographe précité nous dit avoir été en usage à Rome pour former les faisceaux des licteurs. Et, quant à la provenance de *betula* lui-même, l'opinion la plus plausible c'est que le nom fut importé des Gaules en Italie en même temps que la chose elle-même. « *Betula, gallica hæc arbor.* » Plin., lib. xvi, c. 30.

On peut faire cette objection : si le primitif *bes* le plus usuel est pour le l. *betis*, d'où vient que dans les dérivés le *t* ne reparaît pas et que l's s'y conserve? Pourquoi, par exemple, n'avons-nous pas *betieira* au lieu de *bessieira*, procédant de *betarium* par *betaria?* — Je réponds : par la raison que, au lieu de ces derniers mots, le gallo-latin dut avoir *betiarium* sur le type de *vitiarium*, locatif de *vitis*.

Le collectif ou locatif de bes le plus usuel est *bessieira*, mot qui a été donné à une multitude de localités et qui est porté par un grand nombre de familles. *Besset* (qui peut aussi être un diminutif), *besseda* et *bessa* sont plus rares.

En outre des suffixes locatifs et collectifs, auxquels notre étude a particulièrement trait, bes se présente dans notre nomenclature topographique et patronymique associé à quelques autres désinences, produisant *bessada* (l. *betiata*), forme participiale; *bessadona* (l. *betiatona*), forme complexe, composée du masc. de *bessada*, avec flexion diminutive, donnant *bessadò*, et de la désinence collective *a*, pour *ia* (ce nom aux éléments multiples doit s'interpréter : bois de petits groupes de bouleaux); *bessalhàs*, m. s., péjoratif-augmentatif de *bessalha*, fréquentatif de *bessa; bessanens (?); bessareda* (l. *betiareta*), formé par imitation de *pomareda*, peut être surcollectif du collectif *bessier* (l. *betiarium*)*; bessairàs*, s. m. (l. *betiariacium*)*; bessó*, s. m. (l. *betio*), diminutif; *bessonia*, s. f., locatif du précédent, de formation romane; *besselva*, s. f., composé de *bes* et *selva* = l. *sylva; bessódes* (avec o ouvert) (?); *bessola*, s. f.(l. *betiola*), diminutif de *bessa; bessonaria*, s. f., locatif de *bessó* de formation romane, qui pourrait aussi dériver de *bessó*, au sens de jumeau ; *bessuéjol* (avec la terminaison *ol* atone), des deux genres (lat. *betioiolum, betioiola*, formes gallo-barbares pour *betolium, beto-*

lia, dont j'ai expliqué la formation dans mes *Études de phil. et de ling. aveyronnaises* [1]).

Le Cartulaire de l'abbaye de Conques contient des mentions nombreuses de quelques-uns des dérivés de BES, qui y figurent le plus souvent comme noms propres de lieu, mais quelquefois aussi comme noms communs. Exemples : « *De Betia in Goliniacensi.* »Ch. n° 215 de la première moitié du XIe siècle.— « …*duos mansos in illa Beciaria.* » Ch. n°31 de l'an 1031.—« *De unum latus vivum Lubia, in secundo latere boscum Cava Beciaria.* » Ch. n° 100, première moitié du XIe siècle. — « *In villa quæ vocatur Becia.* » Ch. n° 22 de l'an 904. — « *cum ipsa bezaria.* » Ch. n° 206 du Xe siècle.

Bacc et, par métathèse, DURC, s. m., mot d'origine celtique, ayant signifié primitivement buisson et plus tard bruyère. On trouvera une histoire critique de ce nom dans mes *Études de phil. et l. av.*

Le rouergat possède *bruc* ou *burc* à l'état vivant, comme appellatif de la bruyère à balai ; ce mot est répandu comme nom de lieu ou de famille. Plusieurs de ses dérivés sont aussi encore en usage comme noms communs. C'est d'abord son féminin *bruga* ou *burga*, et son augmentatif *brugás* ou *burgás*. Pour dire de la bruyère, nous disons *de burga*.

---

[1] Nous avons, dans la nomenclature topographique, *Lanuejol* et *Lavercuejol*, qui, s'ils sont pour *la nuejol*, *la vercuejol*, assignent à notre mot le genre féminin. Ajoutons qu'un autre de nos noms propres de lieu semble trancher la question pour ce qui est du premier : *lo Moli de Nuejol*, francisé en *Moulin de Nuéjouls* (voir *Dictionnaire des noms des lieux habités du département de l'Aveyron*, par Dardé. Rodez, 1868). D'autre part, il est à remarquer que la désinence des mots de ce type, dans les textes latins du moyen âge, est le plus souvent neutre, mais qu'elle est aussi quelquefois féminine. Ainsi, Grégoire de Tours écrit *Maroialum*, *Siroialum*, *Rigoialum* (où je crois que *oialum* est une mauvaise lecture pour *oiolum*); nos chartes latines du Midi les plus anciennes donnent de leur côté la terminaison *oiolum* pour notre *uejol*; mais il en est chez qui le même suffixe roman est représenté par la forme féminine *oiola*, et son pluriel *oiolæ*. Ainsi le *Dictionnaire topographique du Gard*, de M. Germer Durand, cite de vieux documents où *Maruéjols-les-Gardon* est représenté par *Maroiolæ*. Il importe d'ajouter que *oiolum*, *oiola* et son acc. pl. *oiolas*, étant tous des proparoxytons, se résolvent tous trois dans la même contraction provençale *uejol*, de même que *nebula* et *tremula* donnent au rouergat *trémol*, *nibol*. Voir une dissertation sur ce sujet à la page 26 et suiv. de mes *Études de phil. et de ling. aveyr.*

La forme pure du primitif et de ses dérivés ne s'observe que dans le sud-ouest du département ; partout ailleurs la forme invertie prévaut exclusivement. Ainsi, à Rodez, on dit *burga, burguieira ;* à Saint-Affrique, *bruga, bruguieira.*

Notre mot, de celtique origine (en gallois et breton *brug,* buisson), dut être latinisé par les Gallo-Romains en *brucus ;* cet original latin se rencontre chez Grégoire de Tours (*Histoire des Francs*) dans un composé *brucariacum* (« *Brucariacum villa* »).

Les suffixes collectifs ou locatifs *ium, ia,* et *arium, aria,* sont les seuls qui s'associent à ce nom d'espèce. Les premiers ont donné *bros* (avec *o* fermé), obsolète, mais fréquent comme nom de lieu, et *brossa* (avec *o* fermé), qui est encore en pleine vie. La nomenclature topographique renferme *bróses* (avec *o* fermé) et *broset,* rendus dans l'orthographe française par *Brouzes* et *Brouzet,* qui paraissent être le pluriel et le diminutif de *bros.* Mais ici naît une difficulté : d'après *brossa,* féminin incontestable de *bros,* l's finale de ce dernier est virtuellement pour *ss ;* comment serait-elle donc pour *z* vis-à-vis d'autres dérivés du même mot ? Autre difficulté : dans *bros* et *brossa,* l'*u* du fondamental *bruc* se change en *o* fermé (*ou* français), tandis qu'il se conserve dans les autres dérivés. A cette dernière objection on peut répondre que l'*u* latin se montre susceptible de se changer indifféremment en *u* et en *o* dans le provençal, et non-seulement en *o* fermé (qui est la prononciation originelle de l'*u* des Latins), mais aussi en *o* ouvert. Exemples : *crux,* croix, et *crucia,* béquille, faisant respectivement *cros* (par *o* fermé) et *crossa* (par *o* ouvert). Ces rapprochements jettent en même temps un jour sur l'autre problème ; ils nous font voir que le *c* latin donne concurremment *s = z* et *s = ss* dans les différents dérivés d'un même primitif ; car le *c* de *crucem* donne dans *cros,* qui fléchit en *croset* et *crosar,* un *s* virtuellement égal à *z ;* et dans *crossa,* par *crucia,* un *ss.* Nous avons vu d'ailleurs la même variation mise en évidence dans les divers dérivés de BES. (Voir ci-dessus.)

Le collectif *brossa* sert à nommer un grand nombre de localités ainsi que de familles, et alors le français l'écrit *Brousse.*

Dans mes *Études,* j'avais hésité à rattacher *brossa* au radical *bruc* avec le sens de *bruyère ;* mais mes doutes ont cessé en présence de la constatation du vrai sens de *brossa,* qui, dans les régions à bruyère, est employé comme synonyme de *bruguieira* (voir le *Dict.* de l'abbé Vayssier).

Brossa possède un dérivé, *brossier*, qui a, paraît-il, la même acception. Ce mot se rencontre fréquemment dans nos vieux cadastres en langue d'oc.

Les collectifs *bruguier* ou *burguier* (lat. *brucarium*), *bruguieira* ou *burguieira* (l. *brucaria*), servent à nommer un nombre considérable de localités et de familles; moins répandus que *brossa*, comme nom de lieu, ils le sont davantage comme noms patronymiques. Ces divers collectifs sont du reste en circulation jusqu'à présent dans le parler usuel.

Aux deux formes collectives ci-dessus se rattachent les dérivés suivants, fournis par la nomenclature des noms propres: 1° *Brossol* (o terminal ouvert, l. *bruciolum*), diminutif de *bros*, concurremment avec *broset*, s. m.; *brosseta*, s. f., et *brossairola* (l. *bruciariola*), s. f., diminutif de *brossa; brossier* (l. *bruciarium*), s. m., et son diminutif *brossairó* (l. *bruciario*), s. m. — 2° *Brugairó* (l. *brucario*), s. m., et *brugairás* (l. *brucariatium*), s. m., diminutif et augmentatif de *bruguier ; brugaireta*, s. f , diminutif de *bruguieira*. Nous rencontrons en outre une variante de ce dernier mot dans *brugaira*, nom d'un bois des environs de Rodez, l'un et l'autre du latin *brucaria*, lequel nous est donné avec sa forme originelle authentique dans un document préroman, l'*Histoire des Francs* de Grégoire de Tours, comme il a été dit ci-dessus. Une charte de l'année 887 nous fournit d'autre part l'original latin de *brossa* On y lit : *a... et in alio loco ubi vocabulum est ad illa Brucia, cedo vobis....* » *Cart. de l'Abb. de G.*, ch. n° 108. Et dans la charte n° 6 du même recueil, de l'an 930 : « *... in villa quæ vocatur Brucia.* »

En sus des collectifs indiqués ci-dessus, ʙʀᴜᴄ s'observe dans nos noms propres, associé à divers autres éléments dont l'origine et la signification première ne sont pas toujours faciles à déterminer. Voici ces dérivés ou composés, présentés d'abord dans leur forme et orthographe provençale, et puis dans leur orthographe française officielle entre parenthèses.

Bromme (Bromme), nom d'un village du Barrès, mentionné comme il suit dans diverses pièces du *Cart. de l'abb. de C.*, *op. cit.:* « *Deusde sacerdos cedo vel dono... illo olode meo qui est in Brogmo.* » Ch. n° 41 de l'an 997. Ce nom, dont tous les élé-

ments sont celtiques, se compose de BRUC et de MAG, champ.
Comme il ne désignait qu'un humble manse, le nom gaulois
dut se transmettre jusqu'au moyen âge dans sa forme indigène, c'est-à-dire comme *bruc-mag*, et non par une latinisation qui, suivant l'usage, eût donné *Brucomagus*, avec l'accent
tonique sur l'*o* connectif. L'élément *mag* étant toujours encli-
tique et l'*o* intercalaire de la latinisation n'existant pas, l'accent tonique devait être alors sur *bruc*, ce qui s'accorde avec
l'écriture et la prononciation romane de *brogme* et *bromme*.—
Ce mot a un dérivé dans *brommat* (Brommat), nom d'un autre village du même terroir, latinisé dans les vieilles chartes
en *Brocmatus*. — *Brocuéjol* (Brocuéjouls), des deux genres,
procède régulièrement, par une forme gallo-barbare de diminutif susindiquée, de *brucciolus* pour *bruciolus*, ayant eu le
sens de petite bruyère, petite lande. — *Broquier* (Broquiès),
s. m., forme jumelle de *bruguier*, issu comme celui-ci de *brucarium*. — *Burgaland*, qui semble se décomposer en *burga*,
bruyère, et *land*, forme masculine de *landa*, lande, laquelle ne
vit plus que dans un augmentatif, *landás*, mais qui est d'autant
mieux supposable qu'elle reproduit exactement l'original tudesque (à moins que notre *landa* ne soit d'origine celtique).

Bois (avec *o* fermé et diphthongue), s. m., buis, du latin
buxus, gr. πύξος.

> La penche de bois
> A la rusca se conois[1].
>
> (*Prov. rouergat.*)

Les collectifs *boissa*, s. f. (lat. *buxia*); *boissier*, s. m. (l. *buxa-
rium*), et *boissieira*, s. f. (l. *buxaria*), sont encore en usage
comme noms communs et servent en outre de nom propre à
une foule de localités et de familles. Dans ce dernier emploi ils
sont écrits en français: *Boisse, Boissier, Boissière*. Ajoutons-y
les dérivés suivants, principalement fournis par la nomenclature topographique : *boissás*, s. m. (lat. *buxativs* ou *buxatium*),
augmentatif de *bois* pour *buxus*, ou du même pour *buxium*;
boissil, s. m. (lat. *buxiculus*), et *boissol*, s. m. (lat. *buxiolus* ou

---

[1] Le sens moral de cette figure, c'est que l'homme policé de basse extraction
trahit toujours son origine par quelque trace de la vieille écorce.

buxiolum), diminutifs. — J'ostime qu'à la même série appartient encore *boissó*, s. m. (l. *buxio*), buisson, indubitablement dérivé de *bois*, dont un collectif de forme participiale, *boissonada*, s. f. (l. *buxionata*), constitue une dénomination topographique et patronymique très-répandue en Rouergue (transcription française: *Boissonnade*), ce qui n'est guère à l'honneur de notre ancien état agricole.

On lit dans une charte de l'an 976 du *Cart. de l'Ab. de Conques*, n° 274 : «... *in loco que dicitur ad illa Boxia.*»

CANA, s. f. (lat. *canna*). Ce mot, en tant que désignant le roseau à quenouilles (*Arundo donax* L.) ne se dit plus que sous la forme du composé *canavera*, du lat. *canna vera*.

La plante dont il s'agit dans cet article a été cultivée dès l'antiquité, le traité de Columelle *de Arundineto* en est une preuve, et elle l'est peut-être encore sur quelques points de notre province, sans que je sois en mesure de rien préciser à cet égard. Mais, tandis que le dictionnaire français offre encore le mot *cannaie*, celui de notre patois ne présente aucun des collectifs de *canna*; toutefois ceux-ci ont dû exister jadis dans notre langue locale, car leur empreinte se retrouve dans la dénomination de plusieurs localités aveyronnaises : *cannetum*, dans *Canet*, nom de plusieurs villages et hameaux ; *cannarium*, dans *le Cagner* ⹀*lo canier*, nom porté par un hameau; et enfin *cannium* peut résider dans un de nos *Can*, que notre orthographe interprète, et avec raison sans doute dans la plupart des cas, par *calm* («*calnis*, planicies sine herbâ », dans le *Donatus provincialis*).

Un quatrième dérivé de notre primitif s'observe peut-être dans le nom de lieu, aujourd'hui perdu, de *Cannalium*, consigné dans le passage suivant du Cartulaire de l'Abbaye de Conques : « *Idem Gaucelmus monachus impignoravit fevum et vicariam de manso de Canalio.* » Charte n° 507 de l'an 1087. Le même recueil contient en outre la mention ci-après : « *Ego Geraldus Ropedadges et uxor mea donamus æcclesiam sancti Jhoannis de Canneto...* » Ch. n° 54, année 1074.

Canna se retrouve encore en composition dans *Cannac* et *Canac* (l. *Cannacum*, la villa aux roseaux), qui servent à désigner plusieurs de nos localités, notamment un vieux petit château qu'on aperçoit près do la garo de Rodez, élevé sur un tertre au milieu d'une prairie marécageuse.

Dans le département du Var, au bord de la mer, dans une région où le roseau abonde, on rencontre trois localités nommées *C'annes, le Cannet* et *Cagne*. Cette dernière appellation paraît fort bizarre aux Méridionaux, qui n'y peuvent découvrir que *canha* avec le sens de chienne. Ce mot doit s'interpréter par le lat. *cannia,* forme féminino pour *cannium,* l'un des collectifs de *canna.*

CASSE, s. m., mot d'origine controversée, l'homonyme du *chêne* français, en bas-latin du moyen âge moyen *casnus,* probablement par latinisation du mot roman. J'estime que le véritable original latin, c'est-à-dire gallo-romain, de co nom, était *càssinus,* de formation analogue à celle de *fraxinus,* frêne, et de *càlcinus,* original aujourd'hui avéré de notre *causse,* terrain calcaire. L'*i* atone aura successivement dégénéré en *e* et en *a,* les dérivés de *casse* supposant, en effet, une dernière forme latine *càssanus.* Diez tire *casse* d'un supposé *quercinus;* mais ici la désinence *inus* étant diminutive et non préditive, comme elle l'est dans *fraxinus, asinus,* n'est pas atone, a l'*i* accentué, ce qui crée à cette dérivation une difficulté qui ne pourrait être levée que par la supposition, d'ailleurs plausible, d'un déplacement abusif de l'accent. Mais resterait à expliquer le changement de l'*a* et de l'*r* de *quercinus* en *a* et *s,* ce qui me semble difficile. — Littré remarque que le provençal littéraire a *casser* avec un *r* à la fin, et il ajoute que ce *casser* est pour *casne.* C'est une erreur. Ce *r* terminal, qui se retrouve aussi dans l'orthographe classique de notre *fraisse, fraisser,* do *fraxinus,* ne peut s'expliquer que comme l'effet d'une fausse assimilation de la terminaison normale de ces deux substantifs, qui sont évidemment pour *àssen* et *àissen,* avec les *àsser* et *àisser* désinentiels de certains infinitifs, tels que *plàcer,* plaire ; *pàisser,* paître. Si telle est l'origine de ce *r,* qu'il est impossible de trouver dans les prototypes latins, et que l'on ne retrouve pas davantage dans les dérivés des primitifs romans, notre explication établirait par corollaire qu'à l'époque où il s'introduisit dans l'écriture, le *r* terminal des infinitifs sus indiqués n'était déjà plus lui-même qu'un souvenir orthographique, qu'il était sorti de la prononciation. — Pour se rendre compte de la génération du provençal *casse*, ainsi que de celle du français *chêne*, il faut considérer d'abord la forme prosodique de leur commun original latin. Cet original, je le répète, n'est pas le *casnus* des documents latins du IX⁰ siècle cités par Ducange; celui-ci en est une contraction par relatinisation du mot roman, opérée sur le type vieux français *casne*, de dialecte picard-normand, qui se rencontre dans ces deux vers:

> L'amour d'une pucelle n'est pas si tost gainguie;
> Au premier cop li kaisnes, cho dit-on, ne kiet-mie.
>
> (Baudouin de Condé.)

L'interposition primitive d'une voyelle entre l's et le *n* de la forme barbare *casnus* est péremptoirement établie par les dérivés de notre *casse*: *cassanh, cassanha* (lat. *cassanium, cassania*); *cassanus* (l. *cassanucius*), *cassanodres* (l. ?), etc. Cette voyelle était-elle *a* dès l'origine? Je ne le pense pas; je suis porté à croire que cette lettre était auparavant un *e*, qui est devenu *a*, comme l'*e* de *Ruthenensis* est devenu *a* dans *Rodanés*, car autrement, au lieu de *cásse*, nous aurions *cássa*; et j'incline à conjecturer que cet *e* lui-même fut antérieurement un *i*. Mais, quoi qu'il en soit à l'égard de cette question particulière, le mot français a été formé par la syncope de cette voyelle intermédiaire, et le mot provençal, par la suppression de la désinence casuelle entraînant dans sa chute l'*n* radicale. Il est d'ailleurs de règle générale que, dans les cas semblables, l'évolution française procède par contraction, et l'évolution provençale par élision, comme dans *connaître* = *cognosc(e)re*, et *conóisser* = *cognoscer(e)*.

Casse a cessé de vivre comme nom commun dans le parler du Rouergue, et il n'y a conservé que peu de traces comme nom propre; mais ses collectifs ont acquis sous ce dernier rapport une importance considérable, qui le cède à peine à celle des collectifs de *bes* et de *vern*. *Cassan* (l. *cassanium*; transcription française, *Cassan*), s. m., et *cassanha* (l. *cassania*, tr. fr. *Cassagne*), s. f., sont très-répandus parmi nous comme noms de famille. Nous connaissons plusieurs bois qui sont appelés *lo Cassanh, la Cassanha*.

Le français offre un homonyme de *cassanh* dans le nom pro-

5

pre *Chassaing*. Le collectif français de *cassanus* le plus ordinaire, *chesnaie*, correspondrait à un prov. théorique *cassaneda*, qui, comme nous l'avons déjà dit, n'existe pas en réalité, du moins en *Rouergue*.

En outre de ses collectifs, *casse* a quelques dérivés et composés qui méritent d'être signalés; ils sont tous hors d'usage et seulement à l'état de noms propres. Les voici : *Cassanhol* (l. *cassaniolum*), s. m., dimin. de *cassanh; cassanhela*, s. f., et *cassonhola* (l. *cassaniola*), s. f., diminutifs de *cassanha; cassanhard*, s. f., sorte de péjoratif de *cassanh; cassani* (l. *cassaninus*), adj. m., dérivé immédiat de *cassanus*, ainsi que les deux suivants, comme l'atteste le *n* sec : *cassanodres(?); cassanús* (l. *cassanutius*), adj. m., analogue à *boscús, peyrús, cornús; cassebartás; casse-prunha.*

Cassanh et *cassanha* sont mentionnés en latin dans des chartes rouergates du XI° siècle, mais comme noms propres de lieu seulement. On y lit : « *Antiquis enim diebus fuit fundatum quoddam monasterium in honore sancti Petri apostoli inter castra Panatensium et Cassaniensium.* » *Cart. de Conques*, ch. n° 14. « *...donamus illis ecclesiam nostram de Quintilio quam nos ipsi mutare fecimus ad Cassanie Galterio.* » *Op. c.*, ch. n° 63.

Suivant l'usage latin de désigner par un même mot l'arbre fruitier et son fruit, le châtaignier et la châtaigne se rendent dans cette langue par *castanea*. En tant qu'appliqué à l'arbre, ce nom n'a pas son homonyme dans le provençal, ennemi de l'équivoque, pas plus que *pyrus, pomus, prunus* et leurs semblables. Cependant il est représenté par des dérivés directs dans la nomenclature des noms propres rouergats. *Castanh*, s. m., très-répandu, accuse un latin *castanium*. *Castanetum*, forme collective du latin classique, a donné quelques rares *Castanet;* mais je n'ai jamais ouï *castanea* (qui se trouve toutefois dans l'abbé Vayssier), ni *castanareda*, dont le français possède le correspondant dans *châtaigneraie* ou plus régulièrement *châtaineraie*, comme on écrivait autrefois. Le seul collectif vivant que nous possédions pour rendre l'idée de châtaigneraie est *castanhal*, supposant un lat. *castanealis*. L'espagnol a le même mot orthographié *castañal*, conforme à la règle des collectiifs arboraux propre à cette langue. Lui aurions-nous emprunté par hasard notre mot ?

Castanier est pour châtaignier, et suppose un lat. *castanea-rius;* mais il peut y avoir eu aussi le *castanier* de *castanea-rium*, et telle est probablement l'origine la plus fréquente du mot dans son emploi comme nom de lieu. Si le latin du moyen âge négligeait moins la grammaire, nous pourrions être fixés sur ce point par nos vieux textes rouergats. Mais, dans la lan-gue barbare de ces documents, le neutre est ordinairement remplacé par le masculin. D'ailleurs, le cartulaire précité ne nous fournit à cet égard qu'un ablatif : « ....*et in alio loco, in Castaniario*......» Ch. n° 166, du XI⁰ siècle. — Chose remar-quable, dans la description des biens ruraux, qui forme l'ob-jet ordinaire des contrats relatés dans nos vieilles chartes, il n'est jamais question de châtaigneraies, alors que, sans parler des vignes (*vinea*), les aulnaies, oseraies et chênaies (*garricia*), y reviennent à tout bout de champ.

CADE, s. m., genévrier. Je lui suppose un original latin *cd-tinus*, ce que j'infère des collectifs *cadeneda* (l. *catineta?*), s. f., et *cadenier* (l. *catinarium ?*), s. m., fournis par la nomenclature topographique. La charte n° 29 du *Cart. de l'Ab. de C.*, datée de l'an 948, porte ceci : « ....*in ministerio Candadense, in aro de Trescanes vel de Cadinario...* »

Quant à l'origine du radical de *cade*, je l'ignore.

FAU (*a* ouvert), s. m., du lat. *fagus*. A un paronyme *fou*, du lat. *fulvus*, avec lequel il se confond dans l'orthographe fran-çaise des noms propres. — *Fach* (= *faj*) (lat. *fagium*), s. m.; *faja* (l. *fagia*), s. f., ne s'entendent plus que comme noms propres, et aucun de ces mots ne figure dans le dictionnaire de Vayssier, du moins avec le sens de hêtraie. Cependant le *Cart. de Conques.* atteste que *faja* était un collectif vivant au X⁰ siècle : « ...*et illo manso de Brugairolas et illa fagia desu-per Nersolio...* » Charte n° 93. Le prov. de *fagarium* semble être contenu dans le diminutif *fairet* (l. **fagaretum*), s. m., peut-être pour *faiaret*, nom de lieu. A ce propos, arrêtons-nous sur une série de dérivations en *ai* qui semble au premier abord être une variante de la première, mais qui est autre chose, je crois : *faia*, s. f.; *faiet*, s. m.; *faieta*, s. f.; *faiel*, s. m.

A mon sens, ces mots ne sont pas des formes jumelles de *faja, faget, fageta, fagel*, tous dérivés du collectif lat. *fagium*; ils sont pour *faga, faguet, fagueta, faguel*, féminin et diminutifs du primitif *fau, fagus*. Nous avons aussi des *faët* qui nous offrent probablement une transition entre *faguet* et *faiet*.

Voici, du reste, la liste entière des dérivés rouergats de *fagus*, que nous relevons dans le dictionnaire topographique du département, et que nous faisons suivre de leurs originaux latins présumés : *Faët* (l. *fagetum*), s. m.; *faiet* (l. *fagetum*), s. m.; *faia* (l. *faga*), s. f.; *faieta* (l. *fageta*), s. f.; *fagús* (l. *fagosus*), adj. m.; *faiel* (l. *fagellus*), s. m.; *fach* (l. *fagium*), s. m.; *fajó* (l. *fagio*), s. m.; *fajás* (l. *fagiatium*), s. m.; *faja* (l. *fagia*), s. f.; *fageta* (l. **fagieta*), s. f.; *fajola* (l. *fagiola*), s. f.

La Fayette, Faye, Quatre-Fages, noms d'hommes célèbres à divers titres, appartiennent à la liste de dérivés ci-dessus.

Figuier, s. m., figuier, d'un latin gallo-romain *ficarius*, pour *ficus*, analogue à *pomarius, prunarius*, etc. Nos *Figuier* peuvent aussi toutefois procéder d'un collectif *ficarium*. — Le collectif *figareda* (l. *ficareta*), s. f., se rencontre seulement à l'état fossile, comme nom propre. La nomenclature topographique nous donne, en outre, les dérivés suivants: *figairol* (l. *ficariolum*), s. m., et *figairesc*, adjectif à suffixe tudesque. Je trouve, en outre, dans un vieux texte: «.. *in aro de Garzurguas sive de Figairolas.*»*Cart. de C.*, ch. n° 27 de l'an 948.

De nos jours, le figuier n'est plus cultivé séparément et en plantations distinctes ; on n'en rencontre que de rares individus répandus çà et là dans nos vignes. La philologie nous apprend qu'il en était autrement jadis, et qu'à une époque plus ou moins reculée, difficile à préciser, la figueraie avait chez nous sa place à côté de la noiseraie, de la pommeraie, etc.

Fraisse, s. m., frêne, du l. *fraxinus*, mot substantif de forme adjective, dont le radical a peut-être la même origine que celui du verbe *frangere*, primitivement *fragere*. *Fraisse* est formé, comme *casse*, par élision, tandis que le fr. *frêne*, de même que *chêne*, est obtenu par syncope. (Voir ci-dessus l'article Casse). — Le *iss* de *fraisse*, transcrit *yss* ou *yc* dans l'orthographe française des noms propres, est une trans-

formation régulière du lat. *x,* suivant les lois de notre pho-
nologie. — On trouve *fraisser,* par une *r* finale, de même
que *casser,* dans les textes du prov. classique. Nous avons dit
l'origine de cette lettre parasite. Notre *fraisse* est pour *frais-
sen,* de même que *home, terme, orde,* sont pour *homen, termen,
orden;* son *n* caduque reparaît dans les dérivés *fraissinet, fraissinha, fraissinós.*

Les collectifs de *fraisse* ne se disent plus comme noms communs, et je n'en ai pas trouvé d'exemples avec cette valeur
dans le *Cartulaire de Conques.* Mais on les y rencontre en
maints passages comme noms propres topographiques. Exemple: «.....*in loco que dicitur Fraxinias.* » Ch. n° 291 de l'an
930.— «...*in Fraxinedda alium mansum.* » Ch. 372 du XIᵉ siècle. Le *dd* de ce *fraxinedda* semble indiquer une transition
entre la dentale forte du pur original latin (*fraxineta*) et la
dentale douce du vrai mot roman (*fraissineda*).

Voici la série entière des dérivés de *fraisse* d'après la nomenclature des noms de lieu, en y comprenant les collectifs portés
au tableau: *Fraissinha* (l. *fraxinia*), s. f.; *fraissinet* (l. *fraxinetum,* si collectif), s. m. (ce nom peut être diminutif aussi
bien que collectif); *fraissineta,* s. f., féminin du précédent en
tant que diminutif; *fraissineda* (l. *fraxineta*), s. f.; *fraissinel* (l.
fraxinellus), s. m.; *fraissinós, fraissinosa* (l. *fraxinosus, a*), forme
adjective.

Le primitif est très-répandu comme nom propre de lieu et
de famille; les dérivés le sont relativement peu; *fraissinós,*
transcrit en français *Frayssinous,* est le nom d'un évêque et
écrivain rouergat, célèbre sous la Restauration.

GARRIC, s. m., chêne, mot d'origine problématique, que
Diez rattache au prov. *garra,* jambe, par une filiation fort
obscure (*Etymol. Woerterbuch der Roman. Sprachen,* article
GARRIC). Il prend d'abord *garra* dans le sens de *griffe,* qui
appartient à ce mot dans l'espagnol; puis il considère que
dans cette langue le chêne se dit *chaparra,* lequel viendrait du
basque *achaparra,* qui, à son tour, signifie *griffe,* par je ne
sais quelle ressemblance entre les ramuscules du chêne et des
griffes d'oiseau. Notre mot *garric* serait issu de la même association d'idées. Diez ajoute que le comasque *garóla,* gland,

noyau, contient la même racine, GAR. A ce propos, je dois constater que *garra* se dit en Rouergue, ainsi que *cueissa*, cuisse, pour désigner un quartier de noix, et, ce qui paraît plus favorable encore à la thèse de l'illustre romaniste, j'ajoute que le vocabulaire rouergat possède un *garrólha*, lequel a l'acception de chêneau, jeune chêne (voir *Dict.* de l'abbé Vayssier). Je crois néanmoins avoir à proposer une étymologie beaucoup plus simple et plus vraisemblable.

Quercus fut pris par le purisme gallo-romain pour une contraction populaire et fautive d'un *querricus*, supposé par analogie, et on dut adopter ce barbarisme ainsi que tant d'autres fausses corrections latines dont nous avons donné des spécimens dans une précédente Note. *Quérricus* fut ensuite altéré, probablement dans le peuple, en *querrícus*, ainsi que *pérsicus* avait été changé en *persícus*, comme l'atteste notre *persec*, pêcher. Une troisième modification, rentrant dans les tendances de la phonétique provençale, fit de *querrícus quarrícus*, l'*e* tonique des primitifs prenant volontiers le son d'*a* dans les dérivés où cette voyelle cesse de porter l'accent (exemples: *Rodanes*, pour *Rodenes*, de *Ruthenensis*, et *ferrar*, *aterrar*, *gelar*, etc., ainsi orthographiés le plus souvent dans la langue classique par égard pour l'étymologie, mais prononcés en réalité comme s'ils étaient écrits *farrar*, *atarrar*, *jalar*). — On sait que le *qu* latin peut passer à l'état de *g*, en provençal, comme en témoignent *egal*, *aiga*, *ega*, de *equalis*, *aqua*, *equa*. Donc *querricus* ou *quarrícus* peut avoir engendré légitimement *garric*. — Revenons au mot *garrólha* (par *o* fermé), s. f., qui, incontestablement apparenté à *garric*, paraît au premier abord remonter plus haut que celui-ci, et en être, non un dérivé, mais un collatéral, ce qui serait favorable à la thèse de Diez et contraire à la nôtre. Mais constatons d'abord la définition que donne Vayssier du mot en question: « chêneau, jeune chêne; — cépée, ensemble de rejetons qui poussent sur un chicot; — un de ces rejetons; — bois taillis, jeune bois; — souche ou chicot d'arbrisseau ou de taillis. »

Or le suffixe provençal *olh*, avec *o* fermé, de *garrólha*, correspond au suffixe diminutif latin *úculus*, variante de *ículus* (voir Notes I et V ci-dessus); or ce groupe phonétique latin se trouve produit par l'addition d'un autre suffixe latin, *ŭlus*, au radical *querric*, ce qui donne *querriculus*, et par analogie *querruculus*, duquel la métaphonie provençale régulière est *garrolh*, et au féminin *garrolha ;* ce dernier mot correspond donc à un latin *querrucula, forme gallo-romaine pour *quercula*, et confirme ainsi notre étymologie de *garric*.

Des collectifs réguliers que pouvait donner *querricus :* — *querricium, ia ; querricarium, aria ; querricetum, eta,* — notre rouergat n'a conservé la trace que d'un seul, le premier. Les plus anciens textes latins du *Cart. de Conques* le font fréquemment intervenir dans des mentions en quelque sorte stéréotypées, telles que les suivantes : « ...*cum pascuis, silvis, garricis*... » Ch. nº 107, de l'an 911. — « ...*et cum ipsa vinea dominicaria, pratis, pascuis, silvis, garricis*...» Ch. nº 108, de l'an 887.

Ces *garricis* sont vraisemblablement pour *garriciis,* ablatif pluriel de *garricium = querricium.* Ce collectif, disparu du langage usuel, ne se rencontre de nos jours que comme appellation topographique et encore à de rares exemplaires, et même seulement à l'état virtuel, c'est-à-dire dans des dérivés, qui sont : *garrissó* (l. *querricio*), s. m., dimin. de *garris ; garrissola* (l. *querriciola*), s. f., dim. de *garrissa ; garrissada* (l. *querriciata*), s. f., collectif participial analogue à *bessada, agrifolada,* etc. A ceux-ci nous pouvons ajouter encore, croyons-nous, un mot qui s'observe comme nom de famille : *garrossa,* s. f., que nous croyons pouvoir interpréter par *querrucia,* variante en *u* de *querricia.*

Mais *garric* possède en revanche un collectif irrégulier qui est encore plein de vie, et qui en même temps occupe une place très-grande dans la liste de nos noms propres topographiques et patronymiques : *garriga,* s. f. Ce mot, par sa forme, n'éveille que l'idée du féminin de *garric ;* mais son origine me paraît autre, aussi bien que son acception, qui est celle de bois de chênes. Rapproché de *bruga* et de *ginesta,* autres féminins de primitif employés comme collectifs, *garriga* m'apparaît comme une métaphonie divergente de *querricia* de formation populaire, qui se serait produite : 1º par la transformation du *c* de *querricia* en *g,* à une époque antérieure à l'assibilation de la gutturale forte devant *i,* et 2º par la chute de cet *i,* comme il est arrivé dans *ginesta = ginestia,* bien que le groupe *tia* atone n'ait rien qui répugne au provençal, comme le prouve notre mot *bestia*, bête.

Un indice confirmatif de ce jugement me paraît fourni par le fait que les textes rouergats de la plus vieille date donnent toujours *Garriga* en tant que nom propre, alors qu'en même temps, quand il s'agit d'exprimer l'idée du collectif arboral contenue dans ce mot, ce n'est jamais ce mot qu'ils emploient, mais son synonyme régulier *garricium* ou *garricia*. Or je rappellerai à ce propos ce que j'ai fait remarquer dans une de mes précédentes Notes, que les noms de nos petites localités rurales semblent presque toujours émaner du patois de l'époque où ils furent donnés, et non de la langue des classes cultivées. « ...*et in alio loco, in ipsa Garriga, dono illos casales et boscalem.....* » *Cart. de C.*, ch. n° 135, du XI° siècle. Un diminutif-péjoratif vivant de *garriga* est *garrigalha* (l. *querricalia*), s. f.

L'abbé Vayssier nous apprend qu'un autre mot, apparemment de la même famille que *garric*, est usité dans le canton d'Estaing comme synonyme de *garriga*; ce mot est *garena*: ne faut-il pas voir en lui l'adjectif *quernus*, allongé en *querinus* ou *querenus*, de la même façon et par l'action des mêmes causes que *quercus* en *querricus*?

Mentionnons ici le mot BLAC, s. m., perche de chêne, et son collectif *blaquieira*, dont la nomenclature topographique française possède l'homonyme dans *blachère*.

La zone chuintante du domaine de la langue d'oc a *jarric* pour *garric*, et le vieux français avait *jarris*. (V. Diez, *Woerterbuch der R. Sprach.*)

GINEST (l. *ginestus* pour *genista*), s. m., genêt.

Quod à *natura est*
S'arraba pas com' un ginest

(*Prov. rouergat.*)

Ginesta, s. f., et *ginestieira* (l. *genistaria*), s. f., sont les seuls collectifs vivants de *ginest*. *Ginesta* est une syncope de *genistia*, comme *garriga* de *querricia*, comme *bruga* de *brucia*. (Voir obs. sur *garriga*, ci-dessus.)

Le primitif est peu employé comme nom propre de famille,

mais son diminutif *ginestet*, s. m., qui peut également passer pour son collectif (l. *genistetum*), sert à nommer beaucoup de familles. On trouve, en outre, *ginestós* (l. *genistosus*), adj. m., et *ginestada* (l. *genistata*), forme participiale, rimant avec *bessada*, *agrifolada*, *boissonada*, *garrissada*, *vaissada*, etc.

Dans le *Cart. de Conques*, pas d'autre mention sur ce sujet que la suivante: « *V. de la Ginesta.* » Charte n° 559, de l'an 1183.

MALET, s. m., nom propre de lieu et de famille, assez commun en Rouergue, peut avoir pour original latin *maletum*, collectif de *malus*, pommier. Nous avons aussi des *Malier*, qu'il faudrait interpréter, soit par *malarius*, soit par *malarium*. On peut voir encore dans *malet* un diminutif de *malus*. — Notre nomenclature topographique donne assez abondamment *malaret*, s. m., et *malareda*, s. f., collectifs qui attestent l'ancienne existence de *malarius* comme synonyme de *malus*.

MURET, assez répandu en Rouergue et ailleurs, dans le Midi, comme nom de lieu et, consécutivement sans doute, comme nom de famille, me paraît déceler un *muretum* collectif de *murus*, mûrier. — Nous avons aussi comme nom de lieu *Moret* (transcription française *Mouret*), qui peut n'être qu'une variante du précédent[1].

MORIER (l. *murarius*, pour *murus*), s. m., mûrier, a cours comme nom commun, et s'observe en outre comme nom propre de famille et de lieu; dans cette dernière acception, il pourrait représenter *murarium*, collectif de *murus*.

MESPOLIER, et en certains endroits NESPOLIER (l. *mespularius*), s. m., est le nom rouergat du néflier. Son fruit est la *mespóla* ou *nespóla*, s. f. En tant que nom propre, *mespolier* est d'origine équivoque, pouvant également procéder du primitif gallo-romain *mespularius*, ou de *mespularium* = *mespilarium*, collectif du latin vrai *mespilus*, lequel se retrouve encore dans les dérivés *mespol* (avec o fermé), nom de lieu (tr. fr. *Mespoul*), qui peut être à la fois pour *mespilus* devenu par abus *mes-*

---

[1] Dans la langue courante, *moret* est un diminutif de *Móro* (le premier o tonique et ouvert; le deuxième, atone et fermé), s. m. Maure. Chez nos bouviers, ce mot sert à nommer les bœufs noirs concurremment avec *taupet*.

pilus, ou pour le collectif *mespilium* sous sa forme parallèle de *mespulium*. Dans ce dernier cas, le *l* terminal de *mespol* aurait virtuellement la valeur de *lh*. *Mespolieira* (l. *mespularia*), s. f., sert de nom à quelques localités. Nous avons aussi un lieu appelé *Mespolés*, adj. m., évocant un original latin *mespulensis;* et nous possédons, enfin, un autre dérivé de forme adjective, très-répandu comme nom propre, *mespolós* ou *nespolós* (l. *mespulosus*).

Le *Cart. de Conques* contient ceci : « ...*in loco que dicitur Mespolarius*.... » Ch. nº 152, de l'an 980.

Aucun des dérivés ci-dessus de *mespilus* ou de *mespularius* ne peut être relevé avec certitude comme un collectif; non pas même *mespolieira*, qui peut n'être qu'un équivalent féminin de *mespolier*, néflier, de même que *pomieira, perieira, prunieira*, ne sont pas moins usités que *pomier, perier, prunier*, avec le même sens. La philologie ne nous révèle donc rien jusqu'à présent de bien instructif sur la condition du néflier dans l'ancienne culture. Aujourd'hui cet arbre fruitier n'existe guère chez nous qu'à l'état sauvage, rare et épars au sein des grands bois ; fut-il cultivé jadis, et eut-il dans ces temps une place marquée à l'égal des autres espèces à *collectifs*? Cette question reste ouverte.

Noguiea, s. m., noyer, atteste un gallo-latin *nucarius*, formé sur le même modèle que *pomarius, prunarius*, etc. Les seuls collectifs que nous pouvons relever à son avoir sont *nogaret* (l. *nucaretum*), s. m., forme obsolète conservée comme nom de lieu et de famille, et *nogareda* (l. *nucareta*), s. f , forme vivante et très-usitée. La toponymie aveyronnaise nous fournit en outre un *nogairia* d'origine postgallo-romaine, attestée par son accentuation germano-barbare [1].

La même toponymie aveyronnaise nous révèle un ancien collectif, ou plutôt un locatif ou productif de *nux*, noix, dans *nos* (l. *nucium*), par o fermé, s. m., et dans *nussa* (l. *nucia*), s .f. Ce dernier, écrit *Nuce* dans le style administratif français. désigne une station de chemin de fer voisine de Rodez, qui est une véritable oasis de noyers. *Nos*, dans le style français

[1] Voir, sur la désinence *ia*, mes *Études de ph. et de ling. aveyronnaises*, p. 34.

Noux, est mentionné comme il suit dans les chartes n°° 23 et 32 du *Cart. de Conques*, datées de 1010 et de 1031 : « *Et illum meum fevum de Nocium laxo...* » « ... *et alium in Roga, et alium in Nocio, in Vaure...* »

Noguier et ses dérivés figurent en outre, à titre de noms de lieu, dans le même recueil : « ... *edificare mandavimus in illo alode quæ vocatur Nogareda...* » Ch. n° 27, an 1031. — « ... *et cambone de Nogario cum albaredas...* » Ch. n° 417, XI° siècle. — La pièce n° 548 du même cartulaire, écrite en roman et datant du XII° siècle, donne *noguier* écrit *nogueir*. Je remarque, en outre, que *pomier* (pommier) et *obrier* (ouvrier) se présentent sous la forme *pomeir, obreir*, dans les documents romans de de la même époque.

OLM, s. m. (prononcé aujourd'hui *on*, avec *o* fermé, mais dont le *l* reparait dans les dérivés, vocalisé en *u*), orme, du lat. *ulmus*. Réunit presque toutes les formes de collectifs, ce qui dénote l'importance considérable de cette essence dans l'ancienne économie rurale; mais pas un de ces divers collectifs n'est resté vivant, ce qui indique, d'autre part, que, de même que les autres espèces sylvestres, il n'est plus chez nous l'objet d'une culture.

J'ai retrouvé *ulmia* dans le nom d'un bois de mon voisinage, dont l'étymologie m'avait longtemps intrigué : *Ounha*. Le *mia* de *ulmia* a fait *nha* dans *ounha*, comme le *mia* de *vendemia* a fait également *nha* dans notre *vendenha*, synonyme de *vendemia*, vendange.

Olmieira, oumieira (l. *ulmaria*), s. f., sert de nom propre à un grand nombre de nos familles rouergates, francisé alors en *Laumière*. *Olmeda, oumeda* (l. *ulmeta*), s. f., se rencontre, mais rarement, comme nom topographique. *Olmet, oumet,* s. m., peut être regardé comme collectif (l. *ulmetum*), ou comme diminutif d'*olm*. Rodez possède une place dite de « l'Olmet », mot prononcé en patois *oumet* (*ou* diphthongue). Un arbre est figuré au centre de cette place dans un vieux plan de notre ville datant du XV° siècle.

Nous recueillons ce qui suit dans le *Cart. de Conques* : « ... *et mansum de l'Olm.* » Ch. n° 548, du XII° siècle. — « ..... *Et alio manso que est in loco que vocant Olmos.....* » Ch. n° 290, du

XI⁰ siècle. — «...*de meridie in villas quæ vocantur Ulmeiras et Herpez*... »Ch. n° 78, an 1075. — «...*et alium de Ulmo* IIII *denarios*...» Ch. n° 529, XII⁰ siècle.

Lom, Delom, Delsoms, diversement orthographiés, se rencon-contrent parmi nous comme noms de famille.

Pɪ (l. *pinus*), s. m., pin. Cet arbre, peu répandu dans le département de l'Aveyron, a peu influé sur l'onomastique locale. Toutefois on trouve chez nous quelques rares *pinet*, s. m., qui peuvent être pour *pinetum* ou comporter le sens du diminutif de *pi*. On rencontre aussi quelques *pineda* (l. *pineta*), s. f.

Pᴏᴍɪᴇʀ (gall.-l. *pomarius*), s. m., pommier, n'a qu'un seul collectif vivant, *pomareda* (g.-l. *pomareta*), s. f., correspondant au français *pommeraie*. On rencontre, aussi comme noms propres, en outre de *pomareda*, très-fréquent, *pomaret* (g.-l. *pomaretum*), s. m., qui ne se confond pas avec le diminutif en *et* de *pomier*, qui est *pomairet; pomairassa* (g.-l. *pomariatia*), s. f., augmentatif de *pomieira*, forme féminine employée fréquemment au lieu de *pomier; pomairol* (g.-l. *pomariolus*).

Le *Cartulaire de Conques* offre à plusieurs reprises un *Pomario*, nom de lieu. Ce cas oblique appartenait-il à *pomarius*, forme gallo-latine pour *pomus*, ou au collectif *pomarium?* La charte n° 31, de l'an 1031, dit :«...*et dedimus ego et ipse abba istos duos mansos Geraldo fratri meo ad fevum in concambio per parragines de Pomario.* » Et, dans la charte n° 549, de l'an 1087, on lit : «*Donamus sancti salvatori: quartam partem decimi de Pomareda pro salute anime mee.* »

Il est probable que le gallo-latin *pomarius* et le roman *pomier* eurent longtemps le sens générique de *pomus* avant de se spécialiser à la signification de *malus*, et que les collectifs *pomaretum, pomareta*, s'appliquaient alors, non à des plantations de pommiers, mais à des vergers. Une telle conclusion nous paraît découler du fait que les autres espèces principales d'arbres à fruit ordinairement réunies dans les vergers, le poirier et le cerisier, notamment, ne possèdent pas de collectifs, soit à l'état vivant, soit fossilisés dans les nomenclatures de noms propres.

Le rouergat a un nom spécial pour la pomme sauvage et le sauvageon qui la produit, *massana*, s. f., qui se rapproche

étroitement de l'espagnol *manzana*, pomme, et *massanier*, s. m.,
ou *massanieira*, s. f.

Plusieurs collectifs de *prunus*, prunier, se sont conservés
dans les noms propres de lieu ou de famille ; ce sont : *prunh*
(l. *prunium*), s. m.; *prunha* (l. *prunia*), s. f.; *prunieira* (l. *pru-
naria*), s. f., qui peut bien n'être que le féminin de prunier au
sens de *prunus*, et *prunet* (l. *prunetum*), s. m. *Prunium* ou
prunus se retrouve encore dans le composé *Prunhac* (l. *Pru-
niacum*), la villa aux pruniers, nom de lieu.

Quant au gallo-latin *prunarius*, d'où notre prov. *prunier*, il
n'a donné ou laissé aucun collectif ; la trace de collectifs sur
le primitif classique *prunus* et l'absence totale de collectifs
sur le primitif gallo-latin *prunarius* semblent indiquer qu'au
commencement ou au plein de la période gallo-romaine, cet
arbre était cultivé chez nous en grand comme il l'est encore
dans l'Agenais, et que plus tard, à la décadence de l'empire,
il figura simplement dans les vergers (*pomareta*) au même titre que les autres espèces fruitières et confondu avec elles.

On trouve dans le vieux cartulaire : « ... *hoc quod ego ibi
habeo et homo de me, et mansum de Prunosa*, etc. » Ch. n° 452,
an 1031.— « ...*adquisito altare beate Fidis de Galatea Quercu
et Stephano Pruinensi* (= *Pruniensi*) *qui in illo temporis* ...»
Ch. n° 67, fin du XIe siècle.

RAUS, s. m., roseau, mot d'origine germanique, en allemand
moderne *Rohr*, le même sans doute que le gothique *raus*, appliqué au jonc. De nos jours, ce mot ne s'entend plus guère ;
son diminutif *rausel* semble l'avoir supplanté.

La *virtualité* de l'*s* terminale dans *raus* est variable : cette
s, égale à *z* dans le diminutif ci-dessus, reste forte, c'est-à-
dire égale à *ss*, dans la flexion du pluriel, *rausses*, et dans un
collectif, *raussia*. L'accentuation tonique de ce dernier mot concorde avec l'origine tudesque du primitif.

Obsolète, *raus* nous est conservé par la toponymie ; *Los
Rausses* est une dénomination cadastrale assez fréquemment
appliquée à des prés humides, à des parcelles touchant à des
cours d'eau ou à des étangs ; pareillement de l'augmentatif
rausás (= rauzás), et du collectif *rausieira (= rauzieira)*.

Dans son dictionnaire étymologique des langues romanes

(*Etymol. Woerterbuch der Rom. Sprachen*), Diez se montre ravi de retrouver dans notre mot roman la forme antique de son allemand moderne *Rohr*. Or l'r terminale de ce dernier semble apparaître comme une variante de l's de *raus* dans une forme diminutive usitée dans le bas Languedoc avec le sens de roseau, *raulet*, peut-être pour *rauret*.

ROBE, avec *o* fermé (l. *robur*), s. m., et ROIRE, avec *oi* diphthongue et *o* fermé, s. m., chêne. Ces mots sont synonymes de *casse* et de *garric*. « E devetz saber que en ayssi quo us motz equivocz significa motas causas : en ayssi meteysh pel contrari fay motz sinonimatz. So es can motas dictios significo una cauza. coma. *corals, casses, garrics, royres*. » *Leys d'Amors*, p. 56. Le seul collectif vivant de ces deux primitifs est *robieira* (l. *robaria = roboraria*), s. f.; il en a existé un second qui se révèle dans le nom de lieu et de famille *roberet* ou *robelet* (transcription franç., *Rouveret, Rouvelet*), s. m., qui est pour *roboretum*, comme en témoigne un titre du XI⁰ siècle où le mot est écrit *Rovored*, par *o* au lieu de *e* : « *Donatione Disderio de Rovored de vinca quæ est in Rovored...* » *Cart. de C.*, ch. n° 381. Ce lieu de *Rovored* est aujourd'hui *Rouveret*, hameau de la commune de Pomayrols. — L'absence du deuxième r de l'original probable *roboraria*, dans notre copie provençale *robieira*, semblerait indiquer que ce collectif a été tiré directement du primitif provençal *robe*. La nomenclature des noms propres nous fournit, en outre, les dérivés ou composés ci-après : *robier* (l. *robarium = roborarium*), s. m.; *robairola* (l. *robariola = roborariola*), s. f., dim. de *robieira*; *robairia*, s. f., locatif ou possessif de *robier* (ce dernier étant nom d'homme) du type germano-barbare en *ia* ; *robiac* (l. *robiacum = roboriacum*, ou peut-être *rupiacum*), nom de lieu ; *robellac*, autre composé avec le même suffixe que le précédent, qui, datant certainement de la période gallo-romaine [1], indique un diminutif *robellus*, dont notre *robelet* pourrait être un sous-diminutif.

D'ailleurs, nous avons *robel* (fr. *Rouvel*), porté par certaines localités, et je suis disposé à croire que le nom de famille rouergat écrit en français *Revel* est une méprise paronymique pour *robel* (à écrire en français *Rouvel*).

[1] Voir *Études de ph. et de ling. avey.*, p. 16.

Romec, s. f., ronce, du lat. *rumex, rumicem*, avec le sens de dard.

> Tum sparsa, tum rumices portantur tragula porrò.

Un seul collectif : *romiguieira* (l. *rumicaria*), s. f., encore en usage comme nom commun et porté par plusieurs familles, notamment par celle d'un de nos philosophes rouergats, La Romiguière. En plus, les dérivés suivants : *romegás* (l. *rumicatium*), s. m., forme augmentative et péjorative avec le sens de fourré de ronces ; *romegat* (l. *rumicatus*), forme participiale ; *romeguet*, s. m., diminutif ; *romegós* (l. *rumicosus*), adj., ces trois derniers mots désignant des localités.

Le latin classique *rosa*, rosier, nous a laissé ses collectifs dans nos noms de lieu, tandis que son synonyme gallo-latin *rosarius*, d'où notre roman *rosier*, n'en possède aucun, soit dans le vocabulaire des noms communs, soit dans celui des noms propres. Mêmes inductions sur notre histoire agricole et sociale à tirer de ce rapprochement que celles qui nous ont été suggérées à l'article *prunus*, ci-dessus, par un rapprochement analogue. Dans l'éclat de la domination romaine, notre pays possédait des propriétaires opulents et d'une civilisation raffinée, ayant des *rosarium* et des *rosetum*, et appelant ces choses par leur vrai nom latin ; à la décadence de l'empire, aux premiers chocs de la barbarie germaine, les fortunes faiblissent, le goût du luxe et les moyens de le satisfaire décroissent et se perdent, la culture de la langue dégénère ; c'est à ce moment que le synonyme populaire *rosarius* prévaut sur *rosa*, et que les champs de fleurs dont s'entouraient les villas patriciennes tombent dans l'abandon ou se transforment en terres à blé. Et voilà la raison pourquoi de *rosarius*, qui succède à *rosa*, ne sort ni un *rosararium*, ni un *rosaretum*, pour remplacer les *rosarium* et *rosetum*, devenus sans objet.

Les dérivés de *rosa*, transmis comme noms propres, sont *roset* (l. *rosetum*), s. m., et *rosieira* (l. *rosaria*), s. f.; et nos *rosier* sont aussi peut-être le plus souvent des témoins de *rosarium* et non de *rosarius*.

Le *Cartulaire de l'Abbaye de Conques* contient ce qui suit : « *Et illo prato de Roseto, cum ipsas albaretas, cum ispsas vernias, similiter dimittimus. .* » Ch. n° 93, du Xᵉ siècle.

SALÉS, avec *e* fermé, et SALSE, s. m., saule à feuilles rondes, du lat. *salix*, a pour unique collectif *salessa*, s. f., répondant au latin *salicia* pour *salicium*. Le collectif français *saussaie* a pour original latin *salicetum*, qui n'a pas laissé de traces en Rouergue. J'ai connu, toutefois, des Méridionaux du nom de *Sauzet* et *Sauzède*, attestant des formes provençales *salset*, *salseda*.

La charte n° 301 du *Cart. de Conques* du XI° siècle contient la mention suivante : « *In primis post mortem meam laxo sancti Salvatoris et sancta Fide illo alode meo de Salciono ubi Maciagaldus visus est mancere…..* » Ce *Salciono* est une imparfaite retranscription latine du roman *salsô*, dim. de *salse*, dont la bonne latinisation serait, à l'accusatif, *salicionem*.

Salessa (fr. *Salesse*) est très-répandu chez nous comme nom de famille.

TRÉMOL, par *e* fermé et tonique, et *o* fermé atone, s. m., tremble, du lat. *tremula* ou plutôt *tremulus*.

Ce primitif est riche en collectifs, qui se comprennent encore comme tels, et ont surtout de l'importance comme noms propres. Ce sont : *tremolha* (l. *tremulia*), s. f.; *tremolieira* (l. *tremularia*), s. f.; *tremolet* (l. *tremuletum*), s. m., et *tremoleda* (l. *tremuleta*), s. f. Ces mots figurent comme noms propres de lieu dans les textes latins du *Cart. de l'ab. de Conques*. On y lit : « S¹ *Petroni de Tremolias*. » Ch. n° 350, de l'an 1065. — « *Et partem meam de Tremolias que de Aimerigo conquistavi.* » Ch. n° 300, du XI° siècle. « *…et ego ipse Arcmandus dono Deo et sancte Fidis vineam que dicitur Restollenchas qu'era mia en domini ab l'apartenda de Tremoledo…* » Ch. n° 525, du XII° siècle.

Le français a les homologues de *tremolet* et *tremoleda* dans *tremblay* et *tremblaie*.

Les multiples collectifs de *tremol* et la multiplicité de leurs applications comme noms propres de lieu doivent faire supposer que le tremble avait autrefois son domaine spécial dans l'arboriculture, ainsi que l'indique, du reste, le passage d'Olivier de Serres précédemment cité. Quel était donc alors l'usage du tremble ? Était-il cultivé comme succédané du peuplier, pour son bois ? Aujourd'hui, en Rouergue, le tremble est regardé et traité comme mort-bois.

VAISSA, s. f., coudrier ; mot de provenance inconnue. J'avais supposé un original g.-l. *vaxa* ; des chartes fort anciennes, dont une du commencement du X° siècle, m'ont confirmé dans cette vue. La Vaysse (*la Vaissa*), localité près du Mur-de-Barrez, est désignée par *Vaxa* dans la charte n° 322 du *Cart. de Conques* de l'an 919 : « ....*mansos duos in vicaria Barres : manso in villa quæ dicitur Vaxa...*» Le domaine de Vayssettes (*Vaissetas*), des environs de Rodez, est ainsi mentionné dans la charte n° 189, de l'an 955 : «...*et est ipse alodus in pago Ruthenico, in vicaria Ruthenulense, in villa que vocatur illas Vaxietas mansos quatuor ;...*» Vaissier (g.-l. *vaxarium*), s. m., et *vaissieira* (g.-l. *vaxaria*), s. f., sont les seuls collectifs de *vaissa* encore en usage ; mais *vaissa*, dans ses nombreuses applications comme nom topographique, doit, dans certains cas du moins, être considéré comme originellement collectif et interprété par la latinisation *vaxia*, pour *vaxium*, et non par le primitif *vaxa*. Le diminutif *vaxieta* de «*illas Vaxietas*» indique d'ailleurs comme primitif immédiat *vaxia* et non *vaxa*. — Nous avons des *vaisset*, s. m., qui se rapportent peut-être à un collectif en *etum*, mais dans lesquels je verrais plutôt un diminutif de *vaxium*. Un autre collectif en *eta*, mais qui procède de *vaissier* et non de *vaissa*, c'est *vaissareda* (g.-l. *vaxarieta*), s. f. ; ce nom est porté par un bois faisant partie de la forêt des Palanges (arrondissements de Rodez et de Milhau).

Vaissa, vaisseta, vaissier, vaissieira, travestis dans l'écriture française en *Vaysse, Vaïsse, Vayssette, Vayssier, Vayssière*, servent à nommer une multitude de localités et de familles aveyronnaises. En outre de ceux qui viennent d'être indiqués, *vaissa* s'accompagne encore de quelques autres dérivés ou composés qui, éteints comme appellatif communs, ont survécu comme noms propres. Ce sont : *vaissac* (g.-l. *vaxiacum*), *vaissada* (gal.-l. *vaxiata*), s. f., collectif participial ; *vaissaire* (g.-l. *vaxiator*), s. m.; *vaissás* (g.-l. *vaxiatium*), s. m., augmentatif de formation romane de *vais* = g.-l. *vaxium*; *vaissaguia* (g.-l.?), s. f. ; *vaissaria*, s. f. ; *vaissarodier*, nom de lieu, peut-être pour *Vaissa-Rodier*, ce dernier mot désignant un ancien propriétaire ; *vaissieiria*, de format. rom., s. f. ; *vaissós* (g.-l. *vaxiones* ou *vaxosus*), dim. masc. pluriel ou adj. fréquentatif m. s.

6

Les coudraies n'existent plus dans notre région qu'accidentellement et non par plantation. Toutefois quelques-uns de ces massifs de coudriers paraissent être les restes abandonnés d'anciennes coudraies cultivées. La culture en grand de cet arbuste avait sans doute pour principal objet, non le fruit, en rouergat *aulana* (l. *avellana*), mais le bois, d'un grand emploi dans la vannerie.

VERN, s. m., aulne; du gallo-latin *vernus*. Ce mot est d'origine celtique; il se rencontre encore dans le breton, le gallois et l'irlandais. *Vern*, suivant la destinée de beaucoup de monosyllabes, ne se dit plus et ne subsiste que comme nom propre; il a été remplacé dans notre langage par *vernhás*, s. m., détourné de son acception première, qui est celle d'un augmentatif du collectif *vernh* (l. *vernium*).

Vernha (g.-l. *vernia*), s. f.; *vernieira* (g.-l. *vernaria*), s. f., sont les seuls collectifs de *vern* encore en usage. Il faut y ajouter les collectifs obsolètes fournis par la nomenclature des noms propres, *vernh*, déjà cité; *vernet* (g.-l. *vernetum*), et *verneda* (g.-l. *verneta*), s. f.

Vernia et *vernaria* s'observent dans nos vieux titres latins, et comme noms communs et comme noms propres. Exemple: « ...*cum medios boscos, cum medias vernias...* » *Cart. de Conques*, ch. n° 35, de l'an 907 ;— « ...*et habet ipse pratus vel ipsa vernaria...* » *Op. cit.*, ch. n° 402, de l'an 990 ;— « ...*villa quæ dicitur Vernias...* » Ibid., ch. n° 192, de l'an 990. — Ordinairement *vernia* et *vernaria* se trouvent associés à *albareta*, dans ces vieux documents; et ce rapprochement se conçoit, l'aulne et le saule habitant tous deux les lieux aquatiques.

Vernha, francisé en *Vernhe*, *Vergne*, *Lavergne*, sert à nommer un grand nombre de lieux et de familles. La nomenclature des noms propres présente en outre les dérivés et composés suivants: *Vernagrés* (g.-l. *vernagrensis*), composé où *ager* se discerne; *vernescura* peut-être pour *vernha-escura*; *vernhada* (g.-l. *verniata*), s. f., forme participiale; *vernhet*, s. m., et *vernhol*, s. m. (g.-l. *verniolum*); dimin. de *vernh*; *vernheta*, s. f., et *vernhola*, s. f. (g.-l. *verniola*), dim. de *vernha*; *vernhaireto*, s. f., dim. de *vernieira*; *vernhoneta*, dim. fém. d'un *vernhó* (g.-l. *verniu*), lui-même dim. de *vern*; *vernicha* (?).

De nos jours, le collectif *veraha* a une grande tendance à revêtir exclusivement, par voie de métonymie, le sens de marécage. La terminaison de notre *sanha*, s. f., marais, ne doit-elle pas faire supposer que ce mot fut dans le principe un collectif formé sur un radical désignant une plante marécageuse ?

Le Cart. de Conques a un nom de lieu l'*Alneir* = *Alnier*, aujourd'hui perdu, qui évoque le collectif latin *alnarium*, d'où on doit inférer que le latin classique *alnus* eut cours chez nous concurremment avec son synonyme barbare *vernus*.

VIM, s. m., osier, du lat. *vimen*. Le nom de lieu *Vimenet*, lat. *viminetum*, est le seul collectif ou dérivé de ce mot dont il reste trace en Rouergue.

––––––––

N'est-il pas remarquable que le poirier (*perier*) et le cerisier (*cerieis*) soient sans collectifs, alors que le pommier (*pomier*) en possède un d'un usage aussi étendu ? Cette singularité me semble indiquer que notre provençal *pomier* avait à l'origine l'acception de son primitif latin *pomus*, et non celui de *malus*, et que *pomareda* était synonyme de *verdier*. Toutes espèces d'arbres à fruits proprement dits étant cultivées ensemble dans un même enclos, elles ne comportaient conséquemment qu'un collectif commun répondant à l'idée de verger, idée rendue dans le latin classique par *pometum*, et plus tard, dans le latin populaire des Gallo-Romains, par *pomaretum* et *pomareta*, de *pomarius*, qu'ils avaient substitué à *pomus*, comme *prunarius* à *prunus*, *pyrarius* à *pyrus*, etc.

X

L'étude d'un simple patois de la langue d'oc, de notre humble rouergat, par exemple, peut faire découvrir de nouvelles lois de linguistique générale, tout comme les recherches que les maîtres de notre science dirigent, avec une préférence presque exclusive, sur le domaine des langues historiques. Les patois ont même cet avantage sur leurs nobles sœurs, qu'ils offrent à l'observateur des productions plus *naturelles* où, ainsi que dans les plantes sauvages comparées aux plantes cultivées, la pureté des caractères spécifiques s'est conservée plus intacte, où les procédés de la Nature, non entravés et non faussés par l'intervention de l'art, se montrent plus nettement. Il faut toutefois convenir que la physiologie des idiomes romans est une terre où le grand Diez a moissonné si abondamment, qu'il n'y reste plus guère que des épis épars à ramasser. J'ai déjà présenté au lecteur quelques-unes de ces glanes; en voici encore qui me paraissent n'être pas dénuées d'intérêt scientifique.

L'influence de voisinage que les langues exercent les unes sur les autres est le plus souvent celle de l'imitation, qui tend à multiplier entre elles les liens de la ressemblance ; mais il en est une autre dont l'action, à la vérité beaucoup plus restreinte, opère précisément dans le sens opposé, c'est-à-dire avec une tendance à la différenciation. Que deux dialectes géographiquement juxtaposés se distinguent entre eux par la prononciation de certaines lettres, par la forme de certains mots, on se piquera parfois de part ou d'autre, ou des deux côtés, d'observer cette différence avec un soin si jaloux qu'on en viendra à l'exagérer, à l'outrer, à la faire sortir de ses limites premières et légitimes. On arrive de la sorte à corrompre sa langue en mettant un zèle inintelligent à la purifier d'une contamination étrangère apparente.

Ce phénomène s'est produit sous plusieurs formes dans les divers parlers locaux de mon département; je vais indiquer les principales.

A. — Le ch et le j provençaux se prononcent, suivant les régions ou districts, de deux manières très-différentes : ici ils sont *chuintants* (ch ayant alors la même valeur phonique qu'en espagnol, et j celle du gi italien suivi d'une voyelle), là ils sont *zézayants* (prenant à peu près le son du z allemand ou italien). En Rouergue, les deux prononciations rivales se partagent le territoire de la province d'une façon singulièrement remarquable, déjà signalée par moi à la *Société d'anthropologie de Paris*, il y a près de vingt ans[1].

[1] Voir les *Bulletins de la Société d'anthropologie de Paris* et une bro-

Le chuintement et le zézayement occupent deux aires continues, à peu près d'égale étendue, qui, bien que se contournant et se pénétrant l'une l'autre, quelquefois profondément, par les innombrables détours, sinuosités et échancrures de leur frontière, ne cessent pas de coïncider, à peu près exactement, avec les deux grandes divisions géologiques que présente le département de l'Aveyron (une partie de l'arrondissement de Villefranche exceptée). Sur tout le plateau jurassique, Causse de Rodez, Causse de Séverac, Causse Noir, Causse Méjan, Larzac, etc., et dans ses vallées triasiques, et enfin sur les montagnes volcaniques qui bornent au nord cette région calcaire, jusqu'à la Trueyre (rivière), le chuintement règne sans partage ; l'empire du zézayement s'étend à son tour sur l'entier massif granitique ou *Ségalar (Secalaris pagus,* pays à seigle), qui forme l'autre moitié du territoire rouergat. Or aux deux prononciations différentes et aux deux sortes de terrains et de produits agricoles auxquels elles se trouvent diversement associées, correspondent en outre deux populations très-nettement séparées par le développement du corps humain, par la richesse, les mœurs et le caractère des habitants. Tandis que l'homme des plateaux calcaires, le *calcicole,* puise dans les aliments et les eaux de son habitat les principes constitutifs d'une forte charpente osseuse, d'une belle stature, d'un système musculaire puissant, le *silicicole* du Ségalar, dans le sol duquel la chaux fait défaut, qui boit des eaux acides, et autour duquel toute la population animale est marquée d'un cachet d'infériorité physique, est au contraire petit, chétif et pauvre (Faisons remarquer, toutefois, que la pratique du chaulage a déjà très-avantageusement modifié cet état de choses). De ce contraste est né un sentiment de mépris, chez l'Aveyronnais qui chuinte, pour son voisin qui zézaye. Ce sentiment était porté si loin, jusqu'à ces dernières années (où le pays du seigle et des châtaignes s'est transformé par l'emploi de la chaux), qu'une fille du Causse ne consentait à aucun prix à se marier dans le Ségalar. Eh bien ! il se trouve que, sur le bord

chure que j'ai publiée sous le titre de *l'Influence des milieux sur les caractères de race chez l'homme et chez les animaux,* Paris, 1868 (Germer-Baillère, éditeur).

chuintant de la sinueuse frontière des deux territoires, et principalement dans la ville de Rodez, assise au confin du Causse, sur le sommet d'une butte triasique au pied de laquelle coule l'Aveyron, dont le cours sépare en ce point les deux pays, les deux populations et les deux parlers ; il se trouve, dis-je, que du côté *caussenard* de cette limite s'observe le phénomène linguistique suivant : Crainte de faire acte de prononciation *ségaline*, les gens de la rive chuintante suppriment dans leur parler le son *ts*, qui existe partout dans la langue du Causse, où il est même d'un emploi très-étendu, mais avec une toute autre origine étymologique et dans une toute autre application que le *ts* du zézayement ségalin de *ch* et *j*, avec lequel il est, d'ailleurs, phonétiquement identique.

Le son consonne rouergat que j'exprime ici, pour l'intelligence du lecteur français, par la notation *ts*, se compose de deux sons élémentaires, dont le premier n'est pas le *t* français, espagnol, italien, allemand, le *t dental* en un mot, mais quelque chose comme le *t* anglais, émis par l'application du bout de la langue, non contre les dents, mais contre le palais, c'est à-dire le *t palatal*, qui se rapproche sensiblement du *k*. Cette sifflante composée, qui n'est pas particulière à l'alphabet rouergat, mais appartient généralement à la langue d'oc, dont elle sert à caractériser la phonétique (car elle n'existe dans aucune autre langue à moi connue), est rendue, dans l'orthographe du provençal classique, par diverses notations qui correspondent à ses divers rapports étymologiques, mais qui, chez certains auteurs, se confondent toutes dans le signe *x*, lequel, je le répète, n'est pas l'équivalent de *ks* dans la langue d'oc, mais de quelque chose *sui generis* intermédiaire entre *ks* et *ts*, bien que moins rapproché du premier que du second. Dans les deux catégories de dialectes, les chuintants et les zézayants, la sifflante en question répond étymologiquement : 1° à l'*x* primitif, comme dans *pax*, paix ; *lax*, lâche ; *laxar*, lâcher ; 2° à *cs*, comme dans les nominatifs singuliers et les pluriels obliques des noms et adjectifs en c et g guttural, tels que *fuocs, sacs, trucs, secs ;* — 3° à *chs*, nominatif singulier ou pluriel des noms, adjectifs et participes en *ch* ; ainsi : *cluechs, liechs, empachs, fachs ;* — 4° à *ds* et *ts*, désinence nominative singulière ou oblique plurielle des noms, adjectifs ou participes en *d* ou *t;* exemples : *blads, dets, fats, perits, aguts, ponchuts;* — 5° à *dç*, dans les nombres *dotze = dodce,* du lat. *duodecim ; tretze = tredce,* du l. *trédecim ; setze = sexdce,* du l. *séxdecim ;* — 6° à *bs* et *ps,* comme dans *lobs, caps, crups, acapsar.* Ces six différentes expressions orthographiques répondent, répétons-le, à un seul et même son dont le signe alphabétique propre est l'*x.*

Et maintenant, pour les dialectes zézayants, la sifflante en question répond en outre aux signes *ch, j,* et au *g* non guttural. Ajoutons que, dans certains manuscrits provençaux du moyen âge, les consonnes chuintantes zézayées se trouvent figurées par la lettre *z,* et que les écrivains patois les représentent le plus souvent par *x.*

Ce qui précède étant posé pour l'intelligence de ce qui va suivre, disons maintenant que les *x, cs, chs, ds, ts* et *bs, ps,* réguliers du rouergat chuintant, sont tous sacrifiés chez celui-ci sur la frontière phonétique et tous remplacés indistinctement par la chuintante *ch ;* de telle sorte que *pax,* paix, devient *pach ; laxar, lachar; excellents, echellent; sacs,* pluriel de *sac, sach, luocs,* pl. de *luoc, luoch ;* que *empachs, liechs, befachs,* pl. de *empach, liech, befach,* sont ramenés à la forme du singulier ; que *blads, dets, ponchuts,* pluriels de *blad, det, ponchut,* sont tout surpris de se voir changés en *blach, dech, ponchuch ;* que *dotze, tretze, setze,* ont quelque peine à se reconnaître dans *duche, treche, seche;* et que *lobs, caps, crups, acaptar,* ne sont pas moins méconnaissables dans *loch, cach, cruch, acachar.*

Cette transformation bizarre serait une énigme indéchiffrable en dehors de l'explication que je viens d'en donner, et qui défie toute critique.

Ajoutons que ce qui se passe en Rouergue se voit aussi dans d'autres régions chuintantes du domaine provençal, *sur les limites* qui les séparent de provinces zézayantes. Ce phénomène peut, notamment, s'observer dans les départements de l'Aude et de l'Hérault, qui chuintent, sur la frontière de l'Albigeois, qui zézaye.

B. — Par une particularité singulière, mais qui n'a rien en soi que de naturel, le suffixe latin *arius,* représenté respectivement par *iere, ero, ier, ier, er,* dans l'italien, l'espagnol, le français, le provençal et le catalan, a produit, dans le patois de l'arrondissement de Milhau, la forme *iar*. Ainsi, dans ce district rouergat et jusque dans la Lozère, qui le borne à l'est, on dit : *obriar, fustiar, peiriar, febriar, papiar*, pour les *obrier, fustier, peirier, febrier, papier*, des autres dialectes.

Notons ensuite que, dans ce suffixe milhavois *iar*, l'*r* est muette, ainsi qu'elle l'est d'ailleurs dans le *ier* français et provençal (et non pas seulement de nos jours pour ce dernier, mais au moins depuis le XVe siècle). Notons, en outre, que l'*a* de *iar* est un *a* fermé. De là s'ensuit que ce *iar* milhavois, du lat. *arius*, est identique pour l'oreille au *ià* provençal procédant du suffixe latin *ianus*. Ainsi la terminaison milhavoise de *obriar, peiriar*, etc., est la même pour l'oreille, quant au son en soi, que celle des mots *Crestià, Cebrià, Jolià*, de *Christianus, Cyprianus, Julianus*. Cela posé, il est arrivé que les Rodanois de la frontière qui sépare l'arrondissement de Rodez de celui de Milhau ont été frappés de cette singularité idiomatique de leurs voisins, et que, mus par un purisme dialectal mal entendu, ils ont proscrit de leur propre idiome le suffixe *ià* = lat. *ianus*, le confondant maladroitement avec le *ia(r)* = lat. *arius* des Milhavois, et ont remplacé cette désinence par la forme *ié*, disant *Crestié, Cebrié, Jolié!*

Il n'est pas sans intérêt de faire remarquer à ce propos que la forme milhavoise *iar* (écrite *ia*) pour *arius* se rencontre dans des documents en langue d'oc des archives municipales de Milhau, qui ont été publiées par M. Affre dans la *Revue des langues romanes*.

C. — Dans le rouergat du Nord, de l'Est et du Centre, où la règle classique de l'*a larg* et de l'*a estrech* s'observe encore dans toute sa rigueur, la diphthongue exprimée par le signe *au*, en bonne orthographe, suit les variations d'amplitude de sa constituante *a*. Cette diphthongue est donc *larga* ou *estrecha*, comme le remarque formellement Hue Faidit ; or le deuxième cas se présente quelquefois, bien que rarement, quand la syllabe est tonique, et invariablement quand elle est atone. Et maintenant il se trouve que le *au estrech* ou fermé se confond auriculairement avec une autre diphthongue, celle qui s'écrit *ou*, ainsi que cela avait lieu déjà au XIVe siècle, comme l'atteste un passage des *Leys d'amors* déjà signalé ici dans une précédente Note[1]. D'autre part, nos voisins du Sud et de l'Ouest sont, comme on sait, étrangers à la pratique de la règle de prononciation sus-visée. Aussi trouvent-ils notre *au* fermé fort bizarre, et, dans leur oubli des principes de la vieille langue, ils nous le reprochent comme une faute, comme un usage vicieux, comme un trait de rudesse et presque de barbarie montagnarde. Dans leur dégoût pour notre prétendu vice de prononciation, une portion de nos congénères de l'Ouest n'ont rien trouvé de mieux à faire que d'amputer leur langage de la diphthongue *ou* primitive, où l'o dérive directement du latin par *o* ou par *u*, et d'employer à sa place la diphthongue *au* à *a* ouvert, ce qui fait qu'aux mots *nou (novus, novem)*, *sou (solidus)*, *fou (fulvus)*, *poumo (pulmo)*, *outratge (*ultraticum)*, ils substituent dans leur parler les barbarismes *nau*, *sau*, *fau*, *au* au sens de neuf, sou, fauve[2], *paumo*, *autratge*.

D. — Seul, si je ne me trompe, entre tous les parlers modernes de langue d'oc, le rouergat de nos trois arrondissements du Centre, du Nord et de l'Ouest précités, a conservé pure et entière la forme du féminin du nombre deux. Les autres patois méridionaux, le très-grand nombre d'entre eux tout au moins, ont remplacé cette forme classique et régulière par une autre qui doit sembler tout d'abord inexplicable. Dans ces patois, deux est traduit par *dos* avec o fermé (*dous* dans l'orthographe francisée des félibres) pour le masculin, et par *dos* avec o ouvert pour le féminin. D'où est donc sorti cet étrange féminin *dos* par o ouvert, qui ne peut pas évidemment dériver du classique *dôas*, dont l'o est fermé, ni procéder du masculin *dos*, où l'o est également fermé? D'où vient cet o ouvert, d'où vient le féminin bizarre qui se sépare nettement de son masculin sans revêtir pour cela aucune forme féminine connue? L'énigmatique genèse d'un tel mot, la voici, je crois:

Le rouergat et d'autres rares parlers du Nord et de l'Est du domaine de la langue d'oc ont ceci de propre qu'ils diphthon-

[1] Voir *Leys d'amors*, t. II, p. 374.
[2] Ces trois mots, toutefois, appartiennent régulièrement à notre langue, mais dans les acceptions respectives de navire, sauf et hêtre.

guent plus ou moins sensiblement l'*o* ouvert, lui donnant le
son que les Italiens, qui ont en partie la même habitude, figurent par l'expression *uo*, par exemple dans *uomo*, homme.
Ainsi, dans les modes dialectaux en question, *home, rol, rosa*,
sont prononcés de telle sorte que, sur l'audition, des Italiens,
des Espagnols, des Allemands, les écriraient *huome, vuol, ruosa*.
Cela posé, rappelons que le son voyelle rendu par *u* chez ces
trois peuples, et en français par *ou*, est exprimé dans l'orthographe provençale régulière par ce que les grammairiens provençaux appellent l'*o estrech*, l'*o* étroit ou fermé. En second
lieu, faisons remarquer que l'*a estrech* ou fermé de la désinence féminine a un son tellement rapproché de l'*o* ordinaire
des autres langues romanes, de l'*o* français notamment, que nos
écrivains patois et félibres, qui orthographient leur idiome en
s'inspirant de la phonographie française, figurent communément cet *a estrech* par le signe *o*. Or, dans le nombre féminin
dòas, deux, encore phonétiquement conservé en Rouergue, l'*o*
est *estrech*, et l'*a* nécessairement *estrech* aussi, comme atone.
Doas devait donc sonner, et sonne, en effet, comme *dos* son-
nerait en rouergat si l'*o* était *larc*, ouvert, et conséquemment
diphthongué. Nos voisins non diphthongants ont alors pris
leur *doas* et le nôtre pour une diphthongaison rouergate, ou
dauphinoise, ou marseillaise, d'un *dos* à *o* ouvert, auquel ils
devaient rendre sa valeur de simple voyelle, pour respecter la
loi de leur dialecte, et, en croyant restituer ce *dos* primitif
imaginaire, ils se sont donné en lui un barbarisme.

Le sort de *doas* a été partagé par son analogue *Joan*. Par
une méprise semblable à celle qui vient d'être exposée, les
Rouergats de la portion de la province qui prononce l'*o* ouvert
comme voyelle simple ont substitué à cette forme celle de *Jon*,
par l'unique raison qu'ils ont cru voir dans l'*oa* de la première
une diphthongaison de l'*o* ouvert voyelle à la façon des gens
de Rodez, Espalion et Milhau.

Dès le moyen âge, certains scribes peu littéraires de nos
districts diphthongants, certains consuls boursiers de Milhau
notamment, écrivaient parfois *oa* pour *o* quand il s'agissait
d'un *o* ouvert ; c'est ainsi par exemple que *dona*, femme, dont
l'*o* est ouvert, se présente sous la forme *doana* dans quelques-
uns des documents en langue d'oc des archives de la ville de

Milhau qui ont été publiés par M. Affre. Dépourvus tous également de critérium étymologique, les uns effaçaient de leur
langage parlé, comme exotique, une diphthongue qui lui appartenait cependant légitimement, et les autres introduisaient
mal à propos cette diphthongue dans l'écriture de leur idiome,
parce qu'ils confondaient un accident, une particularité de
leur phonétique dialectale, avec une forme classique et de tradition inhérente à la langue commune.

E. — Dans notre rouergat, *obbe* = *oc be*, oui bien, l'*o*, quoique ouvert, ne se diphthongue pas, par exception. Quelques-
uns de nos limitrophes de l'Ouest, habitués à nous entendre
diphthonguer généralement l'*o* ouvert, ce dont eux s'abstien-
nent, et prononcer l'*a* en *a* fermé dans le corps des mots, ce
qu'ils ne font pas non plus, se sont pris à voir dans *obbé* une
altération à nous propre d'un imaginaire primitif *abbé* (écrit
par leurs patoisants *apé*), qu'ils ont alors introduit dans leur
parler, à l'exclusion du vrai titulaire et par un choquant mépris de l'étymologie.

F. — Ce ne sont pas seulement les patois de la langue d'oc qui
se corrompent eux-mêmes par le soin malheureux de se purifier de prétendus exotismes qui sont en réalité des formes indigènes très-régulières confondues, par une fausse ressemblance,
avec des formes étrangères tout autres ; la même cause d'altération se montre encore dans l'influence de ces patois sur
la prononciation de la langue française parlée par nos Méridionaux.

Aujourd'hui, grâce au progrès de l'instruction publique, le
français qui se parle dans le Midi, même chez les paysans de
la génération nouvelle, peut être entendu sans grande peine
par nos compatriotes du Nord. Il en était tout autrement, il
n'y a pas plus de cinquante ans. Dans ce temps, nos lettrés
campagnards, nos curés de village notamment, pouvaient bien
avoir une certaine connaissance littéraire, *a book knowledge*,
de la langue française ; mais, quant à la prononciation naturelle de cette langue, c'était pour eux lettre close, comme
celle des langues mortes. Et, de même que de nos jours chaque

peuple applique au latin et au grec la prononciation de son idiome propre, pareillement nos Méridionaux d'autrefois s'étaient façonné à leur usage particulier une manière de parler le français à laquelle l'influence de la langue d'oc avait beaucoup participé naturellement. Le son voyelle rendu en français par le signe diphthongue *eu* n'existant pas dans le provençal, il fut d'abord remplacé généralement par celui de l'*u*. Mais cette prononciation, qui était enseignée de bonne foi par les magisters de l'époque, ne tarda pas à s'attirer les critiques et les railleries des *Francimans* qui visitaient nos pays, et de leurs élèves. On se mit alors à apprendre à articuler l'*eu* français, mais cela avec un zèle qui fit dépasser le but : on ne se borna pas à éviter l'ancienne faute de convertir *eu* en *u*; les *u* naturels furent à leur tour impitoyablement changés en autant de *eu*! Humiliés et vexés d'avoir si longtemps vécu dans l'erreur de croire parler en bon français quand ils disaient très-gravement *nuf, buf* et *uf*, pour neuf, bœuf et œuf, ils font volte-face, et, prenant un moyen radical pour ne pas retomber dans la même faute, ils font table rase de tous les *u*, et à leur place mettent *eu*. C'est alors qu'apparaissent ces vocables amusants qui ont fait fortune sur le théâtre aux dépens des Gascons et des Marseillais : *Teur, meur, verteu, moreue*, qui ont la prétention de remplacer avantageusement *Turc, mûr, vertu, morue*.

G. — Dans l'ouest du domaine provençal (probablement la région jadis occupée par les Ibères), le son du *v* français est étranger à la phonétique indigène, et on lui substitue le son le plus voisin, celui de *b* [1]. Il allait donc de soi que, lorsqu'on commença à lire et baraguiner la langue d'oïl dans cette portion de notre Midi, le signe *v* des Français fut interprété par le son du signe *b*, comme cela devait d'ailleurs déjà se pratiquer à l'égard du *v* de l'orthographe provençale classique.

---

[1] Notre vraie prononciation indigène du *b* est celle du *b* et du *v* espagnols : chez nous, cette consonne n'est pas *explosive*, comme en français ; c'est un souffle labial qui se distingue du *v* français en ce qu'il se produit, non par l'application des incisives supérieures sur la lèvre inférieure, mais par le rapprochement des deux lèvres sans pression de l'une contre l'autre.

Quand cette faute fut démontrée, quand l'organe de nos Gascons se fut formé à prononcer le *v* à la française, eh bien ! alors, crainte de retomber dans l'ancien travers, on se jeta sur la pente opposée : on supprima et remplaça invariablement par des *v* les *b* légitimes eux-mêmes, et l'on prononça les mots français : bête, baril, bobèche, tout comme s'ils étaient écrits *vête, varril, vovèche*. Nous avons connu cette prononciation de transition ; elle était commune dans notre enfance parmi les Rouergats d'une demi-éducation.

II. — Nous venons de voir à l'œuvre la *réaction différenciatrice* défigurant la prononciation de la langue du Nord dans les bouches méridionales ; voici, comme pendant, un fait de corruption de notre orthographe provençale imposé à la plume de nos scribes de la fin du moyen âge par l'invasion conquérante du français. Quand, vers le milieu du XVIe siècle, l'emploi de cette langue devint obligatoire dans les actes officiels et certains actes publics, nous eûmes des scribes bilingues écrivant, suivant le cas, en langue d'oc et en langue d'oïl tour à tour. Or ce dernier langage était le vainqueur, l'autre le vaincu ; celui-ci eut par conséquent des flatteurs, et celui-là fut traité avec négligence. Le tabellion se faisait donc honneur de libeller en bon français, et rien ne craignait-il tant que de laisser passer son bout d'oreille méridionale à travers sa rédaction française. Les provençalismes, c'est ce qu'il s'appliquait surtout à éviter. Or il en était parmi ceux-ci auxquels il était plus particulièrement exposé : certains mots, identiques ou quasiment identiques dans les deux idiomes en tant que parlés, différaient par l'orthographe d'une langue à l'autre. Ainsi au français *jour, tout, vous*, répondaient les mots provençaux *jor, tot, vos*, qui, très-distincts de leurs homonymes français pour la vue, se confondaient avec eux pour l'oreille. On était donc exposé, quand on écrivait en français, à orthographier les mots à la provençale. Préoccupés de se mettre à l'abri de ce lapsus redouté, que firent nos pères ? Dans la défaillance de leur patriotisme méridional, ils ne craignaient pas d'infliger l'orthographe française à ces homonymes phonétiques en écrivant en provençal ! Les documents rouergats de l'époque sont à cet égard très-instructifs et très-concluants ; tan-

dis que les mots qui n'ont pas leurs similaires phonétiques dans
le français y conservent leur orthographe nationale ; tandis
que, par exemple, le son exprimé en français par *ou* continue
dans ces mots à y être représenté par *o* (*o* fermé), et qu'ainsi
on y lit *lo, bo, pagador, vendedor,* et non pas *lou, bou, pagadour,
vendedour* (qui ne se voient que plus tard), nous trouvons à
côté, et invariablement, « *tout* », « *vous* », « *jour*.» Pourquoi
cette exception, qui paraît au premier abord si énigmatique ?
Je viens de l'expliquer.

Je tiens à rappeler à ce propos une vérité de grande importance linguistique qui a été méconnue, du moins en grande
partie, par les provençalistes les plus en renom (sans parler
des félibres, qui se piquent trop peu de posséder une connaissance critique de leur langue). De l'énorme différence qui
s'observe entre le provençal écrit du moyen âge et la langue écrite de nos patois considérée dans la littérature féli-
bresque, ou même dans certaines productions des XVIIe et
XVIIIe siècles, on conclut à une différence proportionnelle
entre les deux âges de la langue sous le rapport phonétique.
C'est là une pure illusion que j'ai depuis longtemps signalée[1],
sans avoir réussi à détromper ceux qui en sont dupes. Je le
répéterai encore une fois, dussé-je continuer à prêcher dans
le désert, les changements considérables, les véritables révolutions, on peut le dire, qui se sont successivement produites,
à partir du XVIe siècle jusqu'à ce jour, dans l'*écriture* de notre idiome indigène, ne sont aucunement la conséquence et
l'image de révolutions ou changements correspondants qui
seraient survenus dans sa *parlure,* car ces derniers changements n'ont aucune réalité et n'ont existé que dans notre imagination. La vraie et unique cause de ces apparentes métamorphoses, soudaines et multiples, de la langue d'oc depuis sa
dépossession officielle par le français, cette cause est seulement
et entièrement dans l'influence exercée par cette dernière
langue, non sur notre manière de parler la langue de nos
pères, mais, d'une part, sur la manière de lire, de prononcer,
la langue des documents provençaux de l'époque littéraire, et,

[1] Voir mes deux brochures le *Félibrige* et *Études de philologie et de linguistique aveyronnaises* (Maisonneuve et Ce, éditeurs).

d'autre part, sur notre manière d'écrire nos patois. La valeur représentative des signes alphabétiques n'étant pas pour les Français ce qu'elle était pour les Provençaux, quand ceux-ci perdirent leur tradition littéraire, quand ils cessèrent d'apprendre à lire et à écrire dans leur langue maternelle, et que l'école fut toute française, ils appliquèrent à la lecture des écrits provençaux antérieurs à cet événement le système conventionnel de la phonographie française, tel du moins qu'ils se le figuraient, et, dès lors, le lecteur des vieux documents en défigurait le langage en le faisant passer par sa bouche; et, d'un autre côté, l'écrivain à qui prenait la fantaisie de s'essayer dans la langue proscrite et devenue patois, l'habillait d'une orthographe étrangère qui, pour les yeux, la défigurait, la faisait paraître tout autre qu'elle-même, et créait l'illusion de deux langues distinctes. Et, maintenant, la *succession* dans les changements en question, qui se rattachent à plusieurs époques déterminées, s'explique, nous l'avons déjà dit, par les différentes manières, pour la plupart erronées et fantaisistes, dont les Méridionaux comprirent successivement et appliquèrent la prononciation du français suivant les différentes périodes de leur éducation française, encore inachevée à l'heure présente.

XI

Rouergue, en langue d'oc *Roergue* ou *Rosergue*, est le nom de ma province, et son habitant est dit en français *Rouergat*. De cette dernière forme ethnonymique je ne connais que deux exemples, le nom qui vient d'être cité, et *Auvergnat*. Quels sont donc l'origine et le sens élémentaire de la désinence *at* qui distingue ces deux noms dans la nomenclature des peuples et peuplades? Il est probable qu'elle est due à une interprétation inexacte de la terminaison des deux mots provençaux correspondants; et, quant à celle-ci, il est aisé d'en découvrir la source et la signification : elle n'est autre que notre suffixe péjoratif le plus usité. Nous disons, dans notre gallo-roman méridional, *un Roergás, un Auvernhás*. L'ignorance de cette particularité a été cause que le savant traduc-

teur de *Flamenca* y a mal lu notre nom ethnique et l'a laissé
intraduit dans les vers suivants de ce poëme :

> Daus totas partz cavallier venon,
> E es granz la brega que menon,
> E tais et bais, e l'uc el crit.
> En doas partz se son partit,
> E dirai vos la partison :
> Tut li Flamenc e Bergonon
> E l'Alvernas el Campagnes,
> E ben mil cavallier Frances,
> Si son mes davan N'Archimbau.
> De sa foron eil de Petau.
> E Sangomer et Engolmes,
> Breton e Norman o Tornes,
> E Beruier e Lemosin,
> Peiragosin e Cahercin.
> *Rosengas* e Bedos et Got.

Une observation générale que nous ferons avant tout, à propos du curieux passage ci-dessus, c'est qu'il est regrettable
que M. Paul Meyer ait cru devoir traduire l'œuvre du spiri-
tuel Bernadet d'une manière aussi libre : si la traduction y
gagne quelquefois en agrément littéraire, elle y perd souvent de sa valeur philologique, scientifique, qui nous touche
particulièrement, et dont le traducteur, philologue de profession, eût dû, ce nous semble, se moins désintéresser.

« De Guienne », c'est sous ce seul nom de province que la
traduction résume les trois noms de peuples (ou censés tels)
formant la dernière ligne de cet intéressant dénombrement.
Sans m'arrêter, toutefois, à défendre les droits plus ou moins
méconnus de « Bedos » et « Got », je me borne à relever le
grief fait à mon appellatif provincial « Rosengas !» ; après tout,
rien de surprenant à ce que M. P. M. ait enjambé ce mot en
traduisant ; car, ainsi écrit, le mot n'a aucun sens : on a mis
là un n pour un r, et c'est *Rosergas* qu'il fallait lire et tran-
scrire [1].

---

[1] M. Paul Meyer pourrait à la rigueur me répondre en alléguant la possibilité théorique d'une forme parallèle *rosengas* pour *rosergas*, analogue à
diminge, monge, canonge, variantes de *dimergue, morgue, canorgue*.

Il est à présumer qu'Auvergnats et Rouergats ne se sont pas donné eux-mêmes une appellation de forme désobligeante, et qu'ils la reçurent de voisins peu bienveillants à leur égard. Il est cependant à remarquer que, si la particule *ás* est péjorative, elle est en même temps augmentative, c'est-à-dire qu'elle exprime à la fois le repoussant et le redoutable. Et, d'autre part, un dicton rimé qui a cours parmi nous permet de supposer que la vanité de mes compatriotes ne souffre pas d'un qualificatif qui attribue la grandeur et la force, tout en excluant ce qui rend aimable. Le dicton en question est en dialecte gabalitain [1]; mais, comme il a été évidemment composé avec le dessein d'affirmer une supériorité de taille et de muscles, et peut-être aussi de courage, chez les gens du Rouergue sur leurs voisins du Gévaudan, ce n'est pas évidemment parmi ces derniers que doit en être cherché l'auteur. Quoi qu'il en soit, voici la pièce. C'est un Lozérien qui est censé parler :

> Tres shian
> Del Javaudan
> Contra'n Roergá
> Tot rosselá.
> Nos pressava, lo pressavian ;
> So fosshian sieis, lo crevasshian !

Trois nous étions — du Gévaudan — contre un *grand diable* de Rouergat — tout blond. — Il nous pressait, nous le pressions ; — si nous eussions été six, nous le crevions !

Comment rendre en français tout ce que renferme *rosselás*, formé du simple adjectif *rossel*, blond, accru de notre intra-

---

Cette hypothèse rencontrerait une objection : c'est que le *g*, procédant de la terminaison latine *nicus*, n'est pas guttural, mais chuintant. Toutefois nous voyons, dans une des séries voisines, *porgue*, du lat. *porticus*, au lieu de *portge*, et *vengar*, pour *venjar*, de *vindicare*.

[1] Le Gévaudan a deux dialectes, celui du nord et celui du sud ; c'est du premier qu'il s'agit ici. Il est caractérisé surtout par le chuintement des CA et GA primitifs : *capra*, *gallus*, y font *chabra*, *jal*. Il ne se distingue guère de l'auvergnat qu'en ce que *l* finale se conserve au lieu de se vocaliser en *u*. Le lozérien du sud ne se différencie du rouergat de l'est que par un seul signe : il ne diphthongue pas l'*o* ouvert.

7

duisible suffixe *as?* — *Un grand diable de blond*, je ne trouve pas mieux, je ne trouve même pas autre chose, de même que je ne saurais traduire *un homenás* autrement que par *un grand diable d'homme.* « Un Roergás tot rosselás » comporte donc la traduction que nous en avons risquée : « un grand diable de Rouergat tout blond. » Qu'on me permette une courte digression qui m'est suggérée par cette épithète de blond, par laquelle l'homme du Rouergue se trouve caractérisé dans les vieilles rimes populaires qui viennent d'être transcrites. Il y a quelque vingt ans de cela, dans une discussion fort longue (elle dura deux années) et fort orageuse, que j'eus avec feu Broca devant la Société d'anthropologie de Paris au sujet de l'influence des milieux sur les caractères de race, je soutenais, entre autres propositions, que, si le portrait classique des anciens Gaulois, que tous les auteurs de l'antiquité s'accordent à nous représenter comme des géants au teint de lait (*lactea cutis*) et à la chevelure d'or, ressemble si peu à la masse des Français modernes, c'est parce que, premièrement, les Grecs et les Romains qui tracèrent ce portrait n'avaient pris pour modèles que des chefs, c'est-à-dire des nobles, et, secondement, parce que ces nobles gaulois, de même que ceux dont nous dotèrent plus tard les invasions germaniques, étaient d'une autre race que la masse plébéienne ou esclave, qui offrait, suivant toute probabilité, le type brun et trapu de la généralité de notre population moderne, dont ces plébéiens et serfs inaperçus furent la souche. A l'appui de cette thèse, j'apportais, entre autres arguments, une observation incontestablement très-curieuse, — car le fait en lui-même est de notoriété publique dans l'Aveyron et n'y peut rencontrer de contradicteur :— c'est que, tandis que les Aveyronnais pris indistinctement sur un champ de foire, par exemple, ou dans une caserne, ne présentent que deux blonds sur quinze adultes, ce n'est pas seulement la plupart, mais ce sont *toutes* les anciennes familles de noblesse campagnarde du Rouergue qui offrent le type blond avec tous ses caractères accessoires.

Le témoignage de la *Pharsale :*

Solvuntur *flavi* longa statione Ruteni,

ne me gênait guère dès lors ; cependant si, dans les *flavi Ru-*

tení, nous nous voyons autorisés à ne voir que les ancêtres ou prédécesseurs de nos gentillâtres du Rouergue, le *Roergás tot rosselás,* mis en scène dans le dicton précité, a, il faut en convenir, toutes les apparences d'un gardeur de vaches : ce serait donc le *peuple* rouergat proprement dit qui se ferait remarquer par des cheveux blonds... Nullement : le couplet gabalitain n'est qu'une vantardise rouergate dans laquelle l'homme du Rouergue ne se contente pas d'exalter sa force et sa bravoure aux dépens d'autrui ; il s'y arroge l'un des traits physiques de son aristocratie de race ; il s'y dépeint *tout blond,* ce qui est une qualité singulièrement prisée et enviée chez nos paysans. « Blond, blonde comme l'or », c'est le plus grand éloge qu'on puisse faire de la beauté d'un jeune homme ou d'une jeune fille parmi eux.

Toujours à propos des indications anthropologiques que peut fournir la philologie, et à propos de ma discussion avec le célèbre Broca, je ferai ici un autre rapprochement qui peut intéresser. Je soutenais contre mon éminent antagoniste que les milieux, le milieu physique et aussi le milieu moral, social, influent sur la forme humaine, et j'apportais, entre autres faits à l'appui de mon dire, le résultat de milliers d'observations relevées sur la population aveyronnaise, établissant que, tandis que nos paysans sont uniformément, presque sans exception, et énormément *brachycéphales,* l'Aveyronnais originaire de la ville a la tête beaucoup plus allongée d'avant en arrière et la face beaucoup moins large. Un dicton rouergat, consigné dans le dictionnaire patois de l'abbé Vayssier, apporte un témoignage en faveur de ma proposition. C'est un dialogue rimé entre une fille des champs et une jeune citadine, par un jour de marché. Celle-ci interpelle d'abord la paysanne, qui lui riposte sur le même ton, où la politesse et l'aménité des interlocutrices ne brillent guère, par parenthèse :

Dias, filha de mas!
Tantolhada davan e detras,
Quan vendes ton formatge gras?
— Eh tu ! filha de vila,
Morre d'enguila,
Miral de fenestra e boldras de liech,
Lo pagarás cinc sous e miech.

Dis, fille de hameau ! — crottée devant et derrière, — combien vends-tu ton fromage gras ? — Eh toi ! fille de ville, — *museau d'anguille*, — miroir de fenêtre et bourbier de lit, — tu le payeras cinq sous et demi[1].

« Museau d'anguille ! » en jetant ce quolibet à la face de son adversaire, la villageoise marque avec orgueil et mépris le contraste qui existe entre leurs visages, et qu'elle estime tout à son propre avantage.

Rentrons, en finissant, dans la philologie pure.

Que les mots *Auvernhas* et *Roergas* soient des péjoratifs, c'est fort bien ; mais quels sont les substantifs ou adjectifs simples sur lesquels s'est greffée la désinence caractéristique ? Cette question, qu'on peut m'adresser, est très-légitime, et je vais m'efforcer d'y répondre.

Le radical de *Roergas* est *roergue* = lat. *rutenicus*, c'est-à-dire un adjectif, lequel dut, dans le principe, être appliqué à la fois au pays (*rutenicus pagus*) et à l'habitant, ainsi d'ailleurs que pareil usage est devenu définitif pour ce qui est des dénominations adjectives *Lemosi* et *Caherci*[2], = *Lemovicinus*, *Cadurcinus*, qui désignent jusqu'à ce jour deux provinces et en même temps l'homme qui les habite.

Roergue ou *rosergue* étant la métaphonie provençale du latin *rutenicus*, on dut dire dans le principe *lo Rosergue*, pour le Rouergue et pour le Rouergat. Mais la désinence *ergue* présentant une métamorphose hétéroclite du latin ...*icus*, où ce suffixe est totalement défiguré et méconnaissable, *rosergue* cessait de s'entendre comme adjectif, et sa double acception

[1] A « tantôlhada davan e detras », il existe une variante dont l'allusion m'échappe : « que tiras davan coma detras. » Au lieu de « miral de fenestra », dont l'idée est que la fille de ville est encadrée dans sa fenêtre, telle que l'image d'une personne dans la glace où elle se mire, on dit encore : « batal de fenestra. » Batal signifie battant de cloche, et, par cette figure, la citadine est représentée dans la fenêtre comme le battant dans la cloche, dans laquelle il peut bien s'agiter, mais à laquelle il est attaché et dont il est inséparable. Ajoutons, à propos du mot *batal*, ou mieux *batalh*, qu'il est la racine du verbe rouergat *batalhar*, qui ne signifie pas batailler, mais babiller.

[2] C'est très-fautivement que les Français ont traduit *Caherci* par *Querey*; ils devaient dire *Quercin*. L'*y* ou l'*i* provençal de *Caherci* est en effet pour le latin *inus*, car *caherci* fléchit en *cahercina* au féminin. Que ne disent-ils aussi le *Limousy*?

de nom géographique et de nom de peuple produisait une équivoque étrange et inexplicable, ce qui n'avait pas lieu pour *lemosi* et *caherci*, qui ont conservé jusqu'à ce jour leur valeur qualificative. Voulant sortir de cette confusion, on ajouta au mot un suffixe supplémentaire, le péjoratif et majoratif *ás*, pour en faire un appellatif ethnique distinct. Il en fut de même pour *Auvernhás*, formé d'un adjectif primitif *auvernhe*, répondant à un prototype latin *arvernius*, ou peut-être *arvenicus*.

XII

Dans mes *Études de philologie et de linguistique aveyronnaises*, j'ai donné un essai sur le mot *bróa* (avec *o* fermé), qui dans notre rouergat signifie bord et pas autre chose. J'ai rattaché ce mot au radical BR de *bruc, broca, bruelh*, etc., dont l'idée première paraît être celle de pousse, bourgeon, d'où j'ai inféré que *bróa* avait eu d'abord la signification de haie, qui, comme je l'ai fait remarquer, est très-voisine de celle du dérivé *broal*, désignant le bord d'un champ ou d'un pré, quand ce bord est en contre-haut sur le terrain limitrophe et *est garni*, soit d'*arbres*, soit de *broussailles* ou de *ronces*.

Notre vocabulaire possède en même temps *randa*, s. f., qui n'a chez nous d'autre acception que celle de haie vive. Or, dans un travail paru dans la *Revue des langues romanes* de 1879, livraison 7-8, il est dit que ce mot, qui se rencontre aussi dans le catalan, y a le sens de bord, bordure, ce qui m'a fait penser au mot *rand* des langes germaniques, dont le sens est le même. Je me suis alors demandé si la signification rouergate de *randa* ne serait pas l'acception originelle, et si celle de bord, appartenant au *randa* catalan et au *rand* tudesque, ne serait pas consécutive....? L'*American Dictionary of the English language* de Noah Webster exprime à ce sujet une opinion que je crois intéressant de citer, tout en regrettant que le très-savant auteur se soit dispensé d'en donner les motifs. Au mot RAND, il donne d'abord cette définition : « ..... a border, edge, margin, brink. » Puis il ajoute, comme explication étymologique : « ...... *from shooting out*, extending. »

L'idée de pousse, de bourgeonnement, serait ainsi à la racine de *rand* et de *randa* (car c'est tout un), comme elle est très-probablement à la racine de *broa*, ainsi que je crois l'avoir établi.

Si le provençal *randa* provient du germanique *rand*, comme cela paraît tout d'abord naturel, et si en même temps par sa signification il est plus rapproché de la commune origine, il faut admettre que la forme originelle, en passant des anciens dialectes du germanique, qui nous communiquèrent le mot, dans ses dialectes modernes, l'allemand, le danois, le hollandais, l'anglais, où on le retrouve, a perdu sa signification première, tandis que sa copie romane l'aurait conservée. La Bible d'Ulphilas, les lois des Barbares, qui contiennent tant de vieux mots germains latinisés, les chartes saxonnes et autres documents des vieux idiomes tudesques, pourraient peut-être nous fournir la confirmation de cette conjecture, en nous apprenant que *rand* y est employé dans le sens de haie.

XIII

Quand on s'applique, de nos jours, à relever les noms patronymiques de langue d'oc, il y a plusieurs causes d'erreur à éviter. Je vais signaler les principales.

Les familles indigènes qui sont établies de vieille date sur les points de notre Midi où nous les rencontrons sont les seules qui nous offrent des noms d'une pureté authentique ; et encore, si l'influence française ne les a pas altérés, ne sont-ils pas toujours exempts de latinisation. C'est ainsi que nos vieux noms rouergats Géraldy (Geráldi), Guirbaldy (Guirbáldi), Fornialis (Forniális), Portalis (Portális), Rogery (Rogéri), etc., ne doivent pas leur désinence exotique à une origine italienne, comme beaucoup de personnes l'ont pensé, mais ne sont autres que les vocables purement romans de Geral ou Guiral, Guirbal, Fornial, Portal, Rogier, mis, suivant la coutume du moyen âge, au génitif latin comme signatures apposées au bas des actes notariés en cette langue, et transportés ensuite sous cette forme dans l'usage commun. On observe que c'est sur-

tout dans d'anciennes familles de notaires que cette coutume
a prévalu.

Aujourd'hui, c'est la *francisation* qui, par des voies et des
procédés très-divers, exerce ses ravages sur notre patrony-
mie méridionale. Un paysan rouergat quitte-t-il le hameau de
ses ancêtres pour aller s'établir dans une autre localité de la
province, souvent il se présentera à ses nouveaux voisins
sous son nom modifié par l'orthographe française, ou tel qu'on
le prononce, sans changement d'orthographe, en s'exprimant
dans cette langue. Introduit avec cette modification dans le
patois local, ce nom y constitue une nouvelle espèce comme
variante consécutive et factice de la forme naturelle dont il
est issu, et qui continue à vivre à ses côtés. Mais la trans-
plantation n'est pas l'unique source de ces transformations;
comme la forme francisée passe pour être *comme il faut*, la
déférence et la courtoisie ne manquent jamais de l'employer
en nommant les personnes de la classe aisée, quoique d'une
ancienne résidence. Ainsi la finale *and* des noms tels que Al-
rand, Bertrand, Durand, Engelrand, Intrand, Josserand, Nau-
zerand, etc., dont l'*a* est fermé (*a estrech*) en bonne règle et
dans l'usage vulgaire, prend l'*a* ouvert, ou *a* français, quand
le nom s'applique à une famille qui sort du commun; et le plus
modeste villageois lui-même, comme je viens de le dire, quand
il transporte ses pénates d'un lieu dans un autre, profite souvent *de la circonstance pour se donner ce bout de galon aristocratique.*

J'ai de nombreux homonymes chez les paysans de mon voisinage. Tous portent leur nom dans sa pureté traditionnelle,
c'est-à-dire prononcé avec l'*a* fermé; mais, quand ils me nomment, ils croiraient me faire une insulte s'ils n'employaient
pas pour moi l'*a* ouvert. J'observe en outre que plusieurs
membres de ces familles rurales de Durand par *a* fermé, s'étant
établis dans la ville de Rodez, y ont accompli aussitôt leur
métamorphose et fait souche de Durands par *a* ouvert. Il faut
dire que cette variation se produit seulement quand on emploie le patois; le mot dimorphe recouvre son unité de prononciation, comme d'orthographe, quand c'est en français qu'on
parle.

Dans cette catégorie de mots en *and* et dans quelques autres, la métamorphose par francisation du mot parlé lo défigure assez peu pour en laisser voir la forme première ; aussi personne ne s'y trompe: on sait qu'on n'a affaire qu'à un seul et même mot, avec ou sans prétention pour toute différence. Mais il en est autrement quand l'altération est plus profonde ou plus étendue : dans ce cas, surtout si le nom est peu connu, peu répandu dans le pays, son identification devient difficile, souvent même impossible à l'audition, et la variante par francisation se trouve alors isolée et sans lien apparent avec son prototype indigène. Un jour, en allant par chemin de fer de Rodez à Montpellier, je voyageai depuis Roquefort avec un paysan de cette localité, et nous causâmes en patois (faisons remarquer à ce propos que, bien que distants de près de cent kilomètres, le causse de Rodez et Roquefort ont le même parler, à quelques légères nuances près ; tandis que, lorsqu'un de nos caussenards quitte son plateau calcaire pour s'enfoncer seulement de deux ou trois lieues dans les châtaigneraies du Ségalar, il se croit en pays étranger, tant les prononciations diffèrent). Je ne tardai pas à demander à mon compagnon des nouvelles d'un mien ami, ancien camarade d'études, qui, après avoir fait fièrement son devoir à la tête des francs-tireurs de l'Aveyron dans la dernière guerre, s'est retiré dans cette forteresse de rochers, célèbre pour sa fabrication de fromages. Mon ami appartient à une famille ancienne des environs de Rodez, où elle a une grande notoriété. Son nom s'écrit *Rodat*, et dans notre patois, comme on le devine, a la prononciation qu'un Parisien, qu'un Franciman, ne croirait pouvoir autrement figurer qu'en écrivant *Roudate*. En effet, méridionalement parlant, dans *Rodat*, l'o est fermé (o *estrech*) et le *t* final se fait nettement sentir. Au contraire, quand on énonce ce nom en français, l'o devient o français, et le *t* cesse de sonner. Ceci posé, reprenons notre récit.

M'adressant en patois à mon Larzagais, je le priai de me dire s'il connaissait *Mossu Rodat* (*Moussu Roudate*, en phonographiant à la française). « Non », me répondit-il ; ce qui m'étonna. Mais voilà qu'il en vint bientôt à me parler, s'énonçant toujours en patois, d'un Monsieur *Radá*, dans lequel je finis par découvrir, sous un travestissement affreux, le nom de mon ami. En prenant ses nouveaux quartiers loin du manoir héré-

ditaire, dans un district où son nom n'était pas familier aux indigènes, l'ami Rodat, qui est un gentleman, avait déclaré sans doute ses nom et qualités, non en patois, mais en français, et en bon français, naturellement. Or les oreilles patoises du Larzac, auxquelles ce nom ruthénois était inconnu et qui ne l'avaient entendu qu'en français, n'avaient pas su en faire la transposition provençale, la reconversion, et la bouche du paysan répétait ce mot en s'appliquant à imiter d'aussi près que possible les sons perçus. Le *t* final, muet en français, il ne pouvait songer à le faire revivre, vu qu'il n'en soupçonnait point l'existence latente ; et, quant à l'*o*, il le prononçait comme les ruraux rouergats, comme la plupart des Rouergats, pour mieux dire, prononcent aujourd'hui les *o* français, c'est-à-dire comme l'*a* fermé de leur patois (qui toutefois n'a qu'une fausse ressemblance avec l'*o* français prononcé par une bouche linguistiquement française, une bouche du Nord); car nous tombons maintenant dans cet écueil pour éviter de transporter dans le français les sons de l'*o* rouergat, parce que ce défaut de nos grands-pères est devenu un ridicule, et que nous sommes néanmoins impuissants à saisir l'exacte modalité de la voyelle française.

A Rodez, où dans les maisons bourgeoises on ne parle plus que français (?), même aux serviteurs et aux gens du peuple, qui chez eux et entre eux conservent l'usage de la langue maternelle, beaucoup de nos vieux noms propres, une fois accommodés à l'usage de la langue française, restent francisés en patois, ne reviennent plus à leur forme originaire, et constituent des néologismes fort disparates dans notre onomastique méridionale. Ainsi, pour ne citer que quelques formes, les noms en *an* et *and* par *a* fermé prennent l'*a* ouvert ; ceux en *i* tonique (= lat. *inus*), ceux en *en*, ceux en *o* tonique et fermé (= lat. *o, onis*), échangent respectivement cette désinence contre *en, an* avec *a* ouvert, et *an* avec *a* fermé. La plupart des consonnes finales se perdent : les paroxytons, et les proparoxytons surtout, deviennent souvent méconnaissables : Vergéli (l. *Virgilius*) devient *Vergeli* ; Bórias, *Bori* ; Galtairias, *Galteri* ; Maruéjols, *Marvejáls*, etc.

L'action corruptrice du français sur notre idiome, que nous signalons ici, ne s'exerce, dans les cas qui précèdent, que sur

la langue parlée ; mais il en est d'autres où elle vicie l'orthographe des noms propres. Que la langue française, quand elle
les adopte, adapte la forme de nos noms propres à sa propre
morphologie, moyennant qu'elle ne viole pas, en opérant cette
conversion, les corrélations naturelles d'homologie unissant
entre eux les deux grands dialectes gallo-romans, rien de
mieux. Mais cette loi, faute d'être bien sentie, faute d'être bien
perçue, est souvent transgressée, quand il s'agit, non plus,
comme nous venons de le voir, de faire rentrer dans le moule
de la langue d'oc un nom provençal francisé, mais bien quand
il s'agit d'opérer cette francisation.

Dans notre patois rouergat, comme du reste dans le provençal classique (voir les vieilles grammaires de la langue d'oc),
on ne rencontre pas l'a fermé seulement comme désinence féminine et atone, mais aussi sous l'accent tonique, soit à la fin
ou au commencement ou dans le corps des mots[1]. Régulièrement transcrit en français, cet a y devient e muet invariablement quand il est atone, et, quand il est tonique, il y est
représenté, suivant les cas, par a, par ai ou par e ; mais le traduire par le signe o, lui donner comme équivalent la quatrième
voyelle française, est, comme nous l'avons maintes fois dit,
une lourde méprise. Cette erreur, nos transcripteurs français
s'en préservèrent entièrement jusqu'au commencement de ce
siècle ; mais depuis on s'y est laissé aller, et on y tombe chaque
jour de plus en plus. Jusqu'ici, toutefois, ce n'est que dans la
syllabe tonique que l'a fermé donne lieu à cette faute ; mais de
sérieux symptômes, que nous constatons notamment dans la
façon dont nos notaires et nos avoués aveyronnais commen-

[1] Je saisis cette occasion pour appeler de nouveau l'attention de nos maîtres sur un point de grammaire qui fait encore question pour eux, et dont
cependant la solution me paraît acquise. La distinction établie par les vieilles
grammaires provençales entre le a larc et le a estrech n'a pas une valeur
prosodique comme on l'avait cru, M. Guessard notamment ; elle n'a rapport
ni à la *quantité*, ni à l'accentuation tonique : il s'agit là d'un véritable dé-
doublement de la voyelle primitive en deux sous-voyelles distinctes, la première ayant le son de l'a français, la seconde un son *sui generis*, que nos
écrivains patois figurent par le signe o, bien qu'il n'ait avec la quatrième
voyelle française qu'une fausse ressemblance, tenant surtout à l'impuissance
de l'organisme méridional à percevoir et à rendre exactement les sons français.

cent à orthographier certaines dénominations cadastrales, font craindre que les rapports vrais de l'équivalence des lettres entre les deux langues n'achève bientôt de s'obscurcir. Au commencement de ce siècle, tout le monde écrivait encore, dans les rédactions françaises, « Hortolá », « Persegal », « Pla », « Roqueplá », « Laparrá », « Laló », « Cabanials », « Cayssials », où l'a de la dernière syllabe est fermé dans la prononciation patoise ; maintenant « Hortoló », « Persegol », « Plo », « Roqueplô », « Laló », Laparró », « Cabaniols », Cayssiols », se lisent souvent, le plus souvent même, et, d'après les signes prémonitoires auxquels je viens de faire allusion, il faut s'attendre à voir bientôt imprimer, ni plus ni moins, que « Rocoplo », « Loporro », « Lolo », « Coboniols », « Coyssiols », ce qui sera la perfection dans le barbarisme. J'avoue que le cœur m'en saigne.

La francisation des noms de langue d'oc s'opère, suivant le goût des auteurs, à des degrés différents, depuis la simple conversion de l'a atone final en e muet, comme dans Coste, Roque, faits de Costa, Roca, jusqu'à une véritable traduction d'une langue dans l'autre, ainsi que dans nos Clairvaux, Beaulieu, Villefranche, que les habitants nomment chez eux Claravals, Belloc, Vilafranca. Nous voyons notre rouergat Delprat revêtir, par voie de transcription française, les trois différentes formes de Delprat, identique à l'original indigène, de Duprat, où l'article seul a subi la traduction française, et enfin de Dupré, où l'article et le substantif ont été traduits tous deux.

Or, quand on se risque dans la voie de la transcription interprétative, on est exposé à se méprendre sur le sens étymologique du nom et à commettre un contre-sens dans la forme dont on le revêt en français. C'est ainsi que la Morne est improprement écrit pour notre l'Aumorna (Eleemosyna), nom d'une métairie de l'hospice de Rodez.

Méfions-nous des transcriptions françaises de nos noms propres du Midi. Il y a toujours danger à relever ceux-ci d'après elles, qu'elles soient fautives ou qu'elles soient correctes. Dans ce dernier cas, nous voyons nos deux finales atones a et e fermés se confondre dans une seule et même homologie française, l'e muet ; comment dès lors discerner, quand le mot n'a pas un sens étymologique évident, s'il est en *a* ou en *e*, s'il possède la forme masculine ou la féminine? Ainsi *las Bessas* et *los Besses*, noms de lieu, ont en rouergat une forme, écrite et parlée, et une signification étymologique, nettement distinctes, le premier se traduisant par *les boulaies*, le second, par *les bouleaux;* transcrits en français, ils se confondent dans cette forme équivoque : *les Besses.*

Nos voisins du Tarn, et leurs limitrophes immédiats de l'Aveyron, ont plusieurs habitudes de francisation très-vicieuses, et entre autres la suivante: pour conserver à leurs *e* atones le son d'*e* fermé qu'ils ont dans la langue d'oc, ils les marquent de l'accent aigu. Double faute: non-seulement ils manquent à la loi des homologies provenço-françaises, qui donne l'*e* muet français pour équivalent à l'*e* fermé provençal quand il est atone, mais ils violent une loi encore plus inviolable, celle de l'accent tonique. Allez donc reconnaître les Cáusse, les Fábre ou Fáure, les Pástre, de notre langue, dans leurs formes si sottement francisées de *Caussé, Fabré, Fauré, Pastré!*

Beaucoup de nos compatriotes du Midi ont une faiblesse, je dirai plus, une lâcheté : c'est de dénaturer leur nom pour lui ôter le cachet de son origine méridionale.

La revue rapide qui précède des diverses corruptions de notre onomastique provençale, et plus particulièrement de celle du Rouergue, qui sont dues à l'influence française, ne nous a fait considérer que celles qui se produisent sur place, c'est-à-dire dans le Midi même, et par des instruments méridionaux. Ce ne sont pas les seules, toutefois. Il y a à considérer encore celles qui se produisent en *pays français.*

A Paris, à Blois, à Beauvais, arrive du Midi, du Rouergue, si l'on veut, un illettré; ce sera, je suppose, un apprenti charbonnier, porteur d'eau ou cocher de fiacre. Il ne parle que son patois, et ne connaît ni *a* ni *b* (cette hypothèse n'est plus admissible de nos jours; mais supposer que la chose s'est passée il y a quarante ans est très-plausible). Il ne sait pas écrire son nom, toutefois il sait le dire; mais il le dit comme en son patois, en faisant sonner distinctement et consciencieusement toutes les lettres qu'il contient. L'homme du Nord,

n'ayant aucune idée, aucune préoccupation, des rapports ho-
mologiques mutuels que soutiennent sa langue et la nôtre,
phonographie à sa façon, sur l'audition, le nom du Méridional tel que celui-ci le fait entendre. Il s'appelle, je suppose le
mot rendu en orthographe provençale, Ros (ou *Rous*, *Roux*, en
graphie française) : il ne manque pas de faire bien sonner la
consonne finale ; mais alors qu'arrive-t-il ? C'est que son auditeur franciman, pour qui ces mots écrits se lisent comme s'ils
étaient sans *x* et sans *s*, ne les reconnaît pas dans ce qu'il
entend, et croit avoir affaire au féminin de l'adjectif *roux* ; et,
logique dans son erreur, il écrit ainsi le nom du bon Méridional : *Rousse !*

Ces anomalies onomastiques choquantes, qu'on rencontre
dans le Nord comme noms de famille, telles que *Rousse*, *Rous-
selle*, *Rigalle*, *Belvalette*, *Labitte*, etc., lesquels sont évidemment pour Rous ou Roux (pr. Ros), Roussel (pr. Rossel), Ri-
gal, Belvalet (beau valet), Lavit (*la vit*, la vigne), n'ont pas
d'autre origine que celle que nous venons de faire entrevoir.

XIV

Le rouergat vivant possède l'adjectif *marrá*, *na ;* dans son
acception la plus usuelle, ce mot s'applique aux vaches difficiles à traire, qui refusent de donner leur lait, et s'emploie encore, mais métaphoriquement, comme synonyme de ladre,
chiche, avare. Or je trouve dans le *Dictionnaire des sciences
médicales* du docteur Dechambre, à l'article *Anthropologie de la
France*, par le docteur Lagneau, que le nom de *Marran* était
jadis appliqué aux juifs dans le midi de la France.

Le sens actuel de notre *marrá* dériverait-il de son ancien
emploi comme dénomination des juifs, ou bien faut-il voir, dans
cette dernière acception du mot, un sobriquet attestant que sa
signification moderne est primitive et non consécutive [1] ?

---

[1] Le lecteur me saura gré de le faire profiter de l'annotation ci-après, qu'une
main obligeante avait tracée sur l'épreuve de cet article, qui m'avait été en-
voyée à corriger : Cf. *marrá* (catal.) = *aries*, aussi à Toulouse (Azaïs); *mar-
rano* (castill.) = *sus*, d'où l'application aux juifs. Origine hébraïque, d'après
la plupart des étymologistes. Voy. Diez, *Wörterbuch*.

8

XV

La toponymie cadastrale de mon département est pleine de révélations intéressantes sur l'histoire physique du pays, ainsi que sur les autres aspects de son passé.

Bordant nos rivières et ruisseaux, se rencontrent ici nombre de parcelles, en face de prés pour la plupart, dont le nom propre m'avait longtemps intrigué : les unes sont appelées l'*Ierla*, les autres *lo Revolt* ou *la Revolta*.

Ce dernier mot, qui s'observe encore chez nous comme nom patronymique, me paraissait inexplicable tant qu'il ne m'était apparu que dans cette application. Mais, le problème s'étant offert à moi sous sa forme originelle, qui est celle de nom de lieu, j'ai pu enfin le résoudre.

Je me suis occupé dans le temps, surtout à l'occasion d'un congrès scientifique qui se tint à Rodez il y a une dizaine d'années, de l'étude de la vallée de l'Aveyron au point de vue géogénique. Or, dans cette étude, une chose entre autres me frappait : c'étaient les brusques écarts de la ligne du thalweg que j'observais dans la direction du cours de la rivière, lequel, non content de se montrer rebelle à la pente du terrain, décrit des méandres d'une régularité peu naturelle. Or ce sont les pièces qui se trouvent dans ces sinuosités remarquables qui portent souvent les dénominations en question. Une exploration un peu attentive des lieux me fit découvrir que ces anses de la rivière étaient d'anciennes dérivations destinées à alimenter des moulins disparus, mais dont se rencontrent encore des vestiges : le nom de *Revolt* ou *Revolta* (*revolutus, revoluta*) rappelait le fait même de cette dérivation, et celui d'*ierla* (*insula*) faisait allusion à la situation quasi-insulaire de la terre enfermée entre l'ancien lit naturel et le nouveau.

Au point de vue de la transformation phonétique, *revolt, revolta*, ne présente aucune difficulté[1], mais on peut en trouver dans *ierla*, interprété comme métaphonie du latin *insula*. Ce-

---

[1] L'accentuation du latin *revolütus* n'est pas plus embarrassante pour no-

pendant une telle interprétation est certainement vraie ; j'ai
pu, en effet, m'assurer que les petits îlots plus ou moins minuscules qui se rencontrent dans le sein de nos rivières aveyronnaises sont appelés du nom commun d'*ierla* par la population riveraine.

Ierla, descendant de *insula*, en descend incontestablement
par une première contraction en *insla* ; mais quelle a été la
modification subséquente? Serait-ce *isla*, serait-ce *inla*? Cette
dernière eût probablement donné naissance à *illa*. Quant à *isla*,
on peut faire valoir de sérieuses présomptions en sa faveur.
La voie analogique nous conduit à raisonner ainsi :

L'association *sl* est d'une occurrence rare dans les formes
mères du provençal ; mais *sm* s'y rencontre fréquemment. Or
comment se comporte ce groupe dans les transformations ultérieures de la langue? En Rouergue, le plus souvent l's se
change en *i*, formant diphthongue avec la voyelle qui précède.
Ainsi les formes archaïques *San-Masme* (Sanctus Maximus) et
blasmar sont représentées dans le rouergat moderne par *San-
Maime* et *blaimar ;* cependant l's de *sm* devient *r* assez volontiers, jusque dans les mêmes mots où on l'observe en *i*. Par
exemple, à côté de *blaimar* (se pâmer), on entend dire *blarmar*,
et même l'adjectif *blarme* (blême, décoloré, pâli) se rencontre
seul à l'exclusion de *blaime*. Toutefois il est deux catégories de
cas où *sm* passe à peu près invariablement à l'état de *rm* ; c'est,
1° quand la transformation en *im* créerait un homonyme à un
mot déjà existant (il semble qu'ici la crainte de l'équivoque
dirige la transformation) ; ainsi *asme*, pour *asthma*, nous donne
arme, comme pour éviter *aime*, qui se confondrait avec la première personne du présent de l'indicatif du verbe *aimar ;* —
2° quand *sm* est immédiatement précédé de la voyelle *i :* on
conçoit, en effet, qu'*i* peut difficilement former diphthongue
avec lui-même. Citons *abirme* (abisme), *catechirme* (catechisme),
romatirme (romatisme).

Cela dit, revenons à *sl*. Dans cette association, l's a une tendance manifeste à se comporter comme dans *sm*. En effet,
vailet, pour *vaslet ; cailar, cailus*, pour *caslar, caslus* (formes
germano-romanes de *castellaris, castellucius*), nous sont fami-

---

tre dérivation de *Revolt, Revolta*, que celle de *volûta* pour le pr. *rolta* et le fr.
voute ; ces contractions s'expliquent par un déplacement de l'accent tonique.

liers; mais nous rencontrons aussi *varlet*, comme variante de
vailet :

Tan l'exemple del mestre entancha los varlets,

dit le Virgile rouergat [1]. N'y a-t-il pas lieu de penser que le
parallélisme métaphonique entre *sm* et *sl* se continue jusqu'au
bout, et que *isl* a pu, à l'instar de *ism*, se métamorphoser en
irl dans l'exemple unique qu'il nous offre?

XVI

En offrant ces études sur le rouergat à la *Revue des langues romanes*, nous n'avons pas entendu nous poser en philologue érudit, mais nous présenter simplement comme un
observateur consciencieux et exact de *faits* philologiques
plus ou moins intéressants et inédits, offerts par notre patois
maternel, que nous pratiquons journellement depuis bientôt
soixante ans, et qui doit par conséquent nous être familier.

Et cependant cette prétention, quoique modeste, serait encore au-dessus de notre mérite et ne serait aucunement justifiée par notre œuvre, s'il fallait accepter sans appel les con-
damnations que la *Romania*, avec l'autorité incontestable qui lui
appartient, prononce contre chacune de nos humbles *Notes*,
dès qu'elle voit le jour. Il fallait dès lors renoncer à la conti-
nuation d'un travail reconnu mauvais, ou essayer de convain-
cre nos lecteurs que ceux qui l'ont jugé si défavorablement
pourraient bien s'être trompés une fois dans leur vie. A tort
ou à raison, c'est à ce dernier parti que nous nous sommes
arrêté ; mais ce plaidoyer *pro domo sud* ne sera pas long, qu'on
se rassure.

Quand je publiai, il y a huit ans, mes *Études de philologie
et de linguistique aveyronnaises* dans un modeste recueil de
Rodez, ce petit ouvrage me valut les encouragements et les
éloges de M. Paul Meyer, qui poussa la gracieuseté jusqu'à
m'écrire à ce propos une lettre vraiment aimable. Dans un
article bibliographique de sa revue (*Romania*, t. IX), il dé-

[1] Claude Peyrot.

clarait que, « à part quelques lacunes dans l'information », mon opuscule contenait d'« excellents aperçus, dont quelques-uns pourraient devenir le point de départ de très-intéressants mémoires. »

Depuis, j'ai profité de l'hospitalité de la *Revue des langues romanes* pour donner une suite à ce premier essai, et tâcher de tirer de mes *excellents aperçus* les *très-intéressants mémoires* dont l'éminent romaniste y avait découvert le germe. Et voilà que ma tentative, loin de m'attirer son approbation, comme il était naturel de l'espérer, a appelé sur moi toutes ses rigueurs. Cependant, alors qu'il ne trouvait guère qu'à louer dans mon premier travail, c'est sans doute qu'il me reconnaissait une certaine compétence philologique ; l'aurais-je donc perdue tout à coup ? Auteur des *Études de phil. et de ling. aveyronnaises*, parues à Rodez en 1879, j'étais jugé digne par M. Paul Meyer d'être loué et encouragé par lui avec une chaleureuse bienveillance ; auteur des *Notes de philologie rouergate* en cours de publication dans cette *Revue*, je ne suis plus à ses yeux qu'un *ignorant*, il ne me mâche pas le mot, ignorant, dit-il, des premiers rudiments de la philologie romane.

Comment en un plomb vil l'or pur s'est-il changé ?

Les observations nouvelles que je présente, les faits inconnus que je signale, les solutions originales que je propose, tout cela, affirme M. Meyer, n'est que parfaitement ridicule ; rien de tout cela, à son dire, ne mérite d'être sérieusement discuté, et c'est en haussant les épaules et en me décochant des sarcasmes qu'il croit acquitter suffisamment les obligations de la critique à mon égard. Et je n'ai pas seulement perdu l'estime scientifique de l'illustre provençaliste, il est clair que j'ai perdu sa bienveillance encore davantage. Un tel revirement est une énigme dont je renonce à trouver le mot, et je repousse comme une mauvaise et sotte pensée l'idée qui me viendrait d'avoir pu désobliger un savant d'un ordre aussi élevé en me permettant de signaler dans son œuvre quelques erreurs de peu d'importance, ou ce qui me paraissait tel (ce que je fis d'ailleurs en usant à son égard des

formes de discussion les plus courtoises et de toute la déférence qu'un maître de la science est en droit d'attendre d'un
simple ouvrier scientifique).

Dans ses objurgations, où il me prodigue, sous toutes les
formes et les moins bénignes, le reproche d'ignorer le premier
mot de mon sujet, sans qu'il daigne, le plus souvent, dire en
quoi ni pourquoi, M. Paul Meyer semble se complaire particulièrement à me traiter de «philologue amateur.» Philologue amateur, soit, je ne m'en défends pas; mais y a-t-il là une
preuve suffisante du manque de valeur de mes connaissances
et de mes travaux?

M. Paul Meyer voudra bien me permettre de lui dire qu'il
aurait dû réfléchir d'abord à une chose : c'est que la science
qu'il enseigne, et avec une si grande supériorité, et à laquelle
il doit sa renommée et sa fortune scientifiques, c'est que la
philologie romane a eu pour inventeur et créateur un certain M. Raynouard, qui n'était lui-même qu'un philologue
amateur, qui ne possédait pas l'ombre d'un brevet octroyé
par l'École des chartes, qui par état était magistrat (comme
je suis agriculteur), et qui ne romanisait qu'à temps perdu.
M. Meyer choisit d'ailleurs mal son heure pour faire une
épithète de mépris de ce nom d'amateur. En effet, quel est le
médecin qui possède en ce moment la renommée la plus étendue et la plus retentissante ? — M. Pasteur, sans nul doute.
Et M. Pasteur n'est pas docteur en médecine, pas même of-
ficier de santé: ce n'est qu'un médecin amateur. Et le plus
grand ingénieur de l'époque et de tous les temps, «le grand
Français», le grand perceur d'isthmes, il n'est sorti ni de
l'École polytechnique, ni de l'École de St-Étienne, ni d'aucune
école spéciale; cet ingénieur immense n'a pas le moindre
brevet d'ingénieur en poche: ce n'est qu'un ingénieur amateur!

Une très-vieille expérience a établi que, soit dans les sciences, soit dans les arts et les lettres, le moulage uniforme et
rigide auquel on soumet les intelligences, dans les écoles, peut
bien former d'excellents professeurs, d'habiles praticiens, des
hommes de talent, mais qu'il tue essentiellement l'esprit d'in-
vention. Qu'on ne méprise donc pas les *autodidactes*. D'ailleurs aucune branche des connaissances humaines n'a en ce

moment un plus grand besoin de cette classe de travailleurs
que la philologie. En effet, où sont les philologues de profession qui pourront s'arracher à leurs chaires et à leurs biblio-
thèques pour s'en aller au milieu des peuplades sauvages,
barbares ou soi-disant civilisées, étudier sur le vif la physiologie des idiomes locaux, de ces patois qui, à la différence des
grandes langues écrites, sont nés et continuent à vivre et à
évoluer d'une manière purement *naturelle*, spontanée, sans
mélange d'éléments artificiels introduits par la culture, et
dont la source est quelquefois et plus haute et plus pure que
celle de ces grandes langues congénères dont on a si souvent
le tort de les juger issus?

En vérité, ce ne sont guère que des philologues amateurs,
— par profession missionnaires, pionniers, voyageurs, minis-
tres du culte, maîtres d'école de village, notaires, médecins,
cultivateurs, etc., — qui se trouveront en position de recueillir
ces documents de linguistique vivante qu'on ne peut obtenir
que de la bouche même des indigènes. Peut-on, pour ce faire,
compter sur des érudits qui n'opèrent qu'en chambre et sur
des parchemins?

Ainsi le zèle désintéressé des philologues amateurs est digne de tous les encouragements, et, si M. Paul Meyer leur
refuse les siens.... ma foi, il a tort. Sans doute il faut exiger
d'eux qu'avant de se mettre à la besogne, ils se soient suffisamment initiés à la connaissance et au maniement de leurs
outils, c'est-à-dire qu'ils ne soient pas étrangers aux principes de la philologie scientifique, et qu'ils soient suffisamment
imprégnés de ses méthodes. Mais aurions-nous, pour notre
part, négligé de nous munir de cet indispensable bagage avant
d'entrer en campagne? M. Paul Meyer ne le pensait pas quand
il appréciait nos *Études*. Un de ses collègues du Collège de
France et de l'Académie des inscriptions et belles-lettres, un
grand linguiste et philologue, lui aussi, l'illustre directeur de
nos *Archives nationales*, M. Alfred Maury, pour tout dire en
un mot, exprimait une opinion semblable au sujet de ce même
travail. Voici, d'après l'*Officiel* du 24 septembre 1879, en
quels termes il le présentait de ma part à ses collègues de
l'Académie:

« M. Alfred Maury, dit le journal précité, offre au nom

de l'auteur, M. Durand, psychologue et physiologiste distin-
gué, la première partie d'un travail intitulé : *Études de philologie et de linguistique aveyronnaises.* Originaire du Rouergue,
M. Durand s'est attaché à l'examen des noms de famille et
des noms de lieu du département de l'Aveyron. Il a mis en
lumière des rapprochements intéressants et quelques vues
neuves. Sans doute plusieurs étymologies proposées sont con-
testables, mais la méthode générale est satisfaisante, les données sont pour la plupart judicieusement réunies ; l'auteur
montre qu'il est au courant des procédés et des résultats les
plus récents de la critique philologique. Son travail mérite les
encouragements de l'Académie. »

Les témoignages que m'ont donnés à ce même propos les
philologues d'Allemagne n'étaient pas moins flatteurs. J'ai
négligé d'en faire collection ; mais un ouvrage récent, que
l'auteur, un savant bien connu, a eu l'attention de me com-
muniquer, *Geschichte der Geogr. Namenkunde* (Leipz., Fr.
Brandstetter, Ostern, 1886), par le Dr J.-J. Egli, professeur à
l'Université de Zurich, m'apporte un long compte rendu de
mes *Études*, qui débute ainsi : « Aus das Rouergat, das « Patois » im Gebiet des Aveyron, hat einen kundigen Vertreter
gefunden. J.-P. Durand will, etc. »

Ce qu'en 1879 je possédais de compétence philologique, de
l'aveu de M. P. Meyer, je ne l'ai point perdu depuis ; je l'ai
plutôt accru en profitant notamment des critiques sérieuses
et raisonnées que l'écrivain de la *Romania,* alors ami, fit de
mon premier essai. La Société pour l'étude des langues romanes a dû en juger ainsi pour avoir, au dernier Concours
de Montpellier, accordé son prix de philologie à mes *Notes,* en
cours de publication dans son recueil. Enfin je me dis que, si
je ne servais aux lecteurs de la *Revue* que des inepties et des
calembredaines, comme le prétend M. Meyer, les directeurs
de ce périodique ne m'eussent pas engagé gracieusement et à
plusieurs reprises à y reprendre ma collaboration.

Cela dit, — et pardon si l'odieux *moi* a tant de place dans ce
qui précède, — je reprends le manche de ma charrue philologique, décidé à pousser consciencieusement mon sillon *sans
regarder en arrière.*

Notre rouergat vivant possède quelques substantifs masculins de forme hétéroclite, se terminant par un *o* atone et fermé
(*estrech*), qui me paraissent dignes d'attention. Ces mots, les
voici, mais orthographiés comme j'orthographie invariablement ma langue natale, c'est-à-dire comme on l'orthographiait
jusqu'au moment où elle a cessé d'avoir une existence littéraire officielle, et non en recourant au système phonographi-
que français, comme on le fait aujourd'hui, bien qu'il ne s'adapte
que très-mal à notre phonétique. Toutefois, pour aider ceux
qui ne savent pas lire, c'est-à-dire prononcer correctement, la
véritable écriture provençale, je donne entre parenthèse une
transcription de ces mots d'après la mode du jour:

ASPARGO (*aspárgou*), asperge.

BASCO (*Báscou*), Basque.

CARACO (*Carácou*), sobriquet donné par les Ruthénois aux
maquignons espagnols qui fréquentent en grand nombre les
foires de Rodez. Ce mot n'est autre que le juron familier de
ces étrangers, dans lequel le *c* dur a été substitué au *j* castillan, qui n'existe pas dans notre alphabet.

CASCO (*cáscou*), casque.

COCARRO (*coucárrou*), expression injurieuse qu'on peut rendre en français par vieux gueux, vieux libertin.

FLASCO (*fláscou*), flacon.

JOMARRO (*joumárrou*), jumart.

MORO (*Mórou*), More.

Ces huit vocables, qui ne sont peut-être pas les seuls de leur
catégorie, sont apparemment, et certainement pour quelques-
uns, une importation de *tra los montes*. Eh bien! ils ont ceci
de très-intéressant pour la philologie: ils attestent que le prétendu *o* des désinences féminines de l'orthographe félibres-
que ne se confond pas du tout, pour l'oreille provençale vierge
d'éducation française, avec l'*o* des autres langues romanes,
leur *o* ouvert, ainsi qu'est toujours celui de l'espagnol. C'est
qu'en effet cet *o* de mauvais aloi n'est point un vrai *o*, mais
un *a*, un *a* primitif modifié, un *a estrech*, un *a* fermé, comme
je me tue en vain à le faire comprendre. Aussi, quand les Espagnols nous disent, parlant leur langue, *Basco, carajo, casco,
flasco, Moro*, l'auditeur rouergat n'entend-il pas la voyelle

désinentielle de ces mots espagnols masculins comme il entend la désinence caractéristique des féminins de son propre idiome; non, puisqu'il la convertit sans hésiter en *o* fermé provençal, en *u* espagnol, en *ou* français, et nullement en *a* fermé provençal, exprimé de nos jours par le signe *o*. Donc j'ai bien raison de soutenir que cette graphie est vicieuse.

Voyez ce qui arriverait si nous interprétions l'*o* atone espagnol comme l'*o* atone de la graphie de nos écrivains patois : L'*a* atone, mais toujours ouvert, du castillan, de l'italien et de Montpellier, étant un son étranger à notre alphabet parlé, nous le convertissons, nous le transposons d'instinct et d'emblée en notre *a* fermé. Si cependant cet *a* fermé se confondait pour nos gens du Rouergue (et je pourrais dire de la généralité des pays d'oc) avec l'*o* ouvert espagnol, ils ne devraient pas faire de différence entre les deux noms propres espagnols *Francisco* et *Francisca;* ils devraient, en se les assimilant, les résoudre en un seul et même mot. Mais il n'en est rien : nous ne faisons pas un féminin provençal du masculin espagnol *Francisco*, nous le différencions du nom de femme correspondant en donnant à son *o* terminal le son de notre *o* fermé, et en donnant le son de notre *a* fermé à l'*a* terminal de *Francisca*.

J'ai eu dans ma famille deux personnes d'origine étrangère et parlant couramment les principales langues de l'Europe, mais qui n'avaient aucune idée de philologie, et surtout de philologie provençale. S'étant fixées avec moi dans l'Aveyron, habitant la campagne et ayant affaire journellement avec des paysans qui ne parlaient et ne comprenaient absolument que l'idiome local, on avait dû se décider à apprendre encore une nouvelle langue, à apprendre le rouergat rustique, et on y avait réussi tant bien que mal. Ce fut pour moi l'occasion de faire une observation curieuse. Dans la bouche de mes polyglottes, tous nos *a* fermés se transformaient en autant d'*a* ouverts; et quand je demandais la raison de cette substitution, on me répondait qu'on ne tenait pas à imiter la « mauvaise » prononciation de notre patois, que la voyelle en question était un *a* (l'*a* français) « dégénéré », et qu'il semblait naturel de remplacer ce son corrompu par le son *a* véritable. »

Pour terminer sur ce sujet, réglons en passant une question de priorité soulevée, il y a quelques années, dans une revue spéciale, touchant l'identification de l'*o estrech* de l'alphabet provençal classique avec l'*ou* de la graphie provençale actuelle.

En rendant compte de mes *Études*, à propos d'un chapitre où cette identification se trouve attestée et démontrée, un célèbre critique, il est inutile de le nommer, revendiquait pour lui l'honneur de cette découverte.

Si découverte il y a en ceci, le mérite en est bien mince, car la vérité en question sautera aux yeux de quiconque, sachant nos patois, aura sous les yeux les listes d'exemples contrastés d'*o larc* et d'*o estrech* données dans le *Donat provençal* et dans les *Lois d'Amour*. Si cette constatation méritait le nom de découverte, nous aurions été l'heureux inventeur de la chose dès une époque où celui qui se prétend tel n'était assurément pas né encore à la vie philologique, c'est-à-dire il y a près de quarante ans. En 1849, je publiais à la librairie du *Siècle*, rue du Croissant, 16, à Paris, un opuscule intitulé: *Petit Catéchisme politique et social, ou la République et le Socialisme mis à la portée de tout le monde* (honni soit qui mal y pense!). Ayant eu l'occasion d'y citer un de nos proverbes patois, indiquant l'aversion de nos paysans du Midi pour l'association, voici comment je l'orthographiai :

Un ase de mitat
Es totjorn mal bastat.

Je m'étais bien gardé d'écrire *toutjourn*, que je considérais déjà alors comme un barbarisme orthographique ; et je m'étais préservé avec non moins de soin et de scrupule de rendre l'*a* fermé (le premier *a* de *bastat* est un *a* fermé dans le rouergat) par le signe o, ce qui m'était non moins odieux. A cette époque, en effet, j'avais lu les *Leys d'Amors*, et cela m'avait suffi.

Dans l'une de ces *Notes*, j'ai fait observer que le nom du peuple de ma province, qui se rencontre dans *Flamenca*, y avait été mal lu par le traducteur, M. P. Meyer, qui l'avait transcrit *Rosengas* pour *Rosergas*, et l'avait laissé en blanc dans la traduction, sans doute faute de l'avoir compris. J'ajou-

tais que cependant *rosengas* par *n* pourrait, à la rigueur, être
une variante dialectale de *rosergas* par *r*, à l'instar de doublets analogues, que j'indiquais. M. P. M. parut prendre assez
mal mon observation; il répondit très-sèchement qu'il n'y
avait pas à s'arrêter aux critiques que je faisais d'une leçon
prétendue fautive quand, disait-il, je prenais soin en même
temps de démontrer sa correction.

Non, je n'ai pas été aussi absurde que cela. Après comme
avant, je crois que M. P. M. a mal lu le mot transcrit par
Rosengas, et qu'il a pris dans ce mot un *r* pour un *n*; mais
j'admets en même temps la possibilité théorique de la coexistence de cette forme à côté de celle de *Rosergas*. Mais cette
variante, *théoriquement possible*, existe-t-elle *en fait* quelque
part? Je l'ignore, et M. P. M., dont l'érudition est si vaste,
aurait dû nous signaler ne serait-ce qu'un autre texte, un
seul, mais authentique, venant confirmer sur le point en question celui de *Flamenca* tel qu'il a été lu et transcrit par lui.
Il n'en a rien fait; il ne nous a point fourni cette preuve, et n'a
pas voulu convenir non plus que *Rosergas* et *Rosengas* étaient
pour lui également énigmatiques.

Cependant ce n'était pas pour le plaisir de prendre le grand
savoir de M. P. M. en défaut que j'avais relevé chez lui une
aussi petite faute; c'était pour expliquer cette défaillance par
l'étrangeté d'une désinence ethnonomique, *as*, qui ne se rencontre, à ma connaissance, que dans deux cas, dans *Auvernhas*
(Auvergnat) et *Rosergas* (Rouergat), et qui me semblait demander une glose. Et dans ma glose j'exposais que les deux
noms de peuple ci-dessus étaient deux péjoratifs formés de
deux primitifs, *auvernhe* et *rosergue*, usités d'abord comme
adjectifs avant d'être pris substantivement et d'être exclusivement employés comme noms de province. A ces adjectifs
substantifiés on avait imaginé d'ajouter le suffixe *as* pour en
tirer deux nouveaux adjectifs, destinés à remplacer comme
tels les deux premiers.

Constatons en passant, et sans nous y arrêter, que cette
vue neuve et d'un certain intérêt n'a pas même été mentionn-
née par M. P. M., tout entier au soin de défendre la pureté
de son texte, et arrivons maintenant à ce qui fait l'objet de
ce rappel de notre dissertation sur *Rosergue* et *Rosergas*. Il

s'agit d'une doublure locale du premier de ces deux mots, que notre ami M. Roque-Ferrier nous a fait connaître. Le mot dont il s'agit est *rudergue*; on s'en sert à Lodève pour désigner le vent du nord, c'est-à-dire le vent qui souffle du Rouergue.

Ainsi dans cette localité, où le département de l'Hérault confine à celui de l'Aveyron, on dit en patois *lo ven rudergue*, pour vent du nord, comme on y dit *lo ven mari*, pour vent du sud. Ce mot *rudergue* est un adjectif, comme l'était primitivement *rosergue*.

Il est intéressant de se demander quelle est la relation morphologique de ces deux mots. Ils sont évidemment issus l'un et l'autre du prototype latin *rutenicus*, mais par deux lignes distinctes, qui se caractérisent, l'une par la conservation de l'*u* latin du radical *ruten* dans l'*u* provençal de *rudergue*, l'autre par le changement de cet *u* en *o*.

Rudergue est le frère jumeau d'un *rodergue* qu'on doit rencontrer dans les plus anciens textes provençaux, mais dont, quoi qu'il en soit, l'existence n'est pas douteuse comme le père obligé de *rosergue*, père lui-même de *roergue*.

Faisons remarquer enfin que cette forme lutévoise de *rudergue* atteste que les appellations affectées à désigner une population ou une localité sont sujettes, ainsi que tous les mots de la langue, à varier morphologiquement suivant le génie de ses différents dialectes, et que par conséquent, pour faire reste de raison à M. P. M., si le prototype *rutenicus* de notre adjectif ethnique a pu prendre chez les Lutévois une autre forme romane que chez les Ruthénois, il se pourrait qu'il en eût revêtu encore d'autres chez nos autres voisins, les Albigeois, les Cadurciens, les Auvergnats, les Gévaudanois, les Cévenols, et notamment celle de *rodengue* ou *rosengue*, ou *rosenge*, l'analogue de *dimenge*, *monge*, *canonge*, ces variantes de *dimergue*, *morgue*, *canorgue*. Mais, encore une fois, il resterait à établir la réalité du fait.

POST-SCRIPTUM. — M. C. Chabaneau ayant bien voulu, à propos de la *Note* ci-dessus communiquée en épreuves, m'adresser quelques critiques, ce dont je lui suis très-reconnaissant, au lieu de modifier mon texte en conséquence, j'ai cru mieux faire de le laisser tel quel, et de le faire suivre des observations de ce savant. Je n'éprouve aucunement le besoin de cacher au lecteur les lacunes de mon éducation philologique ; mais ce besoin existerait-il en moi qu'il ne prévaudrait pas contre mon désir d'éclairer de tout le jour possible les questions étudiées dans ces articles, et par conséquent de faire entendre mes contradicteurs, alors surtout que leur parole est des plus autorisées et des plus instructives.

« L'*u* latin, m'écrit M. Chabaneau, selon qu'il était bref ou long, a donné, dans le roman des Gaules (français et provençal), un produit différent : *u* a conservé le son latin propre à cette lettre (*ou*), qui est l'o fermé provençal (*estreit*); u est devenu le son nouveau que nous figurons *u* (= *ü* allemand). Cela constamment. Par conséquent, *rŭtenicum* n'a pas pu se bifurquer en *rudergue* d'une part, rodergue de l'autre. *Rŭtenicum* a donné nécessairement Rodergue. Mais le son de l'o estreit (quelle que soit son origine, *o* ou *ŭ*) ayant une tendance à passer à l'*ü*, ainsi qu'on le voit dans *lu* = *lo*, *lur* = *lor*, *sufrir* = *sofrir*, etc., *Rodergue* a pu, sur un certain territoire, devenir *Rudergue*. Voilà ce que j'ai voulu vous faire remarquer, vous laissant libre, bien entendu, d'accepter ou de rejeter mon explication, et par conséquent vous laissant aussi le soin de modifier votre rédaction pour la mettre d'accord, le cas échéant, avec la vue nouvelle que je vous propose. — Nouvelle, il faut s'entendre ; elle ne l'est point. Rien, en effet, n'est plus universellement reconnu et admis, dans la phonétique romane, que ce double traitement de l'*u* latin, et que la rigueur avec laquelle il a été appliqué.

» La même chose, *mais en sens inverse*, a eu lieu pour l'*i*, qui, long, a conservé le son propre ; bref, est devenu *é* fermé.

» Vous êtes averti : dire que *Rutenicus* s'est bifurqué en *rudergue-rodergue*, c'est dire une hérésie. Cela, je le sais bien, n'est pas pour effrayer un libre penseur comme vous. L'essentiel est que vous ne vous décidiez qu'en parfaite connaissance de cause. »

Si j'ai commis une hérésie scientifique, c'est-à-dire si j'ai méconnu une vérité rigoureusement établie et universellement admise, je me rétracte avec une bonne foi, une bonne volonté et un empressement dont M. C. n'aurait point dû douter. Pour libre penseur que je sois, je ne marchande mon obéissance qu'à l'orthodoxie qui ne se recommande que du principe d'autorité, — et à cet égard je soupçonne M. C. de sentir le fagot tout autant que moi; — mais je suis l'esclave de la *droite doctrine* véritable, celle dont les dogmes sont exclusivement fondés sur l'observation et le raisonnement.

Ainsi, c'est bien entendu, *rudergue* n'est pas le collatéral de *rodergue,* comme je l'ai cru; il en est le descendant, cela en vertu de la loi de transformation phonétique magistralement formulée ci-dessus. Cependant, en même temps que je fais cet acte de soumission, je demande à exposer à M. C. et aux autres romanistes compétents quelques timides objections, quelques derniers doutes qui pèsent encore sur ma conscience. Comme la question est complexe et a des nuances assez délicates, j'aurai besoin de toute l'attention du lecteur.

On pose donc en principe que l'*u* bref et l'*u* long du latin se retrouvent dans le provençal: le premier, sous un nouveau signe, l'*o,* mais sans changement de son, c'est-à-dire avec le son de l'*ou* français, de l'*u* italien, espagnol, allemand, et de l'*oo* anglais; le second, avec son signe propre conservé, mais ayant un son nouveau, celui que les Allemands expriment par *ü,* et les Français par un simple *u.* Exemple: de *pŭto* et *pūteo,* notre gallo-roman du Midi a fait respectivement *póde* et *pude.* Ce point de départ accepté, bien que sous réserves, je note d'abord qu'une telle loi, quoique donnée par M. C. comme constante, absolue, souffre néanmoins, de son propre aveu, des exceptions. C'est ainsi qu'il dit: « *Rŭtenicum* a donné nécessairement Rodergue; mais, comme le son de l'*o* estreit (quelle que soit son origine, *o* ou *ŭ*) a une tendance à passer à l'*ū, Rodergue* a pu, sur un certain territoire, devenir *Rudergue.* »

L'exception à la règle est reconnue; mais quelle en est l'origine? Ainsi, d'où procède la forme exceptionnelle rudergue? Est-ce directement du prototype commun *rutenicum,* ou de sa transformation première et régulière rodergue? Toute la question est là.

Eh bien! il me semble que, alors même que l'érudition romane aurait établi, pièces en main, que le prov. *u* (*ü*) = lat. *ŭ*, n'est apparu dans la littérature provençale que postérieurement à prov. *ó* = lat. *ŭ*, on ne serait pas autorisé pour cela à en conclure que le produit phonétique provençal *u* est un fruit consécutif de son congénère *ó*. En effet, la forme réputée anormale et consécutive pourrait avoir existé dans le langage parlé depuis non moins de temps que la forme soidisant normale et primitive, sans avoir pénétré dans la langue littéraire. M. C. sait beaucoup mieux que moi que nos patois méridionaux ont révélé dans le provençal de nombreuses particularités grammaticales, lexiologiques et phonétiques, d'un archaïsme incontestable, qui cependant ne se montrent nulle part dans les écrits de la langue d'oc classique. Dès lors, pourquoi *rudergue* ne procéderait-il pas en ligne directe de *rutenicum* par un premier intermédiaire *rŭtenicum*, qui témoignerait de l'impression de la phonétique gauloise sur les sons du latin dès l'introduction de cette langue dans les Gaules?

Ce qui me paraît encore donner de la consistance à cette hypothèse, c'est que premièrement les doublets patois offrant concurremment ces deux formes contraires en *ó* et en *u* sont beaucoup plus nombreux que nos romanistes ne semblent le croire, et secondement, — et ceci est particulièrement remarquable, — qu'au lieu que les deux variantes aient des domaines géographiques distincts, elles se rencontrent au contraire sur les mêmes territoires et jusque dans le même hameau et dans la même maison, mais non toutefois dans les mêmes bouches, l'une servant de cachet au parler de la classe aisée, du riche, du maître, l'autre imprimant sa marque à la parole du pauvre, une marque de son infériorité sociale.

Et, maintenant, une autre observation: ce n'est pas seulement la loi lat. *ŭ* = prov. *ó* qui se montre quelquefois en défaut (comme pour *rŭtenicum* donnant rudergue à côté de rodergue); la loi inverse, lat. *ŭ* = prov. *u* (*ü*), subit aussi des dérogations multiples; et, tandis qu'au doublet *rodergue — rudergue*, je n'ai pu en ajouter aucun autre comme exemple de la double transformation provençale de l'*ŭ* latin, je n'ai pas eu de peine à en réunir un certain nombre qui illustrent la diversité de traitement de l'*ŭ*, jusque dans les mêmes mots, où il se présente concurremment sous les espèces de l'*u* (*ü*) et de l'*ó* provençaux. Voici cette série, qui sans doute est loin d'être complète:

Nous ont donné,

Stapire pour *spatare (?)*: *oscupir et escopir*;

Julianus: Juliã *et* Joliã;

Lacta: lucha *et* locha;

Mustella: mustela *et* mostela;

Pluma: pluma *et* ploma;

Spumatoria: escumadoira *et* escomadoira.

Le changement de l'o primitif en *u*, constaté par M. Chabaneau, se montre dans beaucoup d'exemples et donne lieu à son tour à une série de doublets, dont je me contenterai de donner ici les quatre suivants comme spécimen :

cobrir — cubrir = *cooperire* ;

dorbir — durbir = d. 'erire ;

escobilier — escubilier = *scopiliarium* (tas de balayures);

office — uffice = *officium*.

Constatons que la forme en *u* est aristocratique et la forme en *o* plébéienne. Il y a soixante ans, quand le patois était la langue usuelle de tout le monde, riches et pauvres, s'il arrivait à un enfant de bonne maison de dire plóma, lócha, etc., pour pluma, lucha, etc., il était repris sévèrement.« Es-tu donc un bouvier ou un berger pour parler ainsi?» lui disait-on.

Notre rouergat possède plusieurs catégories de ces curieux doublets à distinction sociale; j'en avais déjà signalé deux autres au commencement de ce travail. (*Notes* I et II.)

XVIII

Un proverbe rouergat dit : *Cada vilatge fa son parlatge.*

Cette observation peut s'appliquer à tous les pays avec plus ou moins de justesse ; mais, à nous en tenir au nôtre, nous pouvons dire qu'aujourd'hui on peut distinguer sur le sol de l'ancienne Gaule latine un idiome particulier presque pour chaque lieu habité, en tenant compte, bien entendu, des légères nuances.

Et, en même temps, il est constant que ces innombrables parlers locaux, bien que tous divers, ont tous un même air de famille qui les réunit entre eux et les sépare des autres parlers néo-latins. Or cette famille ou sous-famille gallo-romane

est-elle susceptible de se diviser en plusieurs branches, de
même que la grande famille romane, dont elle est elle-même,
de l'aveu de tous, une des quatre ou cinq divisions premières?
Ou bien cette multitude de petites langues de clocher qu'elle
embrasse sont-elles toutes liées les unes aux autres de telle
sorte que chacune ne soit séparée de ses voisines immédiates
que par une différence à peine sensible, ainsi que les tons
successifs d'une dégradation de lumière, et qu'elles forment
comme une masse compacte, continue et en cohésion parfaite
d'un bout à l'autre, et partant n'admettant point de segmen-
tation?

Cette question s'est posée entre les romanistes, et les a
divisés en deux camps bien tranchés. La *Société des langues
romanes*, dont M. le professeur Ferdinand Castets s'est fait
dernièrement l'organe, avait embrassé dès son origine la première des deux solutions, qui alors paraissait avoir pour elle
le consentement unanime et ne pouvoir soulever d'objection.
Mais M. Paul Meyer s'est prononcé un jour très-vivement
contre cette opinion reçue, et a formulé à son tour la conception opposée, à laquelle se sont ralliés ses savants collabo-
rateurs de la *Romania*, et entre autres M. Gaston Paris. Ce
dernier a saisi l'occasion d'une récente solennité, la réunion
des Sociétés savantes de 1888, pour exposer et prôner la doctrine de son ami dans une lecture qui a été publiée ensuite en
brochure sous ce titre: *les Parlers de France*. Puis, à propos de
cette publication, les théories de MM. P. M. et G. P. ont été
vigoureusement et très-savamment discutées par M. Castets
dans la *Revue des langues romanes* de mai-juin de la même
année.

Philologue « amateur », et rien de plus, comme on prend la
peine de me le rappeler quand je parais l'oublier[1], je devrais
peut-être m'abstenir modestement d'intervenir entre des antagonistes qui sont de vrais docteurs en philologie, et certes des
plus autorisés. Cependant, ayant recueilli dans mes vieilles recherches sur le rouergat une somme d'observations inédites
ou peu connues, qui me semblent intéresser la discussion pen-
dante, je ne résiste pas au désir de verser ces documents au

[1] Voir la note XVII.

dossier de l'affaire, vaille que vaille. J'y ajouterai même quelques considérations d'un autre ordre puisées dans mes souvenirs de naturaliste, qui me paraissent avoir trait au débat; car, il y a longtemps que cette vérité m'a frappé, la linguistique et l'histoire naturelle sont unies l'une à l'autre par d'étroites analogies, d'où il résulte que celle-ci, travaillant depuis plus longtemps à construire et perfectionner ses méthodes, peut faire profiter la jeune science des langues des résultats acquis dans cette voie.

La controverse se présente ainsi: Les romanistes qui se rattachent à la même école que la *Société des langues romanes* avaient procédé à l'étude des idiomes de la langue d'oc et de la langue d'oui en les traitant par groupes et sous-groupes considérés par eux comme des *divisions naturelles* comparables à celles de la zoologie et de la botanique, et qu'ils avaient dénommées, suivant l'usage, des dialectes et des sous-dialectes.

Ces coupes de classification avaient-elles été bien comprises, bien tracées? Étaient-elles exactement conformes à l'affinité existant entre les parlers locaux compris dans une même section, et à la dissemblance offerte par ceux de section différente? Cette question parut oiseuse à M. P. M.; il l'écarta au moyen d'une décision préjudicielle.« Il n'y a ni dialectes ni sous-dialectes », prononça-t-il. Il n'y avait plus dès lors à rechercher si nos dialectographes avaient plus ou moins bien réussi dans leur entreprise; l'entreprise elle-même était condamnée, elle était déclarée sans objet. « Il suit de là que tout
» le travail que l'on a dépensé à constituer, dans l'ensemble
» des parlers de France, des dialectes, et ce qu'on a appelé
» des *sous-dialectes,* est un travail à peu près entièrement
» perdu. Il ne faut pas excepter de ce jugement la division
» fondamentale qu'on a cru, dès le moyen âge, reconnaître
» entre le français et le provençal, ou la langue d'oui et la
» langue d'oc. Ces mots n'ont de sens qu'appliqués à la pro-
» duction littéraire.... »

C'est ainsi que s'exprime M. G. P. dans son commentaire de la doctrine de M. P. M., et il ajoute que ce dernier a formulé là « une loi qui, toute négative qu'elle soit en apparence, est
» singulièrement féconde et doit renouveler toutes les métho-
» des dialectologiques. »

Et poursuivant : « Cette loi, dit M. G. P., c'est que, dans une
» masse linguistique comme la nôtre, il n'y a réellement pas
» de dialectes ; il n'y a que des traits linguistiques qui entrent
» respectivement dans des combinaisons diverses, de telle
» sorte que le parler d'un endroit contiendra un certain nom-
» bre de traits qui lui seront communs, par exemple, avec le
» parler de chacun des quatre endroits les plus voisins, et un
» certain nombre qui diffèrent du parler de chacun d'eux.
» Chaque trait linguistique occupe d'ailleurs une certaine
» étendue de terrain, dont on peut reconnaître les limites ;
» mais ces limites ne coïncident que très-rarement avec celles
» d'un autre trait ou de plusieurs autres traits ; elles ne coïn-
» cident pas surtout, comme on se l'imagine souvent encore,
» avec des limites anciennes ou modernes. Etc. »

Ces conclusions si inattendues se déduisent-elles en effet,
comme on le prétend, de faits constatés, matériels, et tels que,
ainsi qu'on l'affirme, chacun n'ait qu'à ouvrir les yeux pour
les reconnaître ? A mon sens, elles sont au contraire essentiellement *aprioriques*, procédant de vues théoriques préconçues et
d'observations incomplètes. J'estime aussi que M. Castets leur
a opposé de fort solides raisons, particulièrement en faisant
observer que les arguments invoqués contre la doctrine des
dialectes portent également et avec la même force contre le
principe de toute classification en histoire naturelle. Et cependant ma conviction est que MM. P. M. et G. P. ont rendu un
véritable et grand service à la science en soulevant une question là où personne n'y voyait matière, et en provoquant par
suite des discussions et des études nouvelles qui n'intéressent
pas seulement les langues romanes, mais s'attaquent à des difficultés capitales, bien que jusqu'ici à peine entrevues, de la
taxionomie linguistique générale.

Avant de disputer de l'existence des dialectes, s'est-on bien
assuré que ce mot, *dialecte*, eût la même signification pour
tout le monde, et que cette signification identique fût en même
temps suffisamment claire et précise ? De plus, est-on bien certain que le mot *langue* lui-même, que chacun emploie avec une
si entière confiance, soit sans obscurité, ne cache point quelque
mystère plus ou moins profond, et quelque piège dangereux ?
A parler franc, on a négligé de se préoccuper de ces choses,

quand c'est par là qu'on eût dû commencer ; mais les préten-
tions, à mon avis trop peu justifiées, de MM. Paul Meyer et
Gaston Paris auront ou du moins pour résultat de nous faire
broncher à des problèmes qu'on n'apercevait pas, et qu'on
sera amené par là à étudier avec l'attention qu'ils méritent.

Ce mot banal de *langue* a en linguistique deux acceptions fort
distinctes, qu'il est très-fâcheux de confondre. En effet, ce mot
désigne tantôt une chose concrète, et tantôt une abstraction ;
tantôt une unité spécifique ou individuelle, je dirais presque
personnelle, et tantôt une unité générique, c'est-à-dire non
plus une réalité, mais une pure nominalité. Exemple : Quand
nous disons « la langue française » ou « le français », entendant par là notre *langue* classique et officielle, autrement dit
la langue de Voltaire ; ou encore quand nous disons« la langue
latine » ou « le latin », voulant désigner la *langue* de Cicéron
et de Virgile, il s'agit d'un certain organisme linguistique singulier, un et indivisible, exactement défini dans toutes ses
parties, et identique en tout à lui-même.

Et maintenant, au contraire, quand nous disons « le celtique », « le germanique », « le slavo » et « le roman », il s'agit
aussi chaque fois d'une langue, d'une certaine langue, distincte
d'autres langues ; mais cette sorte de langue est comme un extrait métaphysique de plusieurs langues réelles formé des seuls
caractères qui leur sont communs, c'est-à-dire de caractères
généraux, et privé de tout caractère individuel. C'est en quelque sorte un fantôme de langue ; c'est un concept, tout à fait
insaisissable en lui-même autrement que par une vue de l'esprit. Saisissez donc quelque part le slave en personne, c'est-à-
dire qu'il ne soit pas en même temps ou le russe, ou le polo-
nais, ou le tchèque, ou le croate, etc.? A vrai dire, ce n'est
pas une langue, c'est le type idéal d'un genre de langues, qui
prend corps dans chacune de ses espèces, et n'a aucune réalité
en dehors d'elles.

Et pareillement du germanique relativement au haut-alle-
mand, au bas-allemand, etc.; et de même du celtique par rapport à l'irlandais, au gallois, au bas-breton, etc. ; et enfin du
roman à l'égard de l'italien, du provençal, de l'espagnol, etc.

Le mot *dialecte* comporte la même distinction (à le prendre
dans le sens que lui donnèrent les Grecs, de qui nous le tenons).

Le dialecte est une division de rang quelconque d'une langue collective ; et, suivant qu'il peut se subdiviser à son tour en des sous-dialectes, ou qu'il est irréductible, il constitue, à l'instar de la langue elle-même, une unité linguistique collective, ou une unité linguistique individuelle.

Au fond, *langue* et *dialecte* n'ont aucune différence essentielle; le dernier de ces termes sert simplement à exprimer un état de subordination d'un parler, soit général, soit particulier, par rapport à un parler général d'une généralité supérieure.

Ainsi « la langue grecque » ou « le grec » fut un terme générique corrélatif à quatre termes spécifiques ou dialectes: l'ionien, l'attique, le dorien et l'éolien. Considérés en tant que langages écrits et fixés par un code littéraire, ces quatre dialectes grecs étaient irréductibles, indécomposables, individuels; mais ils eussent été genres à leur tour s'ils eussent représenté respectivement un groupe de parlers locaux particuliers à diverses localités des îles ioniennes et de l'Asie mineure, de l'Attique, du Péloponèse, etc., et ces parlers locaux eussent été de leur côté des sous-dialectes du grec propres à ces localités.

Les espèces d'une grande langue générique, ou autrement dit les divers membres de ce qu'on appelle une famille de langues, tels par exemple que le germanique ou le roman, peuvent donc très-rationnellement être dits ses dialectes. Ainsi, l'allemand proprement dit et le hollandais sont deux dialectes du germanique, et d'autre part l'italien, le français, l'espagnol, sont des dialectes de la langue romane. Et là s'arrête la division dialectologique si nous n'avons affaire qu'à des idiomes littéraires, c'est-à-dire artificiellement arrêtés; mais si nous avons devant nous, pour rappeler un mot de M. G. P., une masse linguistique vivante et grouillante, c'est-à-dire un ensemble de parlers populaires évoluant en toute liberté, les dialectes que nous venons de désigner représenteront chacun un certain nombre de sous-dialectes ou dialectes de second degré, lesquels à leur tour seront susceptibles de se subdiviser en dialectes de troisième degré, et ainsi de suite jusqu'au terme extrême et irréductible, le parler du clan, de la horde ou du village.

Et, en effet, s'il est à propos de diviser le germanique et le roman populaires en plusieurs grands dialectes de premier degré, qui sont le haut et le bas-allemand, je suppose, et l'italo-roman, le gallo-roman, l'ibéro-roman, etc., pourquoi serait-il donc obligatoire d'arrêter la division à ce degré de la série, et de ne pas diviser à leur tour ces grands dialectes en petits dialectes? En disant à la classification linguistique : « Tu iras jusqu'à la division des grandes familles germanique et romane en branches ou dialectes de premier degré, et tu n'iras pas plus loin, et tu laisseras un énorme hiatus entre ce qu'on appelle la langue d'une région étendue comme la France, et les patois de hameau qui en sont la menue monnaie », en parlant ainsi, MM. P. M. et G. P. ne font-ils pas du pur arbitraire?

Ah! certes, il y avait une grosse et bien sérieuse objection à soumettre à la conscience des dialectographes languedociens. MM. P. M. et G. P. semblent bien en avoir eu une intuition vague, mais elle n'est point parvenue à se dégager nettement dans leur esprit. Ce qu'il fallait demander aux classificateurs de langues, et non pas seulement à ceux qui s'occupent de divisions d'ordre secondaire telles que celles du gallo-roman en ses dialectes ou sous-dialectes supposés, mais aussi à ceux qui planent plus haut et ne descendent pas au-dessous des grandes divisions en classes et familles de langues; il fallait leur demander s'ils s'étaient rendu compte de la nature de l'affinité qu'ils croient reconnaître entre les termes dont ils composent ces catégories, et dans quelle mesure et quel sens précis ils font usage, pour exprimer les relations d'affinité linguistique, d'expressions figurées telles que « filiation des langues », « langue mère », « langue fille », « langue sœur », « familles de langues » avec leurs « branches » et leurs « ramifications généalogiques », etc.

Et, une fois admis le fait de parenté linguistique, est-ce bien toujours le rapport de parenté qu'on devra et pourra prendre pour base et critérium de la classification des idiomes? Ne pourra-t-on pas, en effet, avoir à classer un ensemble de parlers locaux qui offriront entre eux tous la même relation généalogique? Comment, dans ce cas, les distribuer généalogiquement? Et si l'on doit renoncer à les grouper dans un tel ordre, faudra-t-il, comme le veulent MM. P. M. et G. P. pour les parlers gallo-romans, laisser cette masse confuse, *rudis et indigesta moles,* dans le chaos, aucun ordre ne pouvant y pénétrer?

Ce sont là autant de questions préalables qui s'imposent à la discussion qui fait l'objet de notre étude; je vais les examiner maintenant.

Voici ce qu'a déclaré M. G. P., à notre grande et très-grande surprise : « Nous parlons latin, ai-je dit. Il ne faut » plus en effet répéter, comme on le fait trop souvent, que » les langues romanes viennent du latin, qu'elles sont filles » du latin, qu'elles sont les *filles* dont la langue latine est la » *mère*. IL N'Y A PAS DE LANGUES MÈRES ET DE LANGUES FILLES.»

Devançant l'histoire naturelle dans l'adoption du transformisme, la linguistique scientifique a réussi à se dégager de l'empirisme et des superstitions de la vieille linguistique barbare, précisément grâce à ce principe nouveau que les langues ne sont ni de création divine, ni de création humaine, mais se créent d'elles-mêmes, naturellement, par les transformations successives et diverses de types préexistants. Ces types antérieurs sont dits *langues souches* ou *langues mères* par rapport aux langues qui en dérivent par cette voie de métamorphose, et celles-ci sont dites les *filles* de celles-là. Est-ce que ces *expressions* métaphoriques ne rendent pas aussi près que possible la nature des choses? Elles sont adoptées par les plus grands linguistes de l'époque, qui comptent parmi eux de vrais philosophes; pourquoi renoncerions-nous à cette façon de parler, si commode et si logique, et consacrée par les illustres fondateurs de la science? Mais est-ce que par hasard M. G. P. aurait sérieusement voulu nier que les langues romanes soient autant de transformations du latin? Si elles ne sont pas sorties du latin, d'où sont-elles donc sorties? Et, si elles sont issues du latin, peuvent-elles être le latin lui-même? « Nous parlons latin, ai-je dit », s'écrie M. G. P. avec autorité ; et pourtant comment admettre qu'il puisse s'exprimer ainsi autrement qu'au figuré? « Nous parlons latin », insistez-vous, M. Gaston Paris; mais, s'il en est véritablement ainsi, pourquoi en même temps dites-vous que nous parlons roman? Pourquoi dès lors continuer à dire que nous parlons français, provençal, italien, espagnol, portugais, etc. ?

Non-seulement la paternité du latin vis-à-vis des langues romanes est avérée et universellement reconnue, mais elle est typique et citée dans les plus importants travaux de linguisti-

que générale comme l'exemple le plus parfait à offrir pour la
démonstration de la loi de filiation généalogique des langues.
Que sont donc ces idiomes romans, sinon du latin transformé ?
Toute leur substance leur vient de cette langue mère, ils sont
la chair de sa chair et les os de ses os. Mais est-il un instant
admissible de dire, du moins quand on a la prétention de
parler scientifiquement, c'est-à-dire rigoureusement et sans
équivoque, est-il permis d'avancer que les langues romanes
ne soient pas « les filles dont la langue latine est la mère »,
et qu'elles soient le latin même ? Comment ! le latin s'est transformé, métamorphosé pour donner naissance à de nouveaux
organismes linguistiques ; en d'autres termes, il s'est fait
autre que lui-même, et, ayant cessé d'être lui-même, il n'est
tout de même encore que lui-même ? Ainsi donc l'oiseau qui
naît de la transformation, et par conséquent de l'anéantisse-
ment de l'œuf, en tant qu'œuf, serait donc nonobstant un œuf,
et rien qu'un œuf ? Et le hanneton, qui est le produit de la métamorphose du ver blanc, sera donc toujours et quand même
le ver blanc, et pas autre chose que le ver blanc ? Ceci est
pourtant une larve, et cela est un insecte ailé....., mais il
n'importe : « Le hanneton n'est qu'un ver blanc, ai-je dit,
et il ne faudra plus répéter, comme on le fait trop souvent
encore, que les hannetons viennent des vers blancs !..... »

Que dirait M. Gaston Paris à quelqu'un qui lui tiendrait un
pareil langage ?

Voici quelques propositions qui, si je ne me trompe, pa-
raîtront de toute évidence à des esprits non prévenus :

Le latin est la *souche* ou *forme mère* dont les langues dites
romanes sont dérivées par transformation, et celles-ci sont
par conséquent les *filles* ou autrement dit les *formes ultérieures*
résultant de ces métamorphoses.

Le roman, lui, est le *genre* qui réunit les diverses langues
romanes sous un nom commun ; et, réciproquement, celles-ci
sont les *espèces* comprises dans ce genre ; et ces espèces sont
ce qu'on appelle du nom relatif de *dialectes.*

Ainsi, le français et l'italien seront légitimement dits des
dialectes du roman ; dire qu'ils sont des dialectes du latin
serait un contre-sens.

Et, inversement, il est congruent de dire que l'italien et le français sont issus, sont nés, sont fils de la langue latine; mais dire qu'ils sont fils de la langue romane serait absurde.

Par cette application, on peut déjà juger de l'importance de certaines distinctions méthodiques sur lesquelles j'ai précédemment insisté.

Malgré moi, mon esprit s'inquiète de savoir ce qu'un philologue d'un si haut mérite que M. G. P. peut bien avoir eu en vue en nous affirmant que cette multitude sans fin d'idiomes locaux qui se font entendre dans toute l'Italie et dans les parties romanes de la France, de la Belgique, de la Suisse, de la Péninsule Ibérique, et enfin de la Roumanie, ne sont pas issus du latin, mais sont à proprement parler du latin. Ne pouvant trouver la clef de ce mystère dans les citations, pourtant fort étendues, du discours de M. G. P. données dans la critique de M. C., et n'ayant pas le discours *in-extenso* à ma disposition, je me rabats sur une observation dans le texte plus une note de M. C. où il semble s'être essayé à traduire les déclarations énigmatiques, bien que très-formelles, de l'éminent orateur de l'assemblée des Sociétés savantes. Après cette citation de M. G. P. reproduite ci-dessus : « Nous parlons latin, ai-je dit », etc., M. C. fait cette remarque : « M. G.
» P. insiste sur cette idée, et soutient que, sous le latin clas-
» sique, le latin populaire commença de bonne heure à évoluer
» vers les formes que donnent les langues romanes. » Puis
» M. C. ajoute en note : « Diez (*Gramm. des lang. rom.*, I, p. 1)
» n'accepte pas une différence essentielle entre le latin clas-
» sique et le latin populaire. Celui-ci n'est que l'usage dans les
» basses classes de la langue commune, usage dont les carac-
» tères sont une prononciation négligée, etc. »

Ces deux passages, faisant suite à la citation ci-dessus de M. G. P., semblent indiquer que M. C. prête à son auteur cette pensée que les dialectes romans ne seraient point sortis d'un souche latine unique et commune, mais de souches latines multiples et plus ou moins différentes entre elles, c'est-à-dire de latins vulgaires ou patois latins ayant coexisté avec le latin classique.

Mais, quand il en serait ainsi, s'ensuivrait-il de là qu'il n'existe pas de langues mères et de langues filles, et que latin et ro-

man ne font qu'une seule et même chose? Admettons pour un
instant ce latin pluriel au lieu de notre latin singulier : ces
divers latins auront été autant de souches latines pour autant
de branches romanes. Fort bien; mais chacune de ces branches
du roman n'en aura pas moins une existence et une forme distinctes de celles de sa souche latine, et ne pourra être confondue avec elle sans abus. Bref, qu'à la source de nos idiomes romans doivent se rencontrer plusieurs langues latines
contemporaines, au lieu d'une seule, les aphorismes de M. G.
P. n'y gagnent rien, car chaque langue romane n'en sera pas
moins fille d'une langue latine mère, et cette mère et cette
fille n'en formeront pas moins deux existences et deux formes
linguistiques différentes.

Cependant cette question spéciale demande à d'autres points
de vue à être discutée à fond.

Pour ce qui est du groupe roman italien, la thèse de M. G.
P. pourrait se plaider à l'aide d'arguments tout au moins spé-
cieux; mais elle est assurément insoutenable en ce qui concerne le groupe gallo-roman, pour ne nous occuper présen-
tement que de ce dernier, et toutes réserves faites au sujet du
roman ibérique et du roman danubien.

L'histoire est suffisamment claire et explicite sur le point
de savoir comment les Romains conquirent les Gaules et les
incorporèrent à leur empire. Nous savons que les vainqueurs
n'exterminèrent ni ne déplacèrent la population indigène, et
que le nombre d'entre eux qui s'établirent dans le pays conquis fut relativement très-faible; car il n'est pas contesté que
les nobles ou propriétaires gaulois, qui avaient appelé, tout
au moins de leurs vœux, l'intervention romaine, furent laissés en possession de leurs domaines, de leurs esclaves et de
leurs priviléges sociaux. Nous savons enfin que cette aristocratie adopta avec enthousiasme la langue de ses nouveaux
maîtres en même temps que leurs mœurs et toute leur civilisation, et qu'elle réussit à se les assimiler avec une prompti-
tude merveilleuse, au point que, comme le fait remarquer
M. G. P., le celtique fut entièrement extirpé du sol gaulois
pour y faire place à la culture exclusive du latin, et que la
vieille langue indigène n'a laissé pour ainsi dire aucun mot
dans le vocabulaire roman.

De ces constatations historiques nous devons, ce me semble,
conclure qu'en Gaule le latin eut son premier contact, non
avec la foule, mais avec l'aristocratie, et que c'est des classes
supérieures qu'il descendit dans le peuple. Et maintenant il
serait trop peu sérieux, il serait puéril de se demander si ces
riches Gaulois, si vaniteux, si jaloux d'imiter en tout l'aristocratie romaine, si avides de parler, de lire et d'écrire sa noble langue, prirent des maîtres de patois latin et non de latin
littéraire....

C'est donc le latin littéraire, un et indivisible, ou du moins
un latin familier en usage dans la société romaine, qui doit être
envisagé comme la source commune et unique de tous nos
idiomes gallo-romans.

On conçoit que si l'invasion germaine nous eût imposé sa
langue, comme les Romains la leur, les choses se fussent autrement passées; les masses barbares fournissant de nombreux colons[1], et ayant en aversion le séjour des villes, étaient
amenées par toute sorte de causes à frayer avec le gros de la
population rurale; et, si elles avaient eu à apprendre à celle-
ci leur langue, ce n'est pas un tudesque classique, un et inva-
riable, qui n'existait point d'ailleurs, dont elles auraient pu se
faire les professeurs chez les Gallo-Romains. Comme chaque
bande d'envahisseurs apportait avec elle son patois d'origine,
la Gaule se fût assimilé la langue germanique par des voies
et sous des formes bien différentes suivant les régions et les
localités. Du reste, nos parlers romans locaux portent la trace
indéniable d'une diversité d'origine dans les empreintes tudesques dont ils sont tous marqués. Mais, pour en revenir à
notre démonstration, on peut conclure en toute sûreté que
c'est un seul latin, et le latin de Rome, et non point plusieurs
latins, et je ne sais quels patois du Latium, qui a fourni l'é-
toffe dont nos parlers gallo-romans ont été faits.

Ce point de fait, on va le voir, est très-important pour décider la question de la classification de nos parlers de France,

---

[1] *Impletae barbaris servis romanae provinciae ; factus colonus ex Go-
tho, nec ulla fuit regio quae Gothum servum non haberet.* (Trebellius Pol-
lion, *Claude,* 8.)

Barbari vobis arant, vobis serunt. (Vopiscus, *Probus,* 15.)

c'est-à-dire la question qui se débat entre Paris et Montpellier.

De la proposition qui vient d'être démontrée ne voit-on pas se détacher un important corollaire ? Ne vous frappe-t-il pas que cette vérité inattendue en résulte, à savoir que, chacun de nos parlers locaux procédant du latin en ligne directe, tous ces parlers sont frères, et que, par conséquent, on ne peut les soumettre à un classement ayant l'affinité généalogique pour base ? Certes, c'est là un atout dans les mains de MM. P. M. et G. P., une considération qui donne quelque plausibilité à leur thèse de la « masse linguistique » insécable qu'offrirait l'ensemble de nos parlers. Cependant il ne faut pas qu'on se hâte de triompher : il reste encore à voir si hors de l'ordre généalogique la méthode perd ses droits, et si aucun classement rationnel n'est plus possible. C'est ce que nous examinerons tout à l'heure.

Une observation bien intéressante à faire ici avant d'aller plus loin, c'est que les mêmes complications et les mêmes difficultés de taxionomie, identiquement les mêmes, se rencontrent sur les pas de l'histoire naturelle.

Une vérité, je crois, incontestée, c'est que toute langue est sujette à varier, à la fois dans le temps et dans l'espace. Lorsque, cessant d'être localisée sur le point étroit où elle a pris naissance, elle étend graduellement son rayon géographique, ou essaime au loin dans des directions diverses, elle subit l'influence modificatrice des nouvelles circonstances locales qu'elle rencontre ; et, d'autre part, tout idiome évolue et se transforme sur place en raison des causes de modification qui viennent à se succéder dans son habitat.

Ceci posé, nous comprendrons facilement deux choses : 1° c'est qu'une langue occupant un territoire d'une certaine étendue, qui sera livrée sans contre-poids à la diversité des influences locales, se transformera en un certain nombre de parlers locaux distincts plus ou moins différents les uns des autres ; 2° c'est que chacun de ces parlers locaux évoluera à son tour dans le temps en une série de parlers successifs correspondant à une série d'époques.

Exemple : Le latin a été importé tel quel et tout d'une pièce dans les Gaules. Aussitôt après, il a été attaqué sur les diffé-

rents points de son nouveau domaine par les influences modificatrices particulières respectivement inhérentes à ces divers
lieux, et de là la transformation du latin importé en une multitude d'idiomes corrélatifs à ces différentes localités. Puis,
chacun de ces idiomes locaux a évolué sur place, d'où une
échelle de formes successives offerte par chacun d'eux.

Introduit, je suppose, chez les Parisii, les Petrocorii, les
Tolosates, le latin aura rencontré sur ces trois points géographiques des influences modificatrices dissemblables, et s'y
sera transformé en trois langages distincts correspondants ;
et, ces trois nouveaux langages continuant la transformation
sur eux-mêmes dans le cours des temps sous l'action des événements et des circonstances différents qui se seront succédés
sur leur territoire respectif, il en résultera la formation d'une
série chronologique de langages distincts sous les communs
vocables de *parisien, périgourdin, toulousain*, respectivement.
Dès lors, quand on mentionnera, par exemple, le langage parisien, il y aura lieu de s'enquérir de quel parisien il s'agit,
si c'est de celui du VIII° siècle, de celui du XIII°, de celui du
XVIII°, etc.

Les dénominations de langage parisien, périgourdin, toulousain, et autres semblables, désigneront donc respectivement le langage propre à une certaine localité, et un tel langage, que nous supposerons être un et en tout identique à lui-
même localement parlant, vu l'exiguïté de son habitat, constituera, dès lors, au point de vue de l'espace, et pris à un moment donné, une langue individuelle, irréductible. Mais, considérée dans le temps, cette unité linguistique se trouvera être
générique, car elle comprendra sous son seul vocable toute
une succession de formations superposées, lesquelles seront
bien par rapport à elle de véritables *dialectes chronologiques*.

Ainsi, rigoureusement parlant, le roman des Gaules se trouvera divisé en autant de parlers locaux distincts que la carte
portera de lieux habités, et ces dialectes locaux seront les
dialectes géographiques ultimes de la langue gallo-romane ;
mais, géographiquement indivisibles, chacun d'eux sera divi-
sible chronologiquement, ainsi qu'il vient d'être dit. Ce point
établi, nous allons restreindre nos considérations à ce qui a
uniquement trait à la dialectologie de l'espace.

Répétons-le, l'histoire de la conquête romaine est là pour nous apprendre que l'importation latine sur tous les points de la Gaule fut directe, c'est-à-dire que le latin fut introduit dans chaque localité gauloise tel quel, en un mot à l'état premier de latin, et non à l'état consécutif de latin déjà modifié et de roman naissant. Cette constatation, on va le voir, est d'une grande importance pour notre objet.

Tous les parlers locaux de la carte gallo-romane, quelque différents qu'ils puissent être actuellement entre eux, ayant débuté par être purement latins, furent à l'origine identiques les uns aux autres, n'en formant en réalité qu'un seul, et la carte linguistique de la Gaule latinisée ne présentant d'un bout à l'autre qu'une teinte plate et uniforme. Ils sont donc, encore une fois, tous sortis de la même matrice : ils sont frères, et par conséquent, comme je l'ai déjà dit, aucun classement généalogique n'est possible entre eux, aucune division dialectologique de notre carte ne peut être établie d'après ce principe.

Or il en serait autrement dans un autre cas, qui aurait pu se produire à la faveur d'autres circonstances historiques, le cas où la latinisation du pays se fût bornée d'abord à quelques centres, par exemple aux chefs-lieux de trois ou quatre grandes circonscriptions territoriales.

Implanté dans ces trois centres et y ayant ensuite évolué sous l'empire des influences propres à chacune des trois localités, le latin aurait donné naissance à trois formations romanes distinctes. Que chacune de ces trois formes dialectales sœurs, d'abord renfermées dans le centre de sa province respective, se fût consécutivement étendue à l'entier territoire de celle-ci, de la même manière que le latin s'est étendu en réalité et s'est imposé à toute la Gaule, ou que pareillement le français est en train de nos jours de déposséder à son profit tous les patois de langue d'oui et de langue d'oc encore subsistants, et, dans une telle hypothèse, chacune des trois grandes régions supposées aurait revêtu sur la carte linguistique une teinte romane particulière, à l'instar de la teinte latine première, qui embrassait les trois provinces à la fois. Nous aurions là trois grands dialectes de premier degré, trois dialectes frères, se partageant pour ainsi dire les États de leur père, feu le latin.

Supposons secondement — le cas n'a rien d'invraisembla-
ble — que la teinte romane particulière de chacune de nos
trois grandes provinces dialectologiques, au début uniforme,
ait offert ultérieurement, par l'effet de causes locales de transformation, deux, trois taches de nuances différentes, se déta-
chant sur le fond et représentant les foyers de trois transformations distinctes du grand dialecte provincial. Il se sera
formé de la sorte, au sein d'une même province, trois nouveaux
langages par transformation, lesquels, d'abord respectivement
circonscrits sur un point central, étendront, par la suite, leur
domination sur tout le district environnant.

Ainsi, notre carte linguistique, originellement d'une seule et
même teinte, la teinte latine, se sera successivement partagée
en trois grandes régions de différentes couleurs, et celles-ci
respectivement en un certain nombre de districts de nuances
plus ou moins tranchées.

Et de la sorte les parlers locaux, unités dialectales ultimes,
irréductibles, se trouveront très-naturellement groupés, au
plus bas degré, en petits dialectes de districts ; puis, au degré
suivant, en grands dialectes provinciaux embrassant respectivement un certain nombre des premiers, et enfin, au degré
le plus élevé, en un grand dialecte national, qui sera le gallo-
roman.

Une telle classification sera progressive et généalogique.
En effet, la parenté des parlers locaux lui servira de base, et
cette parenté ira par gradation. Pour revenir à une figure peu
goûtée de M. G. P., mais qui semble pourtant on ne peut plus
heureuse, les parlers locaux d'un même dialecte de district
seront *frères* entre eux, ayant pour père commun le type de
formation romane de deuxième degré, né au centre du district ; ils seront *cousins-germains* avec les parlers locaux des
autres districts de la même province, ayant tous pour grand-
père commun le type de formation romane de premier degré,
constitué au centre de la province ; enfin, les parlers locaux
de provinces différentes seront entre eux *cousins issus de germains*, le latin étant leur aïeul commun.

Tel est l'idéal d'une classification linguistique ; elle est naturelle, elle est progressive, elle est généalogique. Mais notre
gallo-roman, nous l'avons déjà vu, ne réalise aucunement les

conditions de cette perfection dialectotaxique. En effet, les individualités linguistiques dans lesquelles il se résoud en dernière analyse, c'est-à-dire les parlers locaux ainsi nommés, ne présentent entre eux tous qu'un seul et même mode et degré de parenté : ils sont tous frères ou, plus exactement, ils sont tous petits-cousins les uns des autres, procédant tous du latin en ligne directe par une suite chronologique de transformations qui est unilinéaire, sans ramifications, telle qu'une tige de blé ou de roseau.

MM. G. P. et P. M. auront-ils donc eu raison de dire que les parlers locaux de la France sont inclassables, et que la carte linguistique de ce pays et indivisible, qu'elle ne peut offrir qu'une foule de points isolés confusément disséminés sur un fond uni, qu'il est chimérique de vouloir masser par groupes ? Examinons par le menu la proposition de MM. P. M. et G. P. ; si cet examen nous démontre que leur solution est mauvaise, il aura peut-être en même temps pour effet de nous découvrir la bonne.

On met en avant deux choses : on pose en fait que d'un bout à l'autre de la France les parlers locaux passent graduellement les uns dans les autres par des nuances insensibles, que chacun est uni à son voisin par une égale adhérence, et qu'ils forment par conséquent un tout continu, un assemblage compacte, non susceptible de se diviser par masses, de se segmenter. Et secondement, comme atténuation à la règle ci-dessus, on concède que la « masse linguistique » présente certaines coupes remarquables, celle des « traits linguistiques », dont chacun, ajoute-t-on, « occupe une certaine étendue de terrain dont on peut reconnaître les limites. » Mais, cela dit, on fait observer, et avec quelque raison, que ces coupes, qui fréquemment séparent des parlers étroitement unis d'ailleurs, et en englobent d'autres de très-dissemblables, tendent par là à détruire les groupes linguistiques naturels, loin de les créer.

Il convient de se fixer d'abord sur ce qu'on doit entendre par « traits linguistiques. »

Nos linguistes entendent par *trait* ce que les naturalistes expriment par le mot *caractère*. Or la nature d'une espèce est

10

le composé d'un certain nombre de caractères dont le plus grand nombre lui sont communs avec d'autres espèces — ce sont les caractères *généraux* — et dont quelques-uns lui sont particuliers, et sont dits caractères *spécifiques* et *différentiels*.

Pareillement des langues : chacune a sa nature, qui est un composé de traits ou caractères phonétiques, morphologiques, lexiologiques, etc., et ces traits ou caractères composants lui sont communs avec d'autres langues ou lui sont propres, sont généraux ou particuliers.

Et maintenant, qu'est-ce qui constitue le degré de ressemblance qui rapproche deux langues entre elles, et le degré de dissemblance qui les éloigne l'une de l'autre ? La ressemblance se mesure à la proportion des caractères communs, la dissemblance à la proportion des caractères particuliers.

Ces définitions étant posées pour la clarté de ce qui va suivre, je me demanderai maintenant si la ressemblance et la dissemblance des parlers locaux sont respectivement en raison directe et en raison inverse du voisinage géographique de ceux-ci, d'une manière aussi absolue que M. G. P. semble le croire ; et, cette loi étant tenue pour vraie dans une certaine mesure, je me demanderai encore qu'est-ce qui fait que la proximité relative de deux localités entraîne une ressemblance correspondante entre leurs parlers.

Si, suivant une remarque sur laquelle M. G. P. insiste tant, le parler de mon village diffère en général moins de celui du village d'à côté que de celui qui se parle à une distance dix fois plus grande, on en conclura d'abord que, par le fait du voisinage, les idiomes se mêlent plus ou moins, de même que les habitants, et que la fréquence des rapports sociaux entre voisins a pour effet d'enrayer la tendance de toute langue à se modifier et à se différencier indéfiniment. Ce n'est donc pas le fait physique du voisinage qui possède la propriété de maintenir ou d'établir l'homogénéité relative des parlers, c'est le commerce de la parole que cette proximité des lieux habités ménage entre les habitants.

Or, cela étant, d'autres causes que la proximité des lieux ne peuvent-elles pas amener cette fréquence de relations entre les groupes de population, notamment le lien que créent la politique, la religion, le négoce, etc. ? Oui, incontestablement ;

et comme ces causes de rapprochement des personnes peuvent agir jusqu'à un certain point indépendamment de la distance géographique qui sépare leurs habitations, que l'action de ces causes peut être étendue à toute une région et y être circonscrite, y être renfermée, il en résultera que les parlers locaux de cette région auront une commune ressemblance, une empreinte uniforme, qui les distinguera de ceux du dehors. Et alors pourquoi cette uniformité relative de langage sur un territoire déterminé ne se traduirait-elle pas sur la carte linguistique par une circonscription dialectale ?

Toutefois, l'activité des rapports et des échanges de parole que certaines circonstances peuvent établir entre les habitants des points les plus éloignés d'un vaste district, de toute une grande région, tandis qu'un isolement relatif existera entre eux et leurs voisins immédiats du dehors, n'est pas l'unique cause qui fait obstacle à la variation des parlers de même origine, ou qui peut leur restituer une uniformité qu'ils ont perdue. Une autre cause, et la plus considérable peut-être, c'est l'alliage accidentel de la langue du pays avec une langue étrangère. Est-il besoin, par exemple, de démontrer que si l'invasion germanique avait été restreinte à une seule de nos provinces françaises, et que les parlers proto-romans de cette province eussent été les seuls contaminés par le contact du tudesque; est-il besoin de démontrer que les patois actuels de cette province présenteraient une physionomie particulière qui les unirait entre eux et les séparerait sensiblement de tous les autres patois français non germanisés ? Mais, si le dépôt germanique s'est répandu sur toute la France romane, il n'a pas été entièrement le même sur tous les points : ici, l'inondation a déposé du limon; là, du sable; ailleurs, des cailloux; c'est-à-dire que les bandes germaines qui se sont établies sur le territoire gaulois y ont importé, chacune, une sorte de germanique qui n'était pas celui de toutes les autres et qui en différait plus ou moins. On peut concevoir dès lors que les patois de la région gauloise soumise aux Burgondes portent une empreinte germanique autre que ceux de telle autre province qui n'aura reçu que des Visigoths, ou ceux de telle autre qui n'aura connu que les Francs. De là un trait ou caractère commun plus ou moins accusé unissant entre eux tous les parlers locaux de chacune de ces provinces, et les différenciant pareillement de ceux des autres.

Il existe encore d'autres sources de différenciation et d'unification dialectales. Les vieilles langues du pays, supplantées, détruites, et en apparence entièrement extirpées au profit des nouvelles, ont laissé néanmoins une trace ineffaçable sur le sol où elles ont vécu et péri, et chaque nouvelle langue qui vient prendre leur place, même après d'autres, ressent leur influence posthume. C'est comme une vieille tache sur une étoffe qu'on fait reteindre, qui reparaît obstinément, malgré tous les lavages et à travers toutes les couches de teinture nouvelle. Comment expliquer autrement ce fait, dont M. G. P. lui-même rend formellement témoignage, de « l'unité fondamentale » qui embrasse tous les parlers locaux actuels, non pas seulement de la France romane, mais en même temps des pays romans hors de France, qui furent habités par les Gaulois? Et cependant, c'est encore M. G. P. qui le constate, le gallo-roman a un fonds purement latin, où l'œil le plus exercé découvre à peine quelque vestige celtique insignifiant. A quoi donc le roman des Gaules doit-il de constituer une unité dialectale trouvant grâce devant MM. P. M. et G. P., si ce n'est à ce goût de terroir *sui generis*, qui imprègne tout ce qui pousse sur le vieux sol linguistique que les parlers gaulois, en disparaissant entièrement de la surface, avaient laissé comme pénétré et engraissé de leurs détritus? Et si cette influence occulte du passé linguistique d'un pays a suffi, dans ce cas, pour créer l'unité gallo-romane, pourquoi, au sein de cette grande unité, ne ferait-elle point sourdre des unités partielles de second ordre, de troisième ordre, etc. ?

En d'autres termes, du moment où il est admis par tout le monde que, par le fait seul des propriétés spéciales communiquées au terrain linguistique de l'Italie, de la France, de l'Espagne, par les langues autochthones de ces trois contrées, le latin a été transformé, dans chacune de ces trois contrées, d'une manière à elle propre, et que, conséquemment, la carte romane s'est divisée en trois grandes circonscriptions dont nul ne conteste la légitimité, il sera permis de se demander par quelle étrange contradiction dans l'ordre des choses la cause qui a déterminé la séparation de ces trois royaumes ro-

mans se trouverait impuissante à partager ceux-ci à leur tour
en provinces, en districts, etc.

Et enfin, il existe encore d'autres forces qui tendent à frac-
tionner les « masses linguistiques » en morceaux distincts, et
à unir, par un ciment spécial, les parlers locaux compris dans
chacun d'eux. Les agents *dialectogéniques* (qu'on me passe cette
liberté) auxquels je fais ici allusion sont de diverse sorte, mais
souvent mystérieux, se bornant à attester leur présence par
les effets dont il s'agit, sans rien laisser percer de leur nature
intime. Ainsi, pourquoi toute une large tranche découpée sur
la carte sera-t-elle *zézayante,* tandis qu'en dehors de ce périmètre très-régulier et très-net on chuintera tout autour ? Pourquoi (nous reviendrons ailleurs sur ce fait intéressant), pourquoi toute la moitié du département de l'Aveyron, à l'est,
convertit-elle l'*o larc* en *uo* italien, et pourquoi cette plaque
phonétique est-elle nettement limitée, d'un côté par une ligne sensiblement droite coupant le département de l'Aveyron
du nord au sud, de l'autre par quatre départements limitrophes? Certes, il n'est pas d'effet sans cause ; mais ici la cause
est difficile à pénétrer. Ce n'est pas toutefois un motif pour dé-
courager les recherches ; c'en est un plutôt pour les stimuler.

Nous voici maintenant parvenus, après maints détours, au
pied de l'objection derrière laquelle, comme en un fort inex-
pugnable, MM. G. P. et P. M. nous attendent tranquilles. Ils
nous diront : « Sans doute, les « traits linguistiques » de diverse nature que vous observez, répandus sur la carte, et y
remplissant, comme nous l'avons constaté nous-mêmes, un
espace bien défini, ces traits ou caractères constituent assurément un lien de ressemblance entre tous les parlers locaux
compris dans leur aire ; mais, pour le malheur des dialecto-
manes, il se trouve que ces traits n'ont entre eux aucune concordance géographique, et que, si l'un d'eux réunit en un coin
de la carte un certain groupe de parlers locaux, un autre trait
viendra aussitôt se jeter à la traverse, qui enlèvera la moitié
ou le tiers de ce groupe, et réunira ce fragment à d'autres
groupes ou fragments de groupes déjà pareillement formés,
ce qui constituera un nouveau groupe fait de membres et de
lambeaux arrachés aux groupes antérieurs. Bref, ce qu'un
trait linguistique réunira, constituera, un autre trait le sé-

parera, le disloquera ; une unité dialectale se sera établie sur
un premier trait, un deuxième trait en fera des morceaux, la
mettra à néant. »

Cette difficulté que nous opposent MM. G. P. et P. M. est
certes fort sérieuse ; je ne chercherai pas à l'éluder, toutefois. Avant tout, je demanderai à ces savants, eux qui pro-
clament très-haut « l'unité fondamentale du gallo-roman », de
vouloir bien reconnaître qu'ils ne sauraient s'empêcher de me
concéder que la discordance des traits linguistiques n'a pas
fait obstacle à la formation de cette grande unité dialectale
au sein de la langue romane. Et maintenant, encore à eux de
me dire pour quelle raison cette discordance créerait, au sein
de la langue gallo-romane, un empêchement qu'elle n'a point
créé au sein de la langue romane. Cette question ne laisse pas,
je crois, que d'être embarrassante, et MM. P. M. et G. P.
eussent peut-être bien fait de la prévoir.

Maintenant, je vais essayer de faire voir comment l'imparfaite coïncidence des traits linguistiques n'est pas un obstacle
insurmontable à la constitution des dialectes et sous-dialectes.

Bien que dans une large mesure indépendants les uns des
autres et incohérents dans leur distribution géographique, les
traits linguistiques que vise M. G. P. se superposent néanmoins sur certains points de leurs aires, et cette superposition
partielle de plusieurs traits suffit pour créer en ces lieux de
rencontre une espèce linguistique plus ou moins fortement ca-
ractérisée, dont le type ira sans doute en se dégradant chez les
parlers environnants à mesure que s'atténuera sous eux la couche des traits communs, mais qui n'en sera pas moins le noyau
d'un groupe dialectal plus ou moins condensé ou plus ou
moins diffus, plus ou moins homogène ou plus ou moins divers.
Ainsi, souvent, le plus souvent peut-être, les caractères dis-
tinctifs de chaque groupe iront en s'affaiblissant et se perdant
du centre à la circonférence ; et, sur la ligne de contact
de plusieurs groupes contigus, ils pourront paraître entièrement oblitérés, de telle sorte qu'il deviendra difficile ou même
impossible de déterminer cette ligne divisoire où un groupe
finit et où un autre commence. Mais le noyau et le gros de
chaque groupe n'en resteront pas moins très-distincts, très-ac-

cusés, et il n'en faudra pas davantage pour assurer à ces groupes leur existence et leur légitimité. S'il en était autrement; si, pour que la distinction de deux groupes voisins fût justifiée, il fallait qu'ils fussent non moins typiques, non moins *corsés*, à la périphérie qu'au centre, toute classification, dans n'importe quel ordre d'idées, et particulièrement en histoire naturelle, se trouverait ruinée. M. Chevreul ayant établi une série gradative de 72 couleurs appréciables, dans laquelle on passe du rouge au jaune, du jaune au bleu, et du bleu au rouge par des nuances insensibles, il faudrait en conclure, d'après le principe posé par M. G. P., que la division des couleurs en sept sortes dites primitives, et en trois dites fondamentales, est chimérique, illogique, et que les 72 teintes de M. Chevreul sont une « masse chromatique » où tout se tient, où tout est continu, où aucun sectionnement méthodique n'est applicable.

Qui ne sait que, soit en zootaxie, soit en phytotaxie, les groupes dits naturels, à quelque degré qu'ils appartiennent, se confondent souvent par leurs bords avec les groupes voisins au point que, dans certains cas, on ne peut dire au juste ce qui, sur ces confins douteux, appartient à tel ou à tel ? Mais il convient de donner ici la parole à l'histoire naturelle elle-même. Voici ce qu'on lit dans un ouvrage entièrement classique, le *Cours élémentaire de zoologie* de Milne-Edwards :

« Les quatres types principaux [d'animaux] que nous venons
» de signaler sont tellement distincts, qu'aucun zoologiste ne
» peut les méconnaître, et il est en général facile de rappor-
» ter à l'un ou à l'autre d'entre eux les animaux que l'on exa-
» mine ; mais chez quelques-unes des êtres ce cachet est moins
» apparent, et chez d'autres l'organisation paraît en même
» temps tenir, à certains égards, de deux types différents. Il
» en résulte que les limites extrêmes des embranchements sont
» quelquefois assez difficiles à préciser, et que, dans certains
» points de contact, ces groupes se lient entre eux comme des
» États voisins entre lesquels se trouvent quelques parcelles
» de terrain dont le droit de propriété est incertain et la pos-
» session disputée. Il en résulte aussi qu'il est quelquefois éga-
» lement difficile de définir d'une manière rigoureuse ces
» groupes primaires ; *mais, pour en donner une notion exacte, il*
» *suffira d'indiquer les caractères les plus saillants propres ou*

» *type de chacun d'eux, et de noter que la réunion de ces carac-*
» *tères ne se rencontre pas toujours, que tantôt l'un, tantôt l'autre*
» *s'efface à mesure que l'on descend vers les limites de ces divi-*
» *sions.* » (9° édit., p. 311.)

Voici encore un passage du même auteur, qui se recommande également à toute l'attention de MM. P. M. et G. P. :

« Il existe, comme nous l'avons vu, des différences consi-
» dérables parmi les mammifères, et ces modifications de struc-
» ture servent de bases pour la division de cette classe en
» groupes de rang inférieur nommés *ordres.* La plupart de ces
» groupes sont si nettement séparés de tout ce qui les entoure
» qu'on ne peut avoir de doute sur leurs limites, et que tous
» les zoologistes s'accordent à les admettre comme formant
» autant de divisions naturelles ; mais, dans d'autres, *le type*
» *principal se modifie tellement, qu'il se fait un passage presque*
» *insensible des uns aux autres, et que la ligne de démarcation*
» *devient très-difficile à établir.* Tel mammifère, par exemple,
» a tout autant d'analogie avec le type qui représente l'ordre
» des quadrumanes qu'avec celui des édentés, et l'on peut avec
» presque autant de raison le placer dans l'une ou dans l'au-
» tre de ces divisions. »

(*Op. cit.,* p. 364.)

Que les dialectologistes de la *Romania* veuillent bien maintenant nous dire si, de ce que entre les deux ordres dits des
édentés et des quadrumanes le passage est *presque insensible,*
et que la ligne de démarcation qui les sépare est *très-difficile*
à établir, une telle considération leur paraît suffisante pour
faire renoncer le classificateur à la séparation de ces deux
groupes, lui faire envisager pêle-mêle l'ensemble des animaux
formant ces prétendus ordres, et ne voir dans ce confus assemblage qu'une *masse zoologique* absolument réfractaire à
toute autre division que celle de ses derniers éléments, les
individus....

Oui, certainement, si MM. P. M. et G. P. maintiennent leur
thèse contre les dialectes dans le gallo-roman, comme les raisons qu'ils allèguent portent avec une égale force contre le
classement hiérarchique des animaux en espèces, genres,
ordres, classes, etc., ils doivent, par voie de conséquence, pro-

noncer que la sériation des types, en zoologie de même qu'en linguistique romane, n'est qu'une chimère, et que « tout le travail que l'on a dépensé à constituer, dans l'ensemble des êtres du règne animal, des classes, des ordres, des genres, etc., est un travail à peu près complétement perdu. » Une telle révélation, bien que moins consolante que nouvelle, ne laissera pas que d'être utile aux naturalistes en les arrachant à une voie d'erreur où le prétendu génie des Linné, des Buffon, des Lamarck, des Geoffroy-Saint-Hilaire, des Laurent de Jussieu, des Cuvier, etc., les avait fourvoyés.

Nous venons de voir comment certains traits linguistiques peuvent ne pas être en parfaite concordance géographique sans qu'il faille nécessairement en conclure à l'inanité de toute classification dialectologique. Mais la doctrine que nous analysons se trompe encore en fait quand elle avance que « les limites géographiques de chaque trait ne coïncident que très-rarement avec celles d'un autre ou de plusieurs autres traits », et que les prétendus dialectes et sous-dialectes n'ont jamais de frontière nettement tracée. Nos savants se seraient gardés de conclusions aussi absolues et aussi péremptoires s'il leur avait été donné d'appliquer à une étude *sur le terrain* de nos parlers populaires les hautes facultés dont ils ont fait preuve en étudiant le roman littéraire dans ses documents écrits ; ils eussent de la sorte évité les écueils d'un jugement *à priori*. Sans faire de bien longs voyages, et presque sans sortir de ma petite province, j'ai pu faire des constatations décisives relativement à la question qui nous occupe. Ainsi, dans notre Rouergue, je signale ce fait notoire que, dans toute la moitié orientale de ce pays comprenant les arrondissements d'Espalion et de Milhau, plus une portion de ceux de Rodez, de Villefranche et de Saint-Affrique, le patois est d'une uniformité presque parfaite, et marqué par des caractères multiples et très-particuliers qui le séparent à la fois, et du parler de la bande rouergate occidentale, et de ceux des départements contigus.

L'idiome de cette petite région d'environ 500,000 hectares se caractérise principalement : 1° par une diphthongaison de l'*o* ouvert donnant le son de l'*uo* italien — particularité phonétique qui est *étrangère à tous les patois limitrophes ;* —

2° par une exacte observance de la distinction classique (voir le *Donat provençal* et les *Lois d'Amour*) de l'*a* ouvert et l'*a* fermé, et ce, soit que la position de la lettre soit finale, médiale ou initiale, ce qui est également étranger aux limitrophes, sauf du côté du Cantal et de la Lozère, où la règle n'est toutefois que très-imparfaitement suivie ; — 3° par le gutturalisme du *c* et du *g* primitifs latins suivis de *a*, ce qui se trouve en opposition avec le chuintement de ces deux consonnes au nord-ouest de la Lozère, où il est pur, et au sud-est du Cantal, où il est altéré en *ts ;* — 4° par le chuintisme vrai des signes romans *ch, j, g(e), g(i),* qui règne aussi à la vérité sur tout le pays avoisinant notre région à l'est et au sud, mais qui est remplacé uniformément par le zétacisme (*ts*) dans tout le pays de l'Aveyron et du Cantal qui la borne au nord et au couchant.

Tels sont quelques-uns des caractères différentiels de notre parler aveyronnais de l'est au point de vue phonétique. Mais il a aussi ses traits morphologiques particuliers ; c'est ainsi, pour n'en citer qu'un seul, que, de ce côté, la voyelle désinentielle de la première personne de l'indicatif présent, de l'imparfait et du prétérit, est *e*, tandis qu'à l'ouest, c'est la voyelle *i* qui en tient lieu. D'un côté on dit *cante, cantabe, cantere ;* de l'autre, *canti, cantabi, canteri.*

De nombreuses différences de vocabulaire et aussi de grammaire, ainsi que de locutions, seraient aussi à relever entre le patois de la région qui nous occupe et les patois environnants. Mais ce qui frappe peut-être le plus dans l'homogénéité linguistique propre à cette moitié du département de l'Aveyron, c'est une similitude d'intonations et d'accent qui fait que les gens des deux extrémités opposées de ce territoire peuvent causer entre eux comme les habitants d'un même village sans se douter qu'ils vivent à cent kilomètres les uns des autres. Et ce fait est rendu plus frappant encore par cet autre, que, dès qu'est franchie la ligne linguistique qui coupe le département en deux morceaux, on a besoin d'une certaine attention pour se comprendre mutuellement, et que, dans tous les cas, dès les premiers mots, on se reconnaît de part et d'autre comme étrangers les uns aux autres en quelque sorte. En effet, les uns «font» le parler *caussenard ;* les autres, le parler *ségalin.*

Qu'est-ce qui a constitué cet idiome de tous points si compacte sur toute une étendue de pays relativement considérable?

Une très-remarquable donnée du problème, et qui pourra peut-être en être la clef, c'est que l'unité linguistique en question a ses limites géographiques coïncidant presque exactement avec des limites géologiques. Elle a son siège sur une longue chaîne de plateaux jurassiques, en y comprenant les vallons ou gorges triasiques qui les entrecoupent, et sur un groupe de hauteurs volcaniques qui les bornent et les dominent au nord. On va peut-être se récrier contre l'idée de voir une corrélation de cause à effet entre la nature du sol et les caractères du langage que parlent les habitants. On se tromperait cependant en ne voulant pas admettre la possibilité d'une telle corrélation sous certaines conditions. L'influence du sol, c'est-à-dire de ses produits alimentaires et de ses eaux potables sur l'organisation physique de l'homme, et consécutivement sur son parler, est une hypothèse qui n'a rien que de vraisemblable, et que des observations nombreuses tendent à faire prendre en très-sérieuse considération. Cependant cette influence ne semblerait pouvoir s'exercer que sur un seul des éléments du langage, la phonation; on ne peut, en effet, concevoir comment les conditions physiques de l'habitat et les modifications particulières qu'elles peuvent imprimer à l'organisation de l'homme arriveraient à se traduire dans son parler par un choix spécial de radicaux, par une formation des mots également spéciale, et par un certain système grammatical au lieu de tout autre.

Sans doute; mais ce que le terroir ne peut produire directement, il peut en devenir la cause indirecte. Je vais m'expliquer.

La région aveyronnaise dont il s'agit est productrice de froment, de vin, de viande, de laine et de laitage, tandis que son antithèse, le Segalar — du moins avant sa transformation par le chaulage, qui est toute moderne — n'offrait à ses indigènes que le seigle et la châtaigne, avec des landes à perte de vue où quelques animaux chétifs trouvaient à peine à se sustenter. Aux époques, dont nous sortons à peine, où pour toutes voies de communication nos pays de montagne ne possédaient que des sentiers de chèvre, et où d'ailleurs des obstacles de toute sorte paralysaient le commerce des denrées d'une province à l'autre, chaque petit pays devait se suffire à lui-même. Dès lors, un territoire apte à produire la céréale par excellence, et joignant à cet avantage capital cet autre, bien important aussi, d'avoir des vignes et de gras pâturages, était singulièrement privilégié à côté d'un autre qui, dépourvu du principe calcaire, froid et aride, n'offrait à ses habitants misérables qu'une alimentation non moins insuffisante que grossière. On s'explique dès lors que le Causse, relativement si favorisé, ait été le séjour préféré des maîtres du pays, que les races dominatrices y aient établi leurs demeures, et que le Ségalar déshérité se soit peuplé de vaincus et de faibles dépouillés et chassés par les forts.

Or, tous les documents du passé concourent en faveur de cette vue. En effet, il n'y a guère que cinquante ans, nos plateaux calcaires étaient encore littéralement couverts de dolmens, dont plusieurs de dimensions invraisemblables ; le Ségalar, au contraire, n'en possédait pas un seul. Ce rapprochement n'est-il pas significatif ?

Passons à l'époque gallo-romaine. La philologie critique des noms de lieux aveyronnais nous révèle que les anciennes villas dont les noms, qui leur ont survécu, contiennent celui d'un propriétaire romain, ou de nom romain, se rencontrent à peu près exclusivement dans la région calcaire.

Au moyen âge, tous les grands domaines ecclésiastiques, également dans le Causse.

Et même de nos jours, du moins avant que la « bande noire » n'eût passé par là, nos causses n'étaient qu'un damier de vastes et riches métairies, tandis que le Ségalar était morcelé en une multitude de petits héritages.

Le Causse dut ainsi avoir de temps immémorial sa population à lui, bien distincte de celle du Ségalar, et se mêlant peu à cette dernière. On trouvera dans la discussion, déjà mentionnée ici, qui eut lieu en 1868 à la Société d'anthropologie de Paris sur « l'influence des milieux sur les caractères de race chez l'homme et chez les animaux » (Voir les *Bulletins* de la Société et ma brochure intitulée : *de l'Influence des milieux sur les caractères de race chez l'homme et chez les animaux*. Paris,

1868), cette constatation que, jusque dans ces derniers temps, les « Ségalins » étaient en tel mépris aux yeux des « Caussenards », qu'il n'y avait pour ainsi dire pas d'exemple qu'une fille du Causse eût consenti à se marier dans le Ségalar ; et cette autre constatation, qu'on peut vérifier jusqu'à présent *de visu*, que, sur les champs de foire de Rodez, les Ségalins ont leur quartier à part, soigneusement éloigné de tout le reste, où les hommes et leurs bêtes, présentant, les uns comme les autres, tous les signes d'une dégénérescence physique lamentable, étaient jadis relégués tels que des lépreux.

Voilà des considérations qui permettent de se rendre compte que deux portions contiguës de la population aveyronnaise aient vécu de tout temps relativement isolées, et qu'une différence notable entre le parler de l'une et celui de l'autre ait été produite par cet isolement. Il reste maintenant à expliquer l'extraordinaire homogénéité qui prévaut dans l'idiome caussenard d'une extrémité à l'autre de son territoire, lequel offre une bande longue de près de trente lieues.

Cette étendue de pays étant occupée par une population propriétaire de même catégorie sociale, politique ou ethnique, il dut y avoir société et par suite fréquentation plus ou moins intime et alliance entre les habitants de tous les points de la région. Voilà ce qu'on peut se dire à titre d'hypothèse plausible ; mais voici qui vaut encore mieux, car il s'agit d'un fait notoire. Toutes les parties distinctes de la région en question furent, au point de vue de la production agricole et à celui de la consommation, étroitement tributaires l'une de l'autre. Nous allons dire comment.

J'ai dit que la propriété rurale et l'exploitation agricole sur les plateaux calcaires étaient constituées par grandes métairies (*bòrias*) ; j'ai indiqué aussi que ces plateaux produisaient le blé, que le « vallon » (*la ribieira*) aux coteaux complantés de vignes et d'arbres fruitiers donnait le vin, et que la « montagne », élevée jusqu'à une altitude de 1,400 mètres, était un vaste et riche pâturage d'été. Or à chaque métairie du Causse appartenait, comme dépendance, et un vignoble (*vinhobre*) dans le Vallon, et un pâturage (*montanha*) sur la Montagne. De là des rapports continuels entre Montagne, Causse, Vallon. Chaque domaine a sa vacherie et son troupeau de bêtes à laine.

A la mi-mai, tout ce bétail part en transhumance pour la Montagne, où il est fréquemment visité par le maître et les gens de la ferme. C'est là que se confectionne le fromage. Le 13 octobre, jour de la Saint-Géraud (*per san Guiral*), tout ce bétail, la plupart du temps chassé par la neige, reprend le chemin du Causse sous la conduite de pâtres montagnards qui le soignent pendant l'hiver dans les étables de la métairie pour le ramener sur les hauteurs qui leur sont si chères, quand la belle saison est revenue.

Au commencement d'octobre, le maître s'installe au Vallon pour faire ses vendanges; mais ce n'est pas lui seul et sa famille, ce sont aussi les bouviers de la ferme qui y ont affaire : ils s'y rendent avec leurs attelages, tantôt pour apporter le fumier de brebis (*amigó*) entièrement consacré à la vigne, ou le blé, le fromage, la laine, dont la population vigneronne doit faire achat ; et nos bouviers (*boiers*) remontent chargés de vin, de pommes, de noix, dont une partie seulement reste sur le Causse, et dont l'autre, avec du froment, est pour la Montagne, dont l'herbe, qui se transforme en bétail et fromage, est l'unique produit. Nos bouviers du Causse montent donc à la Montagne après être descendus au Vallon, et ils en redescendent avec des chargements de « formes » (*formas casei*, dit Grégoire de Tours, à propos du fromage du mont Hélanus, qui n'était autre que la montagne dont il est ici question).

N'insistons pas davantage sur ces détails accessoires auxquels j'ai peut-être déjà donné trop de place; ils avaient pour but de montrer grâce à quelles circonstances adéquates la remarquable unité du dialecte rouergat « caussenard » avait pu se constituer, et cela d'une manière purement naturelle, en dehors de toute coërcition littéraire.

Si avant de quitter le rouergat de l'est nous considérons ses affinités avec les patois des départements limitrophes, nous découvrons qu'elles sont relativement très-grandes avec ceux du sud, du sud-est et de l'est, et très-faibles au contraire avec ceux du nord et du nord-est. Si je néglige de mentionner ici les départements voisins du côté de l'ouest, du nord-ouest et du sud-ouest, c'est parce qu'ils ne sont pas en contact avec notre dialecte oriental du Rouergue, pris ici pour terme de comparaison dans un rapprochement qui a pour but de montrer par

des exemples que, contrairement à la proposition de M. G.
P., les parlers locaux ne se perdent pas toujours les uns dans
les autres par des nuances insensibles, que la proximité et
l'éloignement géographiques ne décident pas toujours de leur
ressemblance et de leur différence, et que, tandis qu'un parler
très-peu divers peut s'entendre à travers toute une suite de
départements, une disparité frappante peut au contraire écla-
ter entre deux patois contigus.

Nos toucheurs de l'Aveyron fréquentaient beaucoup autrefois les marchés d'Aix-en-Provence et de Marseille; et, comme
les chemins de fer n'existaient pas alors, ces hommes faisaient
le voyage à pied et à petites journées, poussant leurs bêtes
devant eux. Or, sur aucun point de leur itinéraire, ils n'éprou-
vaient de peine à faire comprendre leur patois rouergat ni à
comprendre celui des habitants. Même facilité quand nos pâtres, nos bouviers, nos scieurs de long, allaient louer leurs
services dans l'Hérault et dans l'Aude. Mais que le voyageur
aveyronnais prenne la direction du Nord, et tout se passera
autrement. Dès qu'il aura franchi les deux lieues de montagne
qui séparent le village rouergat de Lacalm du village auvergnat de Chaudesaygues, il se trouvera tout dépaysé; à la première audition, il ne comprendra rien de ce qu'il entendra,
et son parler fera à son tour l'étonnement des oreilles indigènes. Mais qu'il pousse jusqu'à Saint-Flour; qu'il atteigne la
Haute-Loire ou qu'il pénètre dans le Puy-de-Dôme, et son
patois aveyronnais ne lui servira pas plus que le pur chinois
pour faire son chemin à travers le pays du charabia, qui confine pourtant à son département.

Et maintenant, comment est constituée cette démarcation
tranchée entre deux dialectes de langue d'oc aux territoires
limitrophes? Le voici : Ils ont de nombreux traits différentiels, et au lieu qu'un certain nombre de ceux-ci débordent
d'un côté à l'autre sur les parlers locaux frontières, qu'ils
s'étendent plus ou moins avant sur les terres du voisin, et
servent ainsi de lien et de transition aux deux idiomes, ils
s'arrêtent court à la limite des deux provinces, et offrent là,
des deux côtés, comme une superposition, comme un amon-
cellement de strates venant aboutir toutes à un même plan
vertical; et de la sorte les deux dialectes ont pour ainsi dire
leurs bords taillés à pic, et une gorge profonde les sépare.

Il me reste à faire connaître les plus saillants de ces contrastes de caractères linguistiques.

Il en est de toute sorte : de phonétiques, de morphologiques, de lexiologiques, de grammaticaux. Ce sont, en outre, des contrastes d'accent, d'intonation, de je ne sais quoi enfin qui constitue, en quelque sorte, non plus le physique d'une langue, mais son moral.

1° Les primitifs latins CA et GA persistent tels quels en Rouergue, dans tout le Rouergue ; dès qu'est franchie la ligne qui sépare le département de l'Aveyron de celui du Cantal (sauf pour l'arrondissement d'Aurillac, qui ne parle point auvergnat), ils passent à l'état de *cha* et *ja*.

2° L finale, et même médiale dans certains cas, prend un son de *r* gutturale que je représenterai par *hr* [1] ; entre deux voyelles, elle se change en *u* formant diphthongue avec la voyelle qui la précède. Ex. : Ce qui en Rouergue, et jusqu'à l'extrême limite nord du Rouergue, est *castel*, devient ce que je chercherai à figurer par *chastehr* dès qu'on met le pied sur le sol auvergnat (le territoire d'Aurillac toujours excepté) ; et ce que les Rouergats disent *estela*, étoile, les Auvergnats du Cantal le disent *esteua*.

3° N est invariablement *sonore* en rouergat, dans quelque position que ce soit ; dès qu'on atteint l'auvergnat, cette consonne devient muette comme en français, et dans les mêmes positions. Ce dernier son est tout à fait étranger à la phonétique aveyronnaise.

4° s se mouille devant *i* et approche du *ch* français, dans l'auvergnat ; un tel son est absolument étranger au rouergat.

5° CH, J, et G suivi de *e* ou de *i*, sonnent *tz* du côté auvergnat ; ils chuintent pleinement comme à Montpellier du côté rouergat. Toutefois, comme je l'ai déjà indiqué, la partie ouest du département de l'Aveyron zézaye.

6° T final, notamment celui des participes passés masculins, est complètement éteint en Auvergne, tandis qu'il sonne tou-

---

[1] Ascoli, dans ses *Schizzi franco-provenzali*, cite un document en patois de la haute Auvergne dans lequel cette même notation est adoptée. On y lit ces mots entre autres : « Nahrie Auvergna », pour le rouergat *Nalta Auvernha;* « ahrte » pour *altre;* « vohrt » pour *val* (l. *valet*) ; « ahras » pour *alas* (l. *alas*) ; « mahr » pour *mal* (l. *male*) ; « oustahr » pour *ostal*.

jours en plein chez nous. Ainsi, les indigènes de Murat (Cantal) prononcent le nom de leur ville comme on le prononce en français, alors que dans tout le Rouergue on prononce *Murat* comme un Parisien prononcerait *Murate*.

Il y a encore d'autres consonnes finales qui se perdent chez nos voisins et qui se conservent chez nous : n, s, x, et les gutturales.

7° v, purement orthographique dans le rouergat, où il a le son de n, est phonétique dans l'auvergnat.

La réunion dans un même mot de plusieurs de ces contrastes phonétiques, et quelquefois un seul suffit, rend le même mot réciproquement inintelligible pour les habitants des deux côtés opposés de la frontière ruténo-auvergnate. On va en juger par quelques exemples.

En Rouergue, nous disons : *cals*, chaux ; *cat*, chat ; *ca* (a fermé), chien ; *gal*, coq ; *garric*, chêne, en faisant sonner distinctement chaque lettre ; sur la rive auvergnate, ces mots deviennent respectivement ce que j'essaye de figurer par *tzahr*, *tza*, *tza* (a fermé), *tzahr*, *tzarri*. Qui devinerait à première vue que le nom de *Charme*, porté par une famille distinguée du Cantal, n'est autre chose que notre *Calm*, plateau aride (traduit dans Huc Faydit par *planities sine herbâ*), que nous prononçons *Kann*? Voici la généalogie du mot auvergnat : d'abord *calme* pour *calm* (en bas-latin *calmis*), qui sont deux variantes collatérales ; puis *chalme*, et enfin *charme*, ou en même temps les deux.

8° Bornons-nous à citer un seul exemple de contraste morphologique ; il est assez remarquable. Au lieu que la conjugaison rouergate, à cet égard classique, a *èren*, nous étions, *cantàben*, nous chantions, nos voisins conjuguent *shidn*, et *chantaviàn*, prononcé comme *tzantaviàn*.

Et, par-dessus le marché, une foule d'idiotismes et de locutions propres à chacun des deux territoires, qui sont des énigmes pour le voisin.

Un des aphorismes de M. G. P., que nous n'avons pas encore cité, est celui-ci : « Il y a deux langues distinctes, quand à la frontière on ne se comprend pas. » Si nous devions nous fier à ce critérium, nous serions tenus de considérer l'auvergnat et le rouergat comme deux langues distinctes, car ces deux

11

parlers gallo-romans limitrophes ne diffèrent pas moins entre
eux que le castillan et le portugais, dont M. G. P. n'hésite
sans doute pas à faire deux vraies langues.

J'ai déjà dit que la philologie romane serait redevable à
MM. P. M. et G. P. d'avoir appelé l'attention sur ce qu'ils désignent par l'expression de *traits linguistiques*. Or ces savants
n'ont pas entendu dans ce cas désigner par là indistinctement
tous les caractères dont est faite la nature de chaque langue ou
dialecte; ce qu'ils ont visé, ce sont des caractères de diverse
sorte, des caractères phonétiques principalement, dont les habitudes, si je puis ainsi parler, sont indépendantes et désordon-
nées, qui semblent ne se plier à aucun plan dialectologique, et
offrent cette remarquable particularité que leurs aires géographiques, d'ailleurs parfaitement délimitées, s'étendent sur la
carte comme au hasard, sans égard à ses démarcations dialectales, coupant en deux tel et tel dialecte des plus homogènes
d'ailleurs, et réunissant en un corps étrange et monstrueux
jusqu'à des idiomes tout à fait disparates, entre lesquels n'existe
même parfois aucune parenté. C'est ainsi que la carte linguistique de l'Europe nous montre une grande plaque phonétique
s'étendant à toute la Péninsule Ibérique et sur tout le sud-ouest
de la France, qui recouvre et rattache entre eux, non-seulement des langages gallo-romans et des langages ibéro-romans,
mais encore, avec ceux-ci, le basque, d'une origine non latine
et non aryenne.

Il a été indiqué déjà comment on pouvait théoriquement
s'expliquer que ces traits ou caractères en quelque sorte libres
et rebelles, ne fussent pas un empêchement absolu à la classification dialectologique; mais il faut en même temps convenir
qu'ils peuvent lui être une difficulté réelle. Or il se trouve
qu'une difficulté toute pareille embarrasse aussi quelquefois
les classificateurs de l'histoire naturelle, dont les lois taxino-
miques ont la plus grande analogie, je l'ai déjà constaté, avec
celles de la linguistique. Cependant cet obstacle n'a pas eu le
pouvoir de les arrêter. Il sera dès lors intéressant et utile d'apprendre comment on a su en triompher chez les naturalistes
pour que les linguistes parviennent à en faire autant de leur
côté.

De même que les parlers, les espèces animales et végétales

subissent les influences modificatrices attachées à leur habitat.
Or des espèces le plus étroitement apparentées à d'autres espèces, et primitivement très-semblables à elles, et formant avec
elles un même groupe uni et compacte, étant accidentellement
soumises à des circonstances d'habitat, de milieu, nouvelles
et très-différentes des premières, elles en subissent l'influence
transformatrice, elles modifient leur organisation originelle
pour l'adapter à ces nouvelles conditions d'existence, et de là
une altération du type primitif plus ou moins profonde, et qui
fait naître une dissemblance apparente plus ou moins accusée
entre ces êtres et leurs congénères. Mais ce n'est pas tout :
les caractères nouveaux que le changement de milieu a impri-
més sur une portion du groupe naturel ne se borneront pas à
créer une disparité entre cette portion et le restant du groupe;
cette livrée d'emprunt qui aura rendu certaines espèces des
étrangères parmi leurs sœurs, en aura, en même temps, fait
les pareilles d'une multitude d'autres espèces appartenant aux
catégories les plus diverses et les plus disparates.

Ainsi, la loutre, sœur de la marte, et le castor, frère de la
marmotte, sont nettement séparés de leurs congénères ter-
restres par leurs habitudes aquatiques et certaines modifications de structures adaptées à ce genre de vie ; d'un autre
côté, les pattes palmées dont ils sont munis l'un et l'autre établissent une analogie frappante entre ce viverrien et ce ron-
geur, d'une part, et les oiseaux palmipèdes et les grenouilles,
d'autre part. Le règne végétal est non moins riche que le règne animal en paradoxes de cette sorte. De l'avis de tous les
naturalistes modernes, les légumineuses constituent une famille des plus naturelles ; et cependant par combien de « traits
botaniques », à l'instar des « traits linguistiques » de MM. G. P.
et P. M., ce groupe, naturellement très-uni, n'est-il point tra-
versé, coupé et haché en tout sens ! Voyons un peu : d'abord,
trois traits botaniques des plus opposés, relatifs à la grandeur,
à la consistance et à la durée des plantes, c'est-à-dire les caractères *arborescent*, *arbustif* et *herbacé*, se partagent la famille
des légumineuses, non point par tribus et non pas seulement
par genres, mais aussi par espèces. Dans les associations dialectales, dont MM. P. M. et G. P. repoussent jusqu'au principe pour la raison que l'on sait, y a-t-il rien d'aussi choquant

que de réunir dans un même groupe, que d'en faire deux légumineuses, le petit trèfle de nos prairies, une herbe si chétive, et le superbe robinier, improprement appelé *acacia*, qui est un arbre, et un arbre de la grandeur de nos chênes en certains pays? Ici, toutefois, il y a entre ces deux types la distance qui sépare deux tribus distinctes, celle des papilionacées et celle des mimosées ; mais, sans sortir des papilionacées, ne trouvons-nous pas, à peu de chose près, ce même contraste ? Le cytise, sans avoir les proportions de l'acacia, est aussi un arbre, tandis que le trèfle, qui est une papilionacée comme lui, n'est, comme nous l'avons indiqué déjà, qu'une plante herbacée de la plus modeste dimension.

Descendons maintenant jusqu'au genre. Le genêt nous offre, dans le *Genista purgans*, un arbuste au bois très-dur, à la tige très-rameuse, et qui peut atteindre jusqu'à 3 mètres de haut ; il nous offre en même temps, dans le *Genista anglica*, une espèce herbacée, qui pousse dans certaines prairies confondue avec les autres herbes fourragères.

Envisageons maintenant deux autres séries de « traits botaniques » contraires par lesquels l'unité de la famille des légumineuses est mise encore à l'épreuve, et non moins que par ceux qui viennent d'être considérés.

Les plantes sont ou lisses et sans épines, ou sont hérissées de piquants. En général leurs tiges croissent en lignes droites, et n'ont d'autre mouvement propre que celui de leur croissance ; mais il en est quelques-unes dont les tiges poussent en forme d'hélice et sont, en outre, animées d'un mouvement de translation qui fait que leurs sommets, comme à la recherche d'un appui, décrivent continuellement des circonférences de cercle, qui se répètent jusqu'à dix fois dans une journée. Ces deux dualismes caractéristiques n'établissent-ils pas entre ces plantes une différence profonde ? Oui, c'est incontestable. Et cependant de telles différences peuvent diviser, non pas seulement une famille d'avec une autre famille, mais un genre d'avec un autre genre, mais une espèce d'avec une autre espèce congénère ; qui plus est, deux variétés de la même espèce. Ainsi, pour en revenir à nos légumineuses, à côté de l'acacia tout armé de dards, nous voyons le cytise entièrement inerme ; et, à l'intérieur même du groupe papilionacé, deux genres très-rapprochés, celui du genêt et celui de l'ajonc, nous offrent, d'un côté des plantes aux tiges et aux feuilles lisses et molles, douces au toucher, et de l'autre des buissons hirsutes et épineux, dont la main ne peut approcher.

Arrivons à la dernière de nos antithèses caractérielles, qui, plus que toute autre peut-être, est faite pour étonner. La fève et le haricot sont *naturellement* très-rapprochés, et quelle distance, d'un autre côté, ne met pas entre eux cette différence que l'une a la tige droite et que l'autre a la tige volubile! Mais c'est jusque dans les mêmes espèces, c'est chez le haricot et chez le pois eux-mêmes, qu'on observe des variétés à tige droite et des variétés à tige volubile ou grimpante!

N'avions-nous pas raison de dire que les groupes zoologiques et botaniques les plus incontestés et les plus *incontestables*, en un mot les plus légitimes, sont traversés, à l'image des groupes dialectologiques, par des divergences de caractères qui semblent d'abord être une négation criante de leur unité, de leur identité, mais qui, réduites à leur véritable signification par l'analyse scientifique, ne peuvent plus donner le change qu'aux seuls ignorants sur les affinités véritables établies par la nature entre les espèces? Mais comme la science et l'ignorance sont relatives, et que les plus habiles, tant en histoire naturelle qu'en linguistique, ne parviennent pas toujours à se reconnaître dans le trouble que les « traits » botaniques, zoologiques ou linguistiques apportent dans les classifications respectives, il serait expédient de faire une étude monographique de ces différents «traits» perturbateurs. Aussi je répète que MM. P. M. et G. P. ont rendu un réel service en signalant l'importance d'une étude semblable, dont le premier résultat sera certainement de les faire revenir de leur erreur touchant l'inanité de toute tentative de classification dialectologique dans le gallo-roman.

Il s'agira donc de relever soigneusement sur la carte les circonscriptions géographiques des différents traits linguistiques, et de noter exactement les différents idiomes, langues, dialectes, parlers locaux, que chacun d'eux comprend dans ses limites et marque de son empreinte.

La recherche des causes locales qui ont engendré ces traits linguistiques, et auxquelles ils doivent d'être ce qu'ils sont et d'occuper sur la carte la place qu'ils y occupent, méritera aussi d'entrer dans ce programme. Malheureusement, faute d'esprit philosophique, la science de notre époque, philologie ou autre chose, se complaît trop à la description et a trop peu de goût pour l'étiologie. Quoi qu'il en soit, nos deux éminents philologues — il était juste de le dire et il convient de le répéter — ont bien mérité de la science du langage en lui montrant un nouveau champ de recherches, et des plus riches. Mais devra-t-on leur attribuer tout l'honneur de cette initiative? Malgré ma modestie, l'amour de la vérité historique m'oblige à constater que j'avais devancé MM. P. M. et G. P. dans cette voie de bien des années. Car c'est bien à quarante-cinq ans que remontent ma première idée et mon premier essai d'un atlas où chaque trait linguistique devait avoir sa carte. Ce n'est toutefois qu'en 1868 que je parlai pour la première fois au public de ce travail; ce fut dans le cours de ma discussion avec Paul Broca sur l'influence des milieux, à la Société d'anthropologie de Paris. Cette mention est consignée dans les *Bulletins* de la Société. Un aperçu sommaire de ces essais ne sera peut-être pas déplacé ici.

La première carte de mon atlas était destinée à illustrer ce fait, jusqu'alors et depuis trop peu remarqué, à savoir que de la Méditerranée au centre parisien on peut tracer une méridienne sur laquelle les parlers locaux s'échelonnent phonétiquement en une série de dégradations qui font passer par nuances le mot latin à l'état de mot français. J'avais pris pour exemple CASTELLUM. L'Aude, le Tarn, l'ouest de l'Hérault, l'Aveyron, nous offraient *castel*, lequel ne diffère du prototype que par la perte de la désinence casuelle. Le nord de la Lozère nous donnait ensuite *chastel*. Au delà, nous rencontrions successivement *chasteu* (Corrèze), et *châteu* ou *châtau* avec *eu* et *au* diphthongues, et finalement *château* prononcé comme *châtô*.

Continuant à suivre la série vers le nord, je retrouvais là une zone phonétique méridionale, celle du CA = *ca*, dont je vais m'occuper particulièrement tout à l'heure. Chez les Picards et les Normands, *château* redevenait en effet *câteau* ou *câtiau*. Je poursuivais enfin ma progression jusqu'à travers la Manche, jusqu'en terre anglo-normande, où notre latin CASTELLUM avait eu aussi son évolution, et s'observait sous la forme de *castle*.

De ces faits me paraissait émerger une loi remarquable, qui n'est peut-être pas aussi rigoureuse que je l'estimais alors, mais qui toutefois ne laissait pas que de se recommander d'un ensemble d'observations assez curieuses. Cette loi ou prétendue loi (à vérifier), c'était que, dans le domaine gallo-roman, la dégradation de la phonétique latine a son départ dans la zone méditerranéenne en des lieux voisins du méridien de Paris, son apogée dans la région parisienne, et que, dans l'intervalle de ces deux points géographiques extrêmes, les termes intermédiaires de la progression métamorphique se succèdent et s'enchaînent *dans l'espace,* comme ils durent se succéder et s'enchaîner *dans le temps.* Une bande noire à tons gradués, tracée sur la carte de France suivant le méridien de Paris, servait à rendre sensible cette conception.

Une deuxième carte était consacrée à un très-important doublet phonétique, celui des deux représentations différentes du c et du o gutturaux primitifs latins suivis de la voyelle *a.* Ces deux variantes des CA et GA latins sont, comme on sait, *ca, ga,* c'est-à-dire les sons originaux conservés, et *cha, ja,* ou transformations des gutturales en chuintantes.

La carte spéciale montre la France partagée en trois grandes zones presque parallèles, et de dimension presque égales, dont les deux extrêmes, celle du nord et celle du midi, ont pour formule CA, GA $=$ *ca, ga,* et dont l'intermédiaire est exprimée par CA, GA $=$ *cha, ja.*

La ligne qui sépare la bande du sud (CA, GA $=$ *ca, ga*) de la bande centrale (CA, GA $=$ *cha, ja*) part du nord du département des Basses-Alpes, au bord de la frontière sarde, ou plutôt de l'intérieur même du Piémont, et se dirige presque droite jusqu'à l'embouchure de la Gironde, avec une inflexion ou crochet des plus remarquables, consistant en ce que, quand après avoir coupé le département de la Lozère en deux moitiés, elle atteint l'Aveyron par le milieu, au lieu de le couper à son tour, elle contourne exactement ce département (dont la frontière en cet endroit est d'ailleurs celle du vieux Rouergue) à l'est, au nord et au nord-ouest, de manière à le laisser tout entier dans la zone CA $=$ *ca* [1].

[1] Il me paraît intéressant de constater que le village lozérien de Nasbinals,

Nous venons de constater que la Lozère se partage entre la zone phonétique du Midi et celle du Centre; il en est de même du Cantal.

Le trait phonétique dont il s'agit est un des plus curieux dans ses rapports géographiques. Comment s'expliquer cette ligne presque droite qui coupe la carte de l'est à l'ouest comme un trait à la règle? Cette question est digne du plus sérieux examen. Comme il n'y a pas d'effet sans cause, il serait très-important de chercher l'explication de ce phénomène énigmatique. De quelle époque date la séparation de la zone centrale? A quel événement historique peut-on rattacher cet événement linguistique? Malgré ma très-insuffisante compétence, je suis disposé à croire que cette scission phonétique si remarquable s'est produite aux temps carolingiens, car l'orthographe des noms propres de personne et de lieu, dans Grégoire de Tours et dans Frédégaire, semble attester qu'à leur époque c et g avaient conservé leur gutturalité latine dans toutes les classes de mots et devant n'importe quelle voyelle.

Les *Serments* de Strasbourg, où on lit *cosa*, et non *chosa*, pourraient faire supposer que la transformation ne s'était pas encore réalisée au milieu du IX⁰ siècle; mais on peut lever cette objection en supposant, ou que la modification de la prononciation n'avait pas encore été suivie de celle de l'orthographe, ou encore que le document avait été écrit dans un dialecte français tel que le picard ou le normand, où c = c a persisté jusqu'à ce jour. D'ailleurs il est une autre considération décisive contre cette hypothèse; c'est que le c lat. devant

chef-lieu de canton situé sur les confins des départements de l'Aveyron et du Cantal, faisait partie de l'ancienne province de Rouergue et atteste encore cette origine par le gutturalisme de son parler faisant pointe en plein pays du CA = *cha*.

Dernièrement, j'avais parmi mes ouvriers un faucheur de la Lozère. Je lui adressai cette question : « Est-ce que les deux parlers de votre département, celui du nord et celui du sud, le premier disant *chabra, vacha, jal*, le second disant *cabra, vaca, gal*, ne se mêlent point et ne se confondent pas sur les points frontières? » Il me répondit: « Je suis de l'arrondissement de Marvejols, où l'on » fait » *vacha, chabra, jal*, et mon village n'est séparé que par un petit ruisseau du pays où l'on dit *cabra, vaca*, etc. Eh bien! *chacun fait son parler.* » Et il ajouta spontanément : « Ceux chez qui on dit *cabra, vaca*, etc., *auraient honte* (sic) de parler comme chez nous, de dire *chabra, vacha*, etc. »

o ne suit pas les lois de CA = *cha*, d'où cette conclusion, que la réduction de c dans *chose* a dû s'opérer sur *causa*, et non sur *cosa*.

J'indiquerai au lecteur un moyen facile de vérifier les indications ci-dessus relatives aux limites géographiques du trait linguistique en question, qui le dispensera d'un transport sur les lieux. Il n'a qu'à prendre une carte de France très-détaillée, celle de l'État-major, par exemple, et de noter, aux alentours des lignes de démarcation sus-indiquées, une certaine catégorie de noms de lieux caractéristiques qui se retrouvent un peu partout en France, ceux notamment dont la racine latine est *castellum*. Il constatera que dans tout le Midi, de la partie sud des Basses-Alpes à Bordeaux, et de Bordeaux à la Pointe-de-Grave, tout est *Castel*, *Castillon*, *Castelet*; *Roque*, *Roquette*, *Roquelle*; mais que, à cette latitude, ces noms sont remplacés par ceux de *Chastel*, *Chastillon*, *Chastelet*; *Roche*, *Rochette*, *Rochelle*, etc. Qu'il fouille toute la vaste région française qui s'étend au nord de cette ligne depuis les Alpes, le Jura et les Vosges d'une part, jusqu'à l'Océan d'autre part, et s'arrête à la Normandie et la Picardie, il y cherchera vainement un seul exemplaire de la première de ces deux nomenclatures. Mais quand, dirigeant ses yeux vers le nord, il aura franchi, soit le Perche, soit l'Isle-de-France, alors il se heurtera tout à coup à une autre muraille phonétique : en deçà foisonneront les *Château*, *Châtelet*, *Châtillon*; les *Roche*, *Rochette*, *Rochelle*, sans disparate aucune; au delà, ce sera un concert continu de *Câteau*, *Câtelet*, *Câtillon*; de *Roque*, *Roquette*, *Roquelle*, sans une seule note discordante.

L'altération des gutturales en chuintantes n'est pas du reste un phénomène particulier aux langues romanes. Le sanscrit a de ces chuintantes consécutives dont les gutturales primitives se rencontrent dans les rameaux européens de l'aryaque, ce qui est un des indices d'où la haute linguistique infère que ces rameaux se rattachent à un embranchement plus ancien que n'est la langue sacrée de l'Inde.

Le germanique présente la même variation. Ainsi plusieurs de ces dialectes modernes, l'allemand et l'anglais surtout, chuintent un grand nombre de *k* ou *c* durs de leurs vieilles souches tudesques. Tous les *ch* anglais d'origine germanique répondent, dans le saxon, à des *c* (qui se prononçaient *k*).

Préalablement à la transformation régionale de CA et GA en *cha* et *ja*, ou simultanément peut-être (Diez penche pour la première hypothèse), une révolution des sons gutturaux infiniment plus étendue avait eu lieu dans les diverses langues romanes. Je veux parler de la dégénérescence des c et g latins devant les voyelles e et i, qui fit de chacune de ces deux gutturales, tantôt une chuintante, tantôt une sifflante, suivant les pays, avec cette exception qu'en Espagne le g, dans le castillan, est resté guttural, mais avec aspiration[1]. Oui, ce fut là une véritable et énorme révolution. Quelles en furent les causes et les origines? Je suis bien aux regrets que, confiné à la campagne dans une obscure province, il ne me soit pas possible de consulter en ce moment certains travaux allemands et français plus ou moins récents, que l'on vient de me signaler comme traitant savamment de l'histoire de ce grand événement linguistique qui m'intriguait déjà il y a plus de quarante ans.

Ma troisième carte se rapportait au triplet ou triple variation du groupe latin cr, dont les trois métamorphoses collatérales sont : 1° *tt;* 2° *it*, où l'*i* fait diphthongue avec une autre voyelle; et 3° *ch.*

La première forme est propre à l'italien; mais il est très-important de remarquer que tous les autres dialectes romans, du moins les dialectes populaires, l'adoptent de nos jours pour tous les mots étrangers en *ct* d'introduction moderne.

La deuxième forme a un grand domaine qui comprend, mais avec des lacunes, le nord, le centre et le sud-ouest de la France, et s'étend au Portugal.

La troisième forme a deux domaines distincts; l'un embrasse le sud-est de la France, avec quelques îlots disséminés

[1] D'après Ascoli, dont il ne m'a été donné de connaître les beaux travaux, et notamment sa *Réponse à P. Meyer*, que tout dernièrement, grâce à une communication obligeante de la rédaction de la *Revue des langues romanes*, la valeur de gutturale aspirée que le castillan donne aux signes *j, g + e, + i* et *x*, serait consécutive au chuintisme de ces lettres, et ne serait entrée en usage que depuis environ quatre cents ans. Je crois me rappeler du reste que la même constatation a été faite par Diez.

dans le centre et le nord, et en plus le nord de l'Italie ; l'autre est au cœur de l'Espagne. J'ignore si les deux domaines seraient en continuité par un détroit ou isthme quelconque passant à travers les Pyrénées. Le passage serait en tout cas bien resserré, car l'Aude n'appartient déjà plus, du moins dans sa généralité, au deuxième type, et il en est de même de l'Ariège et des Pyrénées-Orientales, si je suis bien informé.

L'Hérault, l'Aveyron et le Lot (du moins en partie) sont, à l'ouest, les derniers départements appartenant à cette forme ; l'Aveyron, la Lozère, l'Ardèche, sont les derniers au nord central; au delà, la limite passe au nord de la Provence.

En Espagne, la Castille est le centre de la région du CT = ch, mais j'ignore quels sont, en outre du castillan, les dialectes espagnols qui peuvent encore en faire partie.

Le catalan, qui est de la famille gallo-romane, a une forme à lui, qui se rapproche de l'italienne, mais qui n'a pas, comme celle-ci, l'assimilation pour origine. Ce n'est en réalité que la deuxième forme modifiée par la suppression de l'i de la diphthongue caractéristique, laquelle se retrouve dans le vieux catalan.

Voici quelques exemples de la métaphonie du CT dans différents dialectes romans :

Latin	FACTUM	*LACTEM	OCTO	NOCTEM
Italien	*fatto*	*latte*	*otto*	*notte*
Catalan	*fet*	*llet*	*vuyt*	*nit*
Portugais	*feito*	*leite*	*oito*	*noite*
Albigeois	*fait*	*lait*	*oeit*	*neit*
Français	*fait*	*lait*	*huit*	*nuit*
Castillan	*hecho*	*leche*	*ocho*	*nocke*
Languedocien	*fach*	*lach*	*ioch*	*nioch*
Rouergat	*fach*	*lach*	*uech*	*nuech*

Il importe de faire remarquer que la diphthongue caractéristique du deuxième mode de transformation de CT s'est phonétiquement éteinte en français et n'existe plus dans cette langue que figurée par l'écriture. Il en est tout autrement dans le portugais et dans les dialectes de langue d'oc. Ainsi, tandis que le mot fait en français se prononce comme fè, en albigeois il sonne *fä-it*, comme il dut faire du reste dans le français lui-même à l'origine.

Le germanique et le celtique ont des variations approchantes. Ainsi, à l'allemand *acht, licht, nacht*, l'anglais oppose *eight, light, night*, qui se prononcent comme nous prononcerions en langue d'oc *eit, lait, nait*. L'irlandais a *ocht*, huit, opposé au gallois *nyth*. Etc.

Les deux transformations romanes en *it* et *ch* sont dues, suivant toute apparence, à une influence germanique; la transformation italienne est un effet d'assimilation; et quant à celle du catalan, je me suis déjà expliqué à cet égard.

Mais comment l'influence germanique se serait-elle traduite par deux produits si différents? Cette dualité devrait-elle faire conclure à l'intervention de deux populations germaniques de différent dialecte? Ou bien une même forme germanique, d'abord imprimée partout, aurait-elle ultérieurement évolué en deux formes secondaires divergentes, comme cela est arrivé au sein même du germanique?

Diez émet sur ce sujet deux opinions que je ne saurais partager. Il considère, d'une part, la forme *it* comme « véritablement indigène » dans le provençal, « comme dans le portugais », ajoute-t-il. Il suppose, d'autre part, que la forme *ch* est issue de la forme *it*.

A cela on peut répondre, sur le premier point, qu'il est d'observation certaine que les deux formes *it* et *ch* se partagent le territoire de la langue d'oc, et que chacune y a son domaine nettement délimité. Et, sur le second point, disons que l'on ne voit aucunement comment la chuintante *ch* du provençal et de l'espagnol aurait pu naître de l'*it* de groupes tels que *ait, eit, oit, uit*, tandis qu'il est naturel de supposer que, sous l'influence de la prononciation des Barbares, le *c* de ᴄᴛ est passé d'abord à l'état de gutturale aspirée (χ), et que ce son, répugnant à la phonétique romane, s'est modifié suivant les lieux, soit en *it*, comme cela s'est vu dans le domaine germanique lui-même, soit en chuintante *ch*, dont l'affinité pour le *ch* aspiré allemand n'est pas douteuse, avec chute consécutive du *t* final, qui pouvait difficilement entrer en combinaison avec un son tel que le *ch* des Provençaux ou des Castillans.

Dans ma troisième carte, je traçais les limites géographiques des deux formes opposées d'un autre doublet phonétique depuis longtemps signalé, v = v et v = b.

Le domaine du b pour v, c'est-à-dire la lacune de cette dernière lettre en tant que prononciation, occupe le sud-ouest de la France, et les derniers départements faisant partie de cette région phonétique au nord et à l'est sont l'Aveyron, la Lozère, une partie du Cantal, le Lot et l'Hérault. Le cours de la Dordogne et celui de la Vezère forment sa limite septentrionale.

L'aire de ce trait linguistique s'étend en outre au delà des Pyrénées, et toute la Péninsule lui appartient, y compris même, et surtout, le pays basque. Cette teinte phonétique particulière sous laquelle s'offrent l'Espagne et nos pays gascons ou semi-gascons sur la carte linguistique est, pour revenir à une comparaison déjà employée, comme une tache indélébile qui, imprimée anciennement sur une étoffe, y reparaît obstinément malgré des lavages successifs et l'application de nouvelles teintures. C'est la trace de l'ancienne domination ibère, que les couches superposées du gaulois, du latin et du germanique n'empêchent pas de percer, ce qui pourra permettre peut-être de reconstituer le vieil empire de la langue escuara, de retrouver ses limites. En effet, la langue des Basques est privée d'aspirations labiales, et tout porte à croire que la Gascogne pyrénéenne, qui est privée de l'ꜰ aussi bien que du v, n'est que la partie centrale, le noyau, d'un domaine ibère cis-pyrénéen, qui aura résisté plus que les bords aux influences corrosives de l'extérieur.

Ce dernier trait phonétique faisait le sujet de ma cinquième carte, laquelle se trouvait ainsi consacrée à la région de ꜰ = h.

Cette région est limitée au nord par le cours de la Garonne, qui lui a évidemment servi de protection. Et l'efficacité de cette barrière se fait si bien sentir que, dans une même ville, Toulouse, qui est traversée par cette rivière, et malgré ses ponts, comme Scaliger l'avait fait remarquer avant moi, la prononciation ꜰ ne va pas plus loin que la rive droite, tandis que celle de h commence sur la rive opposée. Ainsi le patois de la ville proprement dite, bâtie sur le côté nord de la Garonne, dit *fenna*, *filha*, *ferre*, et le patois du faubourg Saint-Cyprien dit *henna*, *hilha*, *herre*, de même que le castillan dit *hembra*, *hija*, *hierro*.

Certains linguistes autorisés, et le grand Diez en tête, paraissent peu disposés à accorder que la substitution de l'*h* espagnole à l'*f* latine procède de la phonétique de l'ancien ibère. Les raisons de ce scrupule, si elles étaient valables, pourraient, par voie d'analogie, faire envisager également le même phénomène considéré dans le gascon, et par suite infirmer nos inductions historiques tirées du fait linguistique dont il s'agit. Il importe donc de discuter à fond les arguments qui nous sont opposés. Avant tout, reproduisons l'argumentation de Diez dans son entier.

« Il a été admis, dit-il, jusqu'ici avec une certaine assurance que l'*f* qui occupe en vieil espagnol la place d'une *h* moderne n'exprime que le son de cette dernière lettre. Rien ne parle en faveur de cette hypothèse. Comment serait-on arrivé à donner à cette labiale, outre sa valeur propre, une seconde signification pour l'expression de laquelle un autre signe (*h*) était si naturellement indiqué? L'étymologie, il est vrai, aurait pu y conduire. Mais est-il croyable que cette orthographe ait été appliquée avec tant de constance que pas une seule *h* n'ait échappé au copiste, ce qui est le cas pour le *Poema del Cid?* Pour les Espagnols eux-mêmes, la valeur décidée de l'ancienne *f* comme labiale n'a jamais été douteuse. On sait que don Quichotte emploie *f* pour *h*, quand il veut parler dans le ton des livres de chevalerie. Villena dit (Mayans, II, 338) que les anciens mettaient *f* pour *h*, parce que ce dernier son était pour eux trop dur; d'après cela, ils ne prononçaient pas l'*f* comme *h*. Mais, au temps de Villena, cette dernière prononciation devait déjà avoir prévalu. Si les habitants primitifs de l'Espagne avaient de l'aversion pour l'*f*, cette répulsion disparut avec la destruction de leur langue. Mais elle put, bien qu'à un degré moindre, redescendre plus tard des montagnes basques, où persiste l'idiome primitif de l'Espagne, pour s'étendre encore sur une partie de la Péninsule. Pourquoi ce fait n'aurait-il pas commencé à se produire au XIIIᵉ siècle? On pourrait encore par surcroît invoquer un témoignage étranger. Le troubadour Raimbaut de Vaqueiras a écrit dix vers en espagnol dans lesquels il y a deux mots avec *f* à l'initiale = *h* espagnol moderne, *faulan* et *furtado* = *hablan* et *hurtado* (Chx., II, 229); or il ne pouvait avoir appris l'espagnol que par la langue parlée. — « Peut-être, dit Delius, *Jahrbuch*, I, 360), doit-on seulement admettre que dans l'ancienne prononciation cet *f* et cette *h* se rapprochaient bien plus l'un de l'autre que dans la langue moderne, etc.[1] »

Avant de discuter l'illustre maître, rappelons les faits avérés.

Premièrement, l'*f* et le *v* sont étrangers à la phonétique basque;

Deuxièmement, dans le basque « persiste l'idiome primitif de l'Espagne », comme Diez le reconnaît en s'appuyant sur l'autorité de Guillaume de Humboldt;

Troisièmement. — α. Une vaste agglomération de pays romans dans laquelle est englobé le territoire basque, comprenant toute l'Espagne et s'étendant au nord des Pyrénées, depuis l'Océan jusqu'aux Cevennes, et des cours de la Dordogne et de la Vezère à la Méditerranée, présente sur toute son étendue, sans interruption aucune, un même trait linguistique : absence dans la prononciation des idiomes locaux du son que le français et l'italien rendent par le signe *v*, et son remplacement par le son que ces mêmes langues attachent au signe *b*.[2] — β. Dans la partie centrale ou noyau de cette même agglomération, embrassant, au sud des Pyrénées, toute la portion de la Péninsule renfermée entre le Portugal et la Galice, d'un côté, et le royaume de Valence et la Catalogne, d'autre part; puis, de l'autre côté des monts, toute la Gascogne jusqu'à la Garonne, règne un autre trait linguistique : le *f* lat. = *h*.

De ces rapprochements, qui me semblaient avoir leur élo-

---

[1] Diez, *Gramm. des l. rom.*, traduct. de Auguste Brachet et Gaston Paris, I, p. 348, en note.

[2] Mon assertion n'est pas rigoureusement exacte: le son par lequel les Castillans et les Gascons interprètent les signes *b* et *v* est sensiblement distinct de celui qui correspond au *b* des alphabets italien et français.

quence, j'avais conclu que le grand et compacte domaine actuel de $v = b$, avec sa large plaque centrale $f = h$, correspondait à l'ancien empire de la langue ibère. Or cette conclusion serait fort ébranlée si l'on devait admettre avec Diez que, pour ce qui est de l'espagnol, le $f = h$ est de date moderne, et que, s'il est né d'une influence ibérique, cette influence a rayonné des montagnes basques dans ces derniers siècles, pour se répandre dans la Péninsule. Si une telle supposition était fondée, on ne voit pas pourquoi elle ne pourrait point aussi s'appliquer aux origines du $f = h$ gascon; et non-seulement aux origines du $f = h$ des deux côtés des Pyrénées, mais encore à celles de l'autre grand fait phonétique connexe, $v = b$.

Le motif capital sur lequel D. base son jugement, c'est que l'h pour l'f n'a fait son apparition dans l'orthographe espagnole que tardivement. Puis, ce fait indéniable posé, D. court au devant des objections qu'on peut faire à son argument, et croit pouvoir établir en somme par divers documents que, dans la bouche des vieux Castillans employant encore l'f au lieu de l'h, cette f comportait bien un son labial, et non, comme on l'a supposé, l'aspiration plus ou moins marquée qu'on a représentée depuis par h.

Accordons à Diez toutes ses prémisses, mais voyons si elles contiennent réellement la conclusion qu'il prétend en tirer.

Imaginer que l'$h = f$ ait été pris de la fantaisie, vers la fin ou le milieu du moyen âge, de descendre des montagnes basques dans la plaine me paraît peu digne de la haute raison de cet illustre maître. N'était-il donc pas plus simple et plus naturel d'admettre que la transformation de l'f se fût opérée sur place par un mouvement d'évolution purement interne, tel que celui qui, d'après Diez, Ascoli et d'autres, aurait, vers le XIe siècle, amené la substitution du j guttural aspiré au j chuintant ?

Mais il se présentait une autre hypothèse encore plus plausible : c'est que le $h = f$ du castillan moderne est héritier d'un parler populaire contemporain de la palabre aristocratique des héros du *Poema del Cid* ainsi que des anciens preux que le roman de Cervantes remet en scène. En se démocratisant, la langue écrite se sera affranchie, dans une certaine mesure,

des lois convenues de ce parler à prétention, et aura donné
entrée à quelques us du langage populaire. La citation de
Raimbaut de Vaqueiras, que D. allègue à l'appui de sa thèse,
ne contient-elle pas, à côté de la preuve qu'il y découvre en
sa faveur, une autre preuve encore attestant que l'espagnol
de notre troubadour appartenait à une lignée dialectale différente de celle de l'espagnol actuel ? En effet, si *faulan* (pour
hablan) témoigne de l'usage contemporain de *f* au lieu de *h*
dans l'orthographe, et peut-être aussi dans la prononciation
(s'il est vrai, comme le veut Diez, que Raimbaut « ne pouvait
avoir appris l'espagnol que par la langue parlée »), le mot atteste en même temps que la langue du passage cité appartenait à un dialecte autre que celui de *hablan*, et qu'il ne peut
avoir été l'ancêtre de cette dernière forme phonétique ; car
il est tout prouvé que, si *faular* peut dériver directement de
fabulari, de même que *hablar*, ce qui est encore plus certain,
c'est que ce dernier ne saurait être un descendant du premier, puisque le *b* de l'un est incontestablement primitif et
latin, tandis que l'*u* qui le remplace dans l'autre est consécutif et roman. Dès lors, *hablar* ne pouvant procéder de *faular*, puisque ce sont là deux formes sœurs, deux formes collatérales, l'argument que Diez tire en faveur de sa thèse de
la citation de Raimbaut se retourne contre lui.

Diez s'est dit que, si l'*f* pour *h*, uniformément employé dans
l'orthographe du *Poema del Cid*, avait exprimé une aspiration
comme équivalent de ce dernier signe, il serait inconcevable
que quelque *h* n'eût point échappé par-ci par-là aux copistes
de cette œuvre. Certes, le fait serait, en effet, assez surprenant si *f* et *h* eussent eu la même valeur phonétique ; mais la
chose est beaucoup plus facile à comprendre si l'on admet que
le *Poema del Cid* fut écrit dans un langage de cour, où la prononciation labiale de l'*f* était observée, et qu'en même temps
la prononciation opposée eût été réputée vulgaire. J'ai pu observer que, si les scribes du moyen âge ne se piquent pas
toujours d'un respect bien scrupuleux pour l'orthographe et
la grammaire, il est une préoccupation qui semble ne les jamais abandonner : celle d'éviter les fautes ou les idiotismes
qui sont le cachet distinctif de la langue du commun. C'est
ainsi que, jusque dans la seconde moitié du XVIe siècle, nos

12

rédacteurs rouergats, jusqu'aux secrétaires fort peu lettrés de
nos communes, observaient très-fidèlement la distinction orthographique du *b* et du *v*, bien qu'il soit incontestable qu'a-
lors comme aujourd'hui, — le mot de Scaliger serait là au besoin pour l'attester, — dans le langage parlé, les deux lettres
n'en faisaient qu'une.

En l'an 1550, l'évêque de Rodez fait écrire et imprimer l'*Imitation de Jésus-Christ* en langue vulgaire du pays; or on voit
dans ce petit livre (dont il n'existe plus, pense-t-on, que deux
exemplaires, l'un à la bibliothèque communale de Rodez,
l'autre à la bibliothèque de l'évêché) que le *v* étymologique
et classique a encore conservé tous ses droits, et n'est aucunement dépossédé par le *b*. Qui plus est, nous avons la preuve
qu'il en était encore de même cent ans plus tard; cette preuve
nous est fournie par un document imprimé en langue du pays
qui porte la date de 1656, *Lou Cathechisme rouĕrgas en verses*,
dont l'unique exemplaire conservé se trouve à la bibliothèque
de la Société des lettres, sciences et arts de l'Aveyron, et fait
l'objet d'une mention et d'une citation étendue dans l'introduction au *Dictionnaire patois* de l'abbé Vayssier. Enfin une
troisième publication en rouergat du siècle suivant rompt
brusquement avec toutes les règles de la vieille orthographe
classique, et remplace notamment le signe *v* par le signe *b*
dans la plupart des cas.

Du rapprochement de ces trois pièces critiquement consi-
dérées, il me paraît résulter avec évidence que la distinction
entre *b* et *v* dans les écrits rouergats de l'époque littéraire était
purement orthographique, et que le *v*, en tant que son, fut
toujours étranger à notre dialecte provincial, ainsi qu'il en
est, par exemple, en français, du *th*, qui, dans cette langue, ne
diffère d'un simple *t* qu'orthographiquement et non phonétiquement. En effet, dans la rédaction de nos écrits rouergats
des XVIᵉ et XVIIᵉ siècles, l'influence de la tradition provençale est encore manifeste sur la totalité ou une grande partie
du système orthographique et grammatical, et la distinction
classique du *v* s'y maintient; au contraire, dans la rédaction
de la pièce qui appartient au siècle suivant, cette influence
ne se fait plus sentir en rien, la tradition de l'ancienne ortho-

graphe y est entièrement perdue, et en même temps le signe *v*
disparaît soudain pour faire place au *b*[1].

[1] Voici quelques extraits de chacun des trois documents rouergats sus-
mentionnés.

Le petit ouvrage de 1556 est sans titre ; il débute par une sorte d'avis li-
minaire où il est dit qu'il a été imprimé à Rodez par Jean Mottier, « par pri-
vilège ».

Vient ensuite la dédicace suivante :

« A la honor de Dieu, et per lo salut de las armas, Mosenhor lo reveren-
dissime Cardinal Darmanhac, Avesqua (*sic*) de Rodes, et de Vabre, a faict ex-
traire, traduire et imprimir lo petit tractat que sensiec : Cõpausat per vene-
rable et scientifie persona, Mestre Joan Jurson, jadis chancelier de Paris, per
l'instruction dels Rectors, Vicaris et autres ayants charge d'armas ausdicts
Diocesis : Ausquals per los induzir a la lecture d'aquel dona cent et quaranta
jorns de perdon, en la forma accoustumada de la gleysa, totas et quantas ve-
gadas quels y legiran per instrusir aquels desquals an charge, et quels diran
devotament Pater noster et Ave Maria en sa intention. »

Citation du texte :

« Lo premier comandament es, Tu aymeras ton Senhor Dieu, de tout ton
cor, et de tout ton sprit, et de tota ta vertud : so es a dire, tu no voleras
scientament aymar aucuna causa, plus que Dieu, don tu en perdas lamour de
Dieu. »

Nous passons maintenant à la pièce de 1656 ; contentons-nous d'en citer une
phrase extraite de l'avertissement servant d'épître dédicatoire :

« Lou livret ez fach en vérses, à couplets de diveracz ers, et mesuro, pertal
que lous efans, et lou poble des Vilatgez, lous aprengou plus facilomen, et re-
tengou milhour ; à may que d'avogados en travailhan, ne cantou qualque ver-
set, que lour meto dius l'esprit la pensado del Cel... »

L'influence du français est certes prépondérante, dans l'orthographe de cet
écrit patois d'il y a deux cent trente trois ans ; toutefois celle de la tradition
provençale y est encore marquée. Si l'emploi de *r* dans les mots *livret* et *travailhan* paraît suggéré par l'habitude de la rédaction française, puisque c'est
le *b* et non le *v* que prescrivait la règle provençale, c'est bien sur celle-ci qu'on
s'est fondé pour écrire *d'avegados*, qui est sans homonyme dans le vocabulaire français.

Quoi qu'il en soit, si dans l'écrit en question le *v* français est quelquefois
ou même toujours employé pour le *b* provençal, le *v* provençal n'y est jamais
remplacé par *b*.

On voit par là que l'auteur, dans le choix qu'il fait entre les deux labiales,
se préoccupe, non de figurer le son lui-même des mots patois, mais d'écrire
ces mots conformément à une certaine graphie convenue et classique, qui est
tantôt celle de la vieille langue du Midi, et tantôt celle de la langue du Nord,
laquelle est devenue depuis cent ans le langage officiel de l'entier royaume.

Je vais donner maintenant un extrait de l'opuscule du XVIIIe siècle, dont il
ne reste que quelques feuillets, conservés à la bibliothèque communale de Rodez. Cette composition est un poème en trois chants, intitulé : *Lou courdounié*

D'autre part, les nombreux caractères organiques de toute sorte qui font trancher nos patois méridionaux modernes avec la vieille langue d'oc écrite, et dont l'archaïsme atteste si souvent que ces types dialectaux populaires sont pour le moins aussi anciens que la langue littéraire, ces nombreux caractères dissidents ne sont-ils pas exclus invariablement de nos vieux textes, bien qu'ils en fussent les contemporains? Tout cela fait voir que, soit en Espagne, soit dans notre Midi, si la langue écrite usitée jusqu'à une certaine époque a correspondu à une certaine langue parlée, celle-ci n'excluait pas la coexistence de dialectes populaires plus ou moins différents d'elle, et vis-à-vis desquels elle se gardait, avec un orgueil jaloux, de toute mésalliance, jusqu'au moment où, frappée de déchéance, sa suprématie perdue, elle dut subir cette union et y disparaître.

Et maintenant, l'histoire offre-t-elle quelque appui à ces considérations linguistiques touchant l'expansion de la langue des Ibères au sud-ouest et au midi de la France ? Oui, certainement. Le nom *Illiberris*, que le basque interprète, m'as-

---

mogistrat. Il porte le millésime M.DCC.LXXV, est sans nom d'auteur, et se tait également sur les noms de l'imprimeur et de la ville où il a été imprimé, en les remplaçant par l'indication suivante, qui est évidemment une facétie où les allusions à la profession de cordonnier sont assez faciles a reconnaître : *O Boulougno, chaz Crespinian Gnaf, o l'ensègno del Boquet de scienço.*

Voici quelques vers du *Cant premié :*

> « Bous contas finomen per un tiro-lignol,
> Forias, en Orcodio, un prou bou Roussignol,
> Oqui preb de Lobrou, pourrias o touto holeno
> Roussignola suls vers qu'o verminats so veno :
> Aros de bostres faits, quai que per l'omour d'iou
> Bous me fossés oici l'exacto norrotiou,
> Mais surtout lo berlat sul conte de lo dono,
> Sobes oqui dessus ço que Crespin ourdono.
> Mais coam' oquel sujet merito reflexiou,
> Musos jusqu'o demo m'en bau bous dire adiou. »

Il est aisé de voir que notre poëte patois de 1775 s'est affranchi de tout respect de la graphie provençale, dont il n'a probablement jamais soupçonné l'existence, et qu'il ne songe qu'à rendre de son mieux les sons de son parler rouergat en attribuant aux signes alphabétiques leur valeur française, autant que faire se pouvait. Il écrit donc *b* pour *v*, et, quand il emploie par hasard cette dernière lettre, on comprend que c'est pure inadvertance.

sure-t-on, par *ville nouvelle*, a été porté à la fois par la ville
de Grenade, en Espagne, par la ville d'Elne, dans notre département des Pyrénées-Orientales, et enfin par la ville d'Auch,
cette antique capitale des Aquitains.

« ...Aquitanorum clarissimi sunt Ausci... in Auscis Elimber-
rum. » (Pomponius Mela, *de Situ orbis*, I, III, c. II, p. 647,
collect. Nisard.)

« Illiberris magnæ quondam urbis tenue vestigium. » (Pline,
I, III, c. v, p. 159; Littré.)

« ...Vicus Illiberri magnæ quondam urbis et magnarum
opum tenue vestigium. » (Pomponius Mela, I, II, c. v, p. 635.)

Et quels renseignements nous fournissent ces auteurs anciens sur l'ethnologie de ces Aquitains? Strabon, dans plusieurs passages, nous apprend que les Aquitains diffèrent de
la race gauloise par le physique et par la langue, et qu'à ce
double égard ils se rapprochent des Ibères : « Οἱ Ἀκουιτανοί
διαφέρουσι τοῦ Γαλατικοῦ φύλου κατά τε τας τῶν σωμάτων κατασκευάς
καί κατά τὴν γλῶτταν, ἐοίκασι δὲ μᾶλλον Ἴβηρσιν. » (Strabon, t. IV,
c. II, § 1, p. 137; Muller et Dubner, collect. Didot.)

Enfin, voici un auteur plus ancien encore qui constate que
des Ibères se partagent avec les Ligures le pays compris entre
l'Ibérie et le Rhône :

« Ἀπὸ δὲ Ἰβήρων ἔχονται Λίγυες καὶ Ἴβηρες μιγάδες μέχρι ποταμοῦ
Ῥοδανοῦ. » (Scylax de Caryandre, *Périple*, § 3, p. 17; collect.
Didot.)

Comme il ne me convient pas de me parer des plumes d'autrui, je rapporte l'honneur de ces citations au savant docteur Lagneau, de l'Académie de médecine de Paris, qui les a
produites, avec beaucoup d'autres, dans une discussion sur
l'ethnologie du Rouergue provoquée au sein de la Société
d'anthropologie de Paris par un communication de moi sur
ce sujet [1].

Mon atlas se terminait par une sixième carte, celle du chuintisme et du zétacisme opposés l'un à l'autre. Elle fut produite
comme pièce à l'appui dans ma discussion avec Broca sur
l'influence des milieux. D'abord, elle ne s'appliquait qu'au

[1] *Bulletin de la Société d'anthropologie de Paris*, année 1888, 1er vol.,
p. 138 et suiv.

département de l'Aveyron; je l'étendis plus tard au restant de
la France méridionale, à l'aide de la collection patoise de la
Parabole de l'enfant prodigue.

Établie sur des documents fort incomplets, ma détermina-
tion des aires respectives du *ch* et du *tz* ne pouvait être qu'approximative. Elle n'en mettait pas moins au jour des faits fort
curieux.

Dans le Rouergue, toute la région dite *Ségalar* (*secalaris
pagus*), pays à seigle et à châtaignes, zétacise, tandis que nos
grands plateaux calcaires des arrondissements d'Espalion,
Millau, Rodez et Saint-Affrique, chuintent invariablement.
J'avais inféré de cette corrélation phonético-géologique une
influence de la constitution du sol sur la prononciation des
habitants. Cette influence est d'ailleurs manifeste et notoire
sur le physique de l'homme, les Ségalins étant petits et fluets,
tandis que les Caussenards sont grands et fortement charpen-
tés. Ce n'est pas tout : alors que ces derniers sont renommés
pour leur belle et saine denture, les autres sont au contraire
très-sujets à la carie dentaire, et perdent très-souvent leurs
incisives avant la trentaine. Je conjecturais que cette dernière défectuosité, intéressant les organes de la parole, pouvait être la cause prochaine de l'altération des chuintantes
qui constitue le zétacisme[1].

Des recherches sur les patois des autres parties de la France
m'ont amené à reconnaître que ces conclusions n'étaient
vraies qu'en substance, et non dans la forme absolue que je
leur avais donnée d'abord. J'ai dû reconnaître, en effet, que
le causse de Villefranche et tout le plateau calcaire du Lot
zétacisent, de même aussi que l'Albigeois, dont le sol est généralement ou calcaire ou formé de riches dépôts, et en tout
cas essentiellement frumentifère, appartient au domaine du
tz pour *ch* et *j*.

Ayant égaré ma carte générale du zétacisme, je ne puis ici
en retracer que les grandes lignes.

Considéré seulement en pays de langue d'oc, le zétacisme
a deux foyers, tous deux montagneux : le Massif central et les

[1] Voir ma brochure *De l'Influence des milieux sur les caractères de race
chez l'homme et chez les animaux*. Paris 1868, chez Félix Alcan.

Alpes. Le premier, formé du Limousin et de l'Auvergne, a comme dépendances la moitié du Rouergue, l'entier Quercy et tout l'Albigeois; le second étend son rayonnement sur le nord de la Provence jusqu'à Avignon inclusivement, et sur une partie du Dauphiné. Ces deux aires du zétacisme sont indépendantes l'un de l'autre; les départements de l'Ardèche, de la Lozère et la moitié de l'Aveyron à l'est les séparent.

Mon opinion est que le zétacisme se produit spontanément dans des régions montagneuses au sol siliceux et pauvre et aux eaux acides, où l'alimentation de l'habitant a pour base le pain de seigle et la châtaigne, et manque des principes calcaires, toutes choses qui nuisent au plein développement du système osseux et favorisent la chute précoce des dents, ces organes importants de l'appareil de la phonation. Et si le zétacisme se rencontre en outre dans quelques districts calcaires et frumentifères situés au pied des montagnes qui constituent son berceau et son vrai domaine, il n'y est pas natif, il est là, en quelque sorte, comme un dépôt de gravier amené par les torrents des hauteurs supérieures. C'est une importation, c'est l'effet d'une influence de voisinage. Ceci soit dit toutefois à titre d'hypothèse suggestive, et non comme vérité rigoureusement démontrée.

D'autres traits linguistiques différenciateurs s'observent encore dans le parler du Rouergue. J'en ai signalé quelques-uns plus haut, quand il s'agissait de caractériser notre dialecte « caussenard »; il ne sera peut-être pas sans intérêt de revenir sur cette analyse pour la préciser et y ajouter quelques nouveaux détails.

Le trait dominant et le plus caractéristique du rouergat, du rouergat vrai, qui a son type le plus parfait dans le parler des causses de l'est, c'est le son de l'italien zo pour l'o « lare » de l'alphabet provençal classique. Il s'observe sur toute la formation calcaire qui s'étend au nord et à l'est de Rodez, sans en excepter le Larzac, du moins jusqu'aux confins de l'Hérault et du Gard, et en y comprenant le Lévezou et les montagnes volcaniques dites d'Aubrac ou de Laguiole, mais cependant sous cette réserve encore que le caractère s'affaiblit ou même se perd sur quelques points de la frontière de la Lozère et du Cantal. Il s'efface aussi tout à fait, à partir de Saint-

Affrique inclusivement, au midi de cette ville. Il n'est pas ici hors de propos de faire remarquer que cette dernière partie du département de l'Aveyron rentrait dans la Province romaine.

Le domaine de *ao = o larc* s'étend au sud-ouest de Rodez sur la partie du Ségalar voisine du chef-lieu, mais sans dépasser le canton ; au nord-ouest, il se prolonge très-avant sur tout l'arrondissement de Rodez et une partie de celui de Villefranche.

Dans mes *Études de linguistique aveyronnaise* (1879), j'ai appelé l'attention des romanistes sur une remarquable particularité du trait phonétique qui nous occupe. On me permettra de reproduire ici le passage de mon travail relatif à ce sujet :

« La phonétique aveyronnaise, disais-je, présente une autre particularité remarquable qui ne se montre que sporadiquement sur la carte de la langue d'oc, et dont on ne trouve plus ailleurs la trace que dans une partie de la Provence propre (voir les *Œuvres patoises* de Brueys d'Aix) et dans quelques localités du Limousin. Elle consiste dans la diphthongaison de l'o ouvert au moyen de la préfixion du son voyelle que les Français rendent par *ou,* les Anglais par *oo,* les Italiens, les Espagnols et les Allemands par *u,* et que nous conviendrons de figurer ici, afin d'éviter toute méprise, par le signe *ŏ,* tandis que, pour différencier l'*u* français, qui est aussi l'*u* provençal, nous emprunterons aux Allemands leur lettre *ü.*

» Ainsi le provençal *ome* se prononce en rouergat *ŏome,* c'est-à-dire à l'instar de l'italien *uomo.*

» L'orthographe classique a évité de souligner cette nuance phonétique, mais elle en a subi certainement l'influence, et cela d'une façon qui atteste que ce mode de prononciation est très-ancien, et que les pays auxquels il est attaché eurent une part majeure dans la formation de ce langage convenu de la poésie lyrique, qui était devenu aussi peut-être celui de nos diverses cours féodales. Nous allons expliquer notre pensée et donner des preuves.

» Il est une catégorie de mots latins à radical monosyllabique en oc ou en ov à qui la phonétique de la langue d'oc ancienne fait subir des traitements variables: suivant les dia-

lectes, ces monosyllabes originaux sont conservés tels quels,
ou bien la voyelle y passe à l'état de diphthongue et devient
tantôt *ue* et tantôt *uo*. Ainsi, lat. *focum*, *locum*, *coquum*, *bo-
vem*, *ovum*, prennent concurremment les trois formes suivan-
tes : *foe*, *fuee*, *fuoe*; *loe*, *luee*, *luoe*; *coe*, *cuee*, *cuoe*; *bou*, *buou*,
buou; ou, *ueu*, *uou*. Or, à la place de ces trois formes classi-
ques, les patois modernes nous en offrent une quatrième qui
règne sans partage dans le domaine provençal presque tout
entier : c'est la forme *io*, donnant *fioe*, *lioe*, *quioe*, *biou*, *iou*,
qu'on ne rencontre jamais dans le vieux langage littéraire.

» Cette forme patoise serait-elle donc issue de quelqu'une
des trois formes classiques? — Nous croyons qu'elle est antérieure tout au moins à l'une de celles-ci, et que *uo* a été précédé de *io*. C'est ce que nous allons essayer d'établir.

» Le patois rouergat, par une exception presque singulière,
possède la forme classique *uo*. Or, en ce qui le concerne, il
est évident que cette diphthongue est née du conflit de l'*i* primitif de *io* avec son *o* devenu *úo; ainsi notre *fúoe* est pour
fiúoe, *búou* est pour *biúou*, etc. Et voici ce qui le prouve :

» Les mots monosyllabiques qui viennent d'être cités ne sont
pas les seuls qui renferment la diphthongue *io* dans la généralité de nos patois modernes; elle s'offre encore dans d'autres
classes de mots, où cette fois elle se trouve commune à la
vieille langue et à la généralité de ses patois actuels; on
l'observe notamment dans la métaphonie du suffixe latin ɢo-
ʟᴜ$, ɪoʟᴜs, faisant *iol*. Ex.: *auriol*, *carriol*, *viol* (sentier).

» Or l'*o* de cette terminaison est ouvert (*larc*); le rouergat,
si la règle est juste, devrait donc convertir *iol* en *úol*, pour *iúol*.
Eh bien! cela a lieu en effet, *et sans exception aucune*; oui,
tous les *iol* du vieux provençal et des autres patois sont remplacés dans le nôtre par *úol*.

» Cette loi de genèse phonétique trouve d'autres applications encore, qui en achèvent la démonstration. On connaît la
désinence diminutive *ot*, fém. *ota*, très-commune dans tous nos
patois. Or l'*o* de cette particule est ouvert, et, comme tel, il
doit conséquemment se prononcer en rouergat, et s'y prononce en effet, *úo*. Ainsi, *efantot*, *filhota*, *Peyrot* se prononcent
dans notre idiome particulier *efantúot*, *filhúota*, *Peyrúot*.

» Mais ce suffixe s'applique à un certain nombre de radicaux terminés en *i*; or cet *i* radical, se trouvant alors en conflit avec le *o* = *ho* du suffixe, devrait produire chez nous un diminutif *ûot, ûota,* pour *iot* et *iota.* Eh bien! notre règle subit avec un succès absolu l'épreuve de cette nouvelle pierre de touche. Sans prolonger cette démonstration théorique, nous allons présenter une série d'exemples des transformations phonétiques dont il s'agit.

Mots formés avec le suffixe IOL.

Radicaux	Formation ordinaire	Formation rouergate
....	S. Andiol..	S. Anduol (*S. Andeolus*).
Aur............... ..	Auriol....	Auruol.
Barri..............	Barriol...	Barruol (faubourien).
Bestia..............	Bestiola..	Bestuola.
Brota (bouton d'arbre).	Brotiola..	Brotuola(bouton de peau).
Cabra..............	Cabriola..	Cabruola (chevreuil).
Carri..............	Carriol...	Carruol (brouette).
....	S. Farriol.	S. Farruol (*S. Ferreolus*).
....	S. Lions..	S. Luons (*S. Leontius*).
Nau (*navis*).........	Naviol....	Navuol (barque)
Mul............. ...	Miol......	Muol (mulet).
Porre..............	Porriol....	Porruol (ail sauvage).
Via................	Viol......	Vuol (sentier).

Mots formés avec le suffixe OT

Radicaux	Formation ordinaire	Formation rouergate.
Bria (miette de pain)..	Briota....	Bruota.
Boria..............	Boriota...	Boruota.
Maria..............	Mariota...	Maruota.
Notari	Notariot..	Notaruot.
....	Piot......	Puot (dindon).

« Nous croyons qu'on doit inférer des considérations qui précèdent que les formes classiques *bueu, nou, fuoc, luoc, cuoc,* furent des emprunts partiels à notre dialecte, d'après une habitude dont on trouve divers autres exemples, tels que *chantar* et *chanso,* empruntés par la langue générale aux dialectes

du nord, et qui sont entièrement étrangers à la zone méridionale, où *cantar* et *canso* sont seuls usités.

» Il est encore une classe de mots monosyllabiques à *o* large,
où cette voyelle subit une diphthongaison d'un autre type,
lequel est commun aussi à la langue littéraire et à notre dialecte rouergat, tandis qu'il est remplacé par une forme différente dans la plupart des patois. *Uech, nuech, puech, muech,
uelh, bruelh, fuelh,* appartiennent à la fois au langage des
troubadours (concurremment avec plusieurs autres formes)
et à notre parler du Rouergue; ils sont une modification spéciale des originaux romans *och, noch, moch (modj), poch
(podj), olh, brolh, folh,* qui ont été usités dans la littérature
classique, et dont certains patois modernes possèdent une
transformation en *io* donnant *ioch, nioch, pioch, mioch, iolh,
briolh,* qui n'apparaît jamais dans l'ancien provençal.

» La forme *üe* des cas qui précèdent et de tous ceux de la
même catégorie descendrait-elle de *o* par *io,* comme la forme
üo de *buou, fuoc,* etc.? Ceci nous paraît discutable, mais nous
croyons toutefois que *ioch* et *iolh* furent contemporains et congénères de *fioc* et *biou,* mais que, de même que ceux-ci, ils
furent systématiquement exclus de la *fina parladura* au profit
de la forme *uech, uelh* d'un dialecte rival[1]. »

Il y a dix ans que je publiais pour la première fois les vues
présentées dans la citation qui précède; fondées sur l'observation et le raisonnement, elles n'ont pas cessé de me paraître
absolument vraies. Cependant j'ai le regret d'apprendre que
cette manière de voir serait contraire à l'opinion de certains
romanistes du plus haut mérite. Je sollicite leur réfutation,
s'il y a lieu; mais je demande en même temps qu'elle soit
précise et qu'elle me relève point par point. S'il m'est démontré que j'étais dans l'erreur, je n'aurai que de la reconnaissance pour ceux qui m'en auront tiré. Que si, au contraire,
tout vu et considéré, il me paraît toujours, à tort ou à raison, que je suis dans le vrai, je persisterai dans mon jugement en me disant: *Amicus Plato.....* En attendant, je vais
reproduire ici et condenser ma thèse en un résumé de quel-

[1] *Études de philologie et de linguistique aveyronnaises.* Paris, 1879;
brochure in-8°, librairie Maisonneuve.

ques mots, que je recommande à l'attention de mes savants
maîtres.

Mon argumentation est presque tout entière dans les faits
eux-mêmes que je constate, et ces constatations sont faciles
à vérifier. On n'aura pour cela qu'à ouvrir quelques-uns de
nos dictionnaires patois, et notamment le *Dictionnaire rouergat* de l'abbé Vayssier.

Rappelons les faits en question.

Premièrement, dans le rouergat, l'*o* ouvert du provençal
classique est toujours et invariablement diphthongué en *úo*
(= ital. *uo*, comme dans *uomo*), à moins qu'il ne soit précédé
immédiatement d'un *i*, auquel cas cet *i* et cet *o* se résolvent
en une nouvelle diphthongue, qui est *úò* ou *úè*.

Secondement, tous les *úò* et *úè* provençaux des mots monosyllabiques, tels que *nou*, *luoc*, *nuech*, *uel*, ne se rencontrent
aujourd'hui que dans le rouergat et dans quelques parlers de
la Provence et du Dauphiné, et en même temps dans ces mêmes parlers l'*o* ouvert s'observe généralement à l'état de diphthongue, ainsi qu'en Rouergue, quoique d'une manière moins
constante.

Troisièmement, les patois de langue d'oc qui ne possèdent
pas les formes classiques *úò*, *úè*, ne connaissent pas non plus
l'*o* ouvert diphthongue, et offrent en général le type *iò*
(étranger à la langue littéraire) à la place des types susdits
úò, *úè*.

De ces constatations, il m'a paru qu'on devait conclure que
úò et *úè* procèdent du prototype provençal *ò (foc, bou, olh,
noch)* par deux chaînons successifs, qui seraient l'*iò* du bas-
languedocien et de divers autres patois modernes (*fioc, biou,
iol, nioch*), et un *iúò*, qui ne se rencontre plus dans aucun parler de langue d'oc, mais qui s'observe dans une langue sœur,
l'italien.

Faisons remarquer que le rouergat possède quelques doublets où le type *úò* se montre en concurrence avec *úò*. Ex.:
làòc et *lùòc*; *fàèl*, feuille, et *aurifòòl*, bouton d'or; *cabròol* et
cabràol, chevreuil. Ces formes en *úò*, d'un usage à la vérité
très-restreint, sont des dérivés immédiats de l'*ò* provençal
primitif restés étrangers à l'influence de *iò*.

Cete forme *iò* qui, quoi qu'on puisse penser de ses rapports métamorphiques avec *ŭò*, *ŭè*, ne saurait être supposée d'introduction moderne sur toute la grande étendue de son aire actuelle, n'apparaît néanmoins jamais dans les documents écrits du moyen âge. Cette contradiction apparente trouve son explication dans l'exclusion systématique dont les règles conventionnelles et factices du provençal littéraire ont frappé une multitude de particularités phonétiques, morphologiques et grammaticales, qui s'observent dans tous nos patois actuels et dont l'archaïsme et la contemporanéité avec les formes classiques correspondantes sont hors de doute.

Il ne sera pas sans intérêt de faire remarquer ici que la forme *iŭo*, génératrice supposée de *ŭo*, qui n'existe que virtuellement dans notre rouergat et ses similaires, est actuelle dans l'italien, où l'on observe *capriuola* et *carriuola*, par exemple, à côté de *capriola*, et pour *carriola*. Le *iuo* actuel des Italiens est *trisyllabique*, et c'est à cela probablement qu'il doit de s'être constitué et conservé; dans notre rouergat, le même *iŭo* a dû être traité comme *triphthongue*, et c'est sans doute la difficulté d'une telle articulation qui a amené chez nous la contraction en *ŭo*.

Le *ŭo* pour *o* ouvert, et la forme consécutive et corrélative *ŭo*, n'occupent sur la carte du Rouergue qu'une large tache centrale qui laisse hors de son périmètre toute une bordure prise sur nos cinq arrondissements aux confins de tous les départements limitrophes: Lacalm et St-Affrique, Villefranche et Nant, Naucelle et St-Laurent-Rive-d'Olt[1], situés aux coins les plus opposés du département, sont tous extérieurs à cet îlot.

Les formes phonétiques *ŭo* et *ŭo* sont certainement le trait le plus caractéristique du rouergat proprement dit; d'autre part, ce double caractère est toujours accompagné d'un troisième, la constante et rigide observance de la règle de l'*a*

---

[1] Vérification faite, il se trouve que St-Laurent-Rive-d'Olt, quoique frontière du Gévaudan, reste fidèle à la phonétique du Rouergue. Le fait est constaté par un spécimen du patois de la susdite ville donné dans la *Revue des langues romanes* de 1885, t. XIV, p. 124. Le *Conte du loup-garou* débute ainsi : « Un *couop* (= cop) i ovio un *ouome* (= ome) vieuse....Leus efontous onerou *ocoro* (= acó) d'uno tonto...lo *semenerou* lou *louong* (= long) del comi, etc. »

estrech, telle qu'elle se dégage des nombreux exemples qu'en donnent les *Leys d'Amors* et le *Donats proensals.* Ce dernier trait phonétique, de même que le précédent, ne s'observe dans le provençal populaire que chez certains patois de montagne, tels que ceux du Gévaudan, de l'Auvergne, du Limousin et du haut Dauphiné; mais dans aucun d'eux il ne se présente avec une constance et une régularité parfaites comme dans le rouergat. Nous ne craignons pas d'affirmer à ce propos que le Rouergue possède le parler populaire de langue d'oc le plus archaïque, le plus rapproché de la vieille souche gallo-romane et du provençal écrit, et en même temps celui qui a le plus d'unité, qui est le plus régulier, celui dont le type est le plus pur, le moins altéré par un mélange disparate de dialectes divers. Aussi mérite-t-il selon nous beaucoup plus d'attention qu'il n'en a obtenu jusqu'ici.

Avant de passer à d'autres « traits », nous devons ajouter à ce que nous venons de dire quelques remarques qui nous semblent avoir de l'intérêt.

Les Alpes provençales et dauphinoises ont une phonétique présentant une *singulière* analogie avec celle du Rouergue : comme ici, *a* est *estrech* suivant la règle classique, qu'il soit atone ou tonique, qu'il soit à la fin, au milieu ou au commencement des mots. De plus, comme nous l'avons déjà constaté, *o larc* se diphthongue sur certains points en *üo,* à l'instar du rouergat, en *üa* et en *üe* dans d'autres localités, et ces derniers traits phonétiques s'observent jusqu'à Aix et Marseille inclusivement. De plus, ce qui est particulièrement remarquable, c'est que, en Provence comme en Rouergue, cette diphthongaison générale de l'o au moyen de la préfixion d'un *ü* s'accompagne des formes classiques *üo, üe* tenant lieu de l'*io* purement populaire du bas-languedocien.

Dans une *précédente Note,* j'ai constaté un fait qu'il est bon de rappeler ici ; c'est que certaines fautes d'orthographe de nos scribes rouergats du moyen âge nous donnent la preuve que la diphthongaison de l'*o larc* existait alors chez nous comme aujourd'hui. A quelque chose malheur est bon, à quelque chose sont bonnes aussi les fautes d'orthographe ; elles ont servi dans beaucoup de cas à faire retrouver une prononciation perdue. Dans les actes consulaires de nos villes, dont les rédacteurs n'étaient pas sans doute de fins lettrés, nous observons, par exemple, le mot *dona*, dame (que nous prononçons aujourd'hui *dòona*) écrit *doana*, ce qui rendrait la même prononciation, l'*a* de *oa* étant sans doute *estrech*. Le scribe avait confondu évidemment la diphthongue de l'*o* *larc* de *dona* avec le dissyllabe du mot *Joan*, Jean, dont l'*a*, de même que l'*o*, est fermé.

L'*a* *larc* dans les désinences atones est, dans les patois de langue d'oc, un phénomène rare, autant que contraire à la prononciation classique. On le rencontre en Auvergne et en Limousin, mais un peu vague et comme intermittent. Ce n'est en réalité que dans l'est et le nord du département de l'Hérault que cette anomalie phonétique est constante et nettement accusée [1]. Cet étroit domaine de l'*a* atone *larc* fait une pointe dans l'Aveyron ; de Lodève il s'élève sur le plateau du Larzac, atteint le Caylar, et se prolonge inclusivement jusqu'à Cornus, chef-lieu de canton aveyronnais.

Mais avant de signaler les variations locales du patois de l'Aveyron, indiquons encore un de ses caractères généraux, qui est fort important.

L'*l* des suffixes latins AL, EL, IL, OL, UL se conserve intact sur tout le territoire rouergat, sauf quelques points frontières du Cantal, du Gard et de l'Hérault. Je crois que Nant est dans ce cas. Mais l'*l* qui termine certains radicaux, ou qui se trouve dans le corps des mots, subit parfois la transformation en *ú*, formant diphthongue avec la voyelle qui la précède, et cela plus particulièrement dans le sud-est du département, sous l'influence du voisinage du Gard et de l'Hérault. Ainsi dans les causses voisins de Rodez, et jusqu'à Sévérac, on dit indifféremment *nalt* et *naut ; altre, naltres* (= nos altres), *valtres* (= vos altres) et *autre, nautres, vautres*. A partir de Milhau, la première de ces deux formes disparaît, et, de plus, l'on entend dire *cau* au lieu de *cal* (*calidus*), ce qui est un des signes particuliers, rares du reste, qui permettent de distinguer un Rodanois d'un Millavois.

---

[1] En revanche, dans cette région phonétique du Languedoc, à côté de l'*a* atone *larc* on observe l'*a* tonique *estrech* dans la désinence de la 3e personne singulière du futur, ce qui est probablement un emprunt au rouergat.

Une autre particularité phonétique propre à Milhau et à toute la lisière rouergate qui borde la Lozère, c'est la transformation en *iar* (*a* fermé) du suffixe ARIUS et ARIS, au lieu de *ier*, commun à la généralité des autres dialectes gallo-romans, tant du nord que du midi. De là une influence curieuse sur les patois voisins non participants de ce caractère : ceux-ci, jaloux de se préserver de cette forme insolite, qui n'a rien toutefois d'anormal, dépassent le but, et, pour éviter un simple exotisme, tombent dans un véritable et grossier barbarisme.

Incidit in Scyllam dum vult vitare Charibdim.

Le *iar* pour ARIUS, ARIS ayant l'*a* fermé et l'*r* muette, sonne absolument comme le *iá* des mots issus des originaux latins en IANUS, tels que JULIANUS, CHRISTIANUS. C'est alors que les tenants de la forme *ier* pour ARIUS, ARIS, confondant la forme hérétique *iar* avec la forme *iá* pour IANUS, rejettent cet *ia* légitime, et lui substituent un *ier* absurde et on ne peut plus vicieux. Entendant les voisins dire *obriar* (prononcé *obriá*) pour *obrier*, et ne voulant à aucun prix parler comme eux, à leur tour, ils répudient *Chrestiá* et *Joliá*, et les remplacent par *Chrestier* et *Jolier!*

J'ignore si nos linguistes ont noté et classé ce mode de transformation *sui generis*, qui, au lieu de se fonder comme tant d'autres sur l'imitation du voisin, a au contraire pour principe une aversion des formes étrangères poussée au point d'en faire proscrire d'indigènes qu'une fausse ressemblance a fait confondre avec les premières. Dans ma note X, j'ai cité un autre exemple de cette loi, lequel consiste dans ce fait que, sur la ligne frontière des régions zézayantes, les chuintants, mus par la crainte de zézayer, changent abusivement en *ch* les *bs, chs, cs, ds, ps, ts, x* organiques de leur propre idiome.

Avant de quitter Milhau, signalons encore une particularité de son parler. C'est l'emploi de la forme contractée, et d'ailleurs classique, *daus* à la place de *devás* et *vás*, répondant aux prépositions françaises *devers* et *vers*, qui sont seuls usités à Rodez et les autres parties du Rouergue. Les Millavois traduisent encore *là-haut* par *amondaus*, au lieu qu'on se contente ailleurs de dire *amon*.

Nant et Saint-Jean du-Bruel, situés sur la limite du Gard, ont un parler cévenol très-distinct de celui du Larzac, haut et vaste plateau calcaire au pied duquel se trouvent ces deux localités.

Saint-Affrique et la partie sud de l'arrondissement de ce nom se séparent brusquement du grand dialecte caussenard de l'est, qui se parle encore dans toute sa pureté à quelques kilomètres de cette ville, au nord et au levant, notamment à Roquefort, Tournemire, Saint-Rome-de-Cernon. Cette fraction méridionale du département de l'Aveyron est plutôt bas-languedocienne que rouergate quant à son parler, qui se caractérise notamment en ce qu'il ne connait d'autre *a* fermé que l'*a* atone, que l'*o* ouvert n'y est jamais diphthongue, et que la forme montpelliéraine *ioch* y prévaut à l'encontre de l'*uech* du vrai rouergat. Notons encore que ce district chuinte, et que le groupe latin cᴛ y est représenté par *ch*, tout comme dans le rouergat proprement dit.

En s'éloignant de Saint-Affrique pour contourner le département à l'ouest, dès que l'on parvient à la hauteur du département du Tarn, les principaux caractères du parler albigeois se font déjà sentir. A Réquista, plus d'*a* fermé, hormis l'*a* atone; plus d'*o* ouvert diphthongue; le groupe lat. cᴛ y fait *it* (*veit, neit, queit,* au lieu de *uech, nuech, cuech*), et le zétacisme y bat son plein.

De plus, nous constatons sur ce point des habitudes de métathèse excessives, qui se continuent dans l'Albigeois. On dit *cramba* pour *cambra,* et jusqu'à *nagrolka* pour *granolha.* On dit encore là *tira* pour *rita,* qui signifie cane (femelle du canard) dans le rouergat de l'est. Cependant ce dernier à *tiró* appliqué par les ménagères campagnardes aux canetons, non pas nominativement, toutefois, mais vocativement, ce qui peut faire supposer que *tira* se disait anciennement à l'est comme au sud-ouest, et que c'est *rita* qui constitue l'altération de la forme originale.

Quand nous atteignons les confins du Tarn-et-Garonne et du Lot, nouveaux changements; mais toutefois nous sommes toujours dans le pur zétacisme.

Ici nous avons à noter des traits caractéristiques de plusieurs sortes, notamment un trait grammatical à côté de plusieurs traits phonétiques.   13

Sur certains points de cette extrémité occidentale du département, les groupes *aire, eire, oire* de la généralité des dialectes font place à *aide, eide, oide*, par substitution de *d* à *r*. Lisez les gracieuses poésies patoises de l'abbé Bessou, vous y trouverez *paide, peida, oide* pour *paire, peira, oire* [1].

A Villefranche et sur toute la frontière du Quercy, le *cr* lat. redevient *ch* (= *ts*), mais le groupe *uech* de la langue classique et du vrai rouergat se change régulièrement en *ech* par *e* ouvert, de même aussi que *uel* y est remplacé par *el*. Ex : *ech, nech, quech; pech, mech; el, brel*, pour *uech, nuech, cuech; puech, muech; uel, bruel*.

Autre particularité phonétique : *s* suivie d'une autre consonne se change en une sorte d'aspiration très-rude dans laquelle on perçoit toutefois un très-léger sifflement, surtout devant les dentales. *A scla, espès, estela* ont un son que je ne saurais mieux figurer que par *aχcla, eχpes, eχtela*, suivant un procédé de notation employé par certains linguistes.

Cette prononciation étrange a fait commettre une bévue dans l'orthographe française de certains noms propres. On a cru voir l's latente dans des mots qui ne la comportaient point, et on l'y a introduite. C'est ainsi qu'*Asprières*, nom d'un chef-lieu de canton, est pour *Aprières* = lat. *Apraria*.

Le trait grammatical auquel j'ai fait allusion consiste dans la répétition du pronom ou de l'adverbe pronominal après la particule négative dans les négations. Ainsi l'on dit : *lo vesi pas lo; o ai pas o fach; ne voli pas ne; li* (=*i*) *aneri pas li*.

Mais, en fait de traits grammaticaux, en voici encore un que j'allais oublier; c'est l'application de l'article aux noms propres

[1] Voici quelques vers de ce poète villefranchois, où la particularité distinctive de son dialecte se montre deux fois (dans les mots *pecaide* et *lauraide*, pour *pecaire* et *lauraire*) :

Bautres que nous guidas tout lou loung de la bido
Et nous quitas pas mai que per descambia 'moun
Lous paters qu'engrunan pel pa de cado joun,
Abès aqui moun cur et ma ploumo, pecaide!
Se me fasez proudel serai un boun lauraide,
Et belèu mous nebouts, l'hiber, en se caufen
Ambe aquel librounel passaròu un moumen.

Journal de l'Aveyron (Rodez) du 4 février 1888.

de personne, à la mode italienne. Ex.: *Lo Lois, lo Joan, lo Maurel, lo Guiral; la Maria, la Catin, la Mattalena*. Faisons observer que le nom patronymique au féminin, c'est-à-dire appliqué à l'épouse ou à la fille, et associé à une désinence féminime, comporte l'article dans tous nos dialectes.

Bien que tout l'arrondissement d'Espalion appartienne à notre grand dialecte de l'Est, ses parlers varient néanmoins sensiblement d'une rive du Lot à l'autre. Voici quelques particularités communes à toutes les localités de la rive droite, à la région des vallées, ainsi qu'à celle des montagnes :

La diphthongue *ai* est fréquemment remplacée par *ei*. Ainsi on dit *Aveiró, eimar, peiri, peïs*, pour *Avairó, aimar, pairi, pais*.

L't latin qui se convertit en *e* dans la généralité des dialectes, est conservé dans la plupart des cas. Ainsi, là où nous disons, à Rodez, *abelha, botelha, estrelha*, nos Trans-oltiens disent *abilha, botilha, estrilha;* ils disent également *dit (digitus)* pour *det*, et *estrich (strictus)* pour *estrech*. Mais, ici comme ailleurs, l' « assimilation » se met de la partie, et, à côté des formes organiques ci-dessus, nous trouvons en même temps *argin (argentum), ginte* au lieu de *gente*, etc.

La conjugaison du verbe *anar*, aller, offre une particularité fort étrange : la 2ᵉ personne plurielle de l'indicatif présent fait *vai* au lieu de *anàs*. On ne vous demande pas : *ont anàs?* mais : *ont vai?*

Les montagnards ont en outre beaucoup d'archaïsmes lexiologiques. Ils ont entre autres un mot bien singulier, *artó* (avec o fermé), pain, qui vous rappelle forcément le grec ἄρτος. Nous devons noter ici, avec l'abbé Vayssier, que, sur certains points de la lisière du Cantal, *l* précédée d'une voyelle se vocalise en *ù* et forme diphthongue avec cette voyelle; et cela, non pas seulement quand *l* est finale, mais aussi quand elle est médiale. Ex. : *ostau, peu, fou*, pour *ostal, pel, fol;* et *aua, esteua*, pour *ala, estela*.

Les habitants de Saint-Geniez passent pour doubler l'r simple entre deux voyelles, et réduire l'r double à une r simple. Ainsi ils diraient *la mia mairre* et *la mia sore*. Je n'ai pas vérifié le fait.

Le parler de la ville de Rodez se distingue par deux particularités de prononciation. En français, ainsi qu'en patois, on remplace le son de *l* mouillé par celui de l'*y*, et l'on prononce *palha* et *paille* comme *paya* et *pa-ye*. C'est là une mignardise phonétique commune à beaucoup de villes. Le second trait distinctif est la substitution de *ch* aux *bs, chs, cs, ds, ps, ts, x*, organiques, qui ont tous le même son que *x* dans la prononciation pure. Rodez étant sur la limite même des deux régions opposées du chuintisme et du zétacisme, mais chuintant et professant un mépris traditionnel pour le *Ségalar* et tout ce qui lui appartient, a exclu de son parler les sons *x* ou *ts* légitimes par la crainte de tomber dans l'hétérodoxie du *ts* ségalin. J'ai signalé plus haut cette source de corruption phonétique.

Ces *manières* citadines du parler ruthénois, dont la population campagnarde environnante se moquait autrefois, maintenant pénètrent et s'établissent chez elle grâce au nombreux va-et-vient de jeunes paysanes qui se placent aujourd'hui en ville comme servantes, et rentrent au bout d'un certain temps dans leur village. Elles se piquent alors naturellement de parler comme à la ville, et trouvent des imitateurs dans leur entourage.

Dans certaines localités, l'*l* est remplacée dans beaucoup de mots par un *r* doux. Un gros village de mon voisinage possède cette particularité ; mais elle n'y date pas d'une haute antiquité, car je l'y ai vue naître. Il aura suffi qu'un garçon ou une jeune fille de l'endroit, de ceux qui donnent le ton à la jeunesse, ait eu cette prononciation par l'effet d'une disposition anormale de l'appareil vocal, ou se la soit donnée *par genre*, pour que les camarades se soient piqués de l'imiter. C'est devenu une mode, à laquelle j'ai vu au début tous les vieux résister, et qui a fini par rester entièrement maîtresse de la place.

Ce vice local de prononciation a déterminé, chez les voisins, un de ces effets de corruption par voie de correction mal entendue sur lesquels j'ai déjà insisté. Les gens du village en question disent *gara* pour *gala*, la gale ; ne voilà-t-il pas que, le premier chemin de fer ayant été établi chez nous il y a vingt-cinq ans, les paysans des hameaux d'alentour se mettent à nommer la gare *gala* au lieu de *gara* ?

La configuration et l'étendue des aires tracées sur la carte par les différents traits linguistiques varient suivant la qualité de ces derniers. Certaines de ces aires occupent toute une vaste région sans discontinuité ; d'autres sont fractionnées en plusieurs îles ou îlots. Il est enfin certains traits qui, géographiquement parlant, sont pour ainsi dire sporadiques, se montrant seulement sur des points isolés, très-circonscrits et disséminés sans ordre apparent. Les grandes aires continues décèlent un substratum ethnique ; mais je me hâte de faire observer que cette épithète, « ethnique », ne doit pas ici s'entendre d'une communauté de race humaine au sens naturaliste, mais seulement d'une communauté politique et linguistique, qui n'implique pas nécessairement la première, comme s'y sont trompés plusieurs historiens et anthropologistes. A parler net, nous voulons dire que les grandes aires linguistiques en question sont la trace d'une langue jadis en usage dans leur périmètre et correspondant à une population contemporaine. C'est ainsi que que l'*ü* des dialectes gallo-romans qui, au point de vue phonétique, les distingue d'une manière si accusée des autres langues romanes, nous révèle, partout où il se rencontre, l'existence ancienne, je ne dirai pas de la *race* gauloise, mais du peuple et du parler gaulois.

Les traits linguistiques aux aires discontinues peuvent aussi être de source ethnique, mais ils accusent souvent l'influence de milieux naturels semblables, modifiant directement l'organisme humain et agissant par lui sur la parole. Ne faut-il pas ranger dans cette catégorie le zétacisme et l'usage de l'*a* fermé accentué, caractères exclusivement propres, en pays gallo-roman, à deux pâtés montagneux, le Massif central et les Alpes, avec quelques-uns de leurs contreforts et quelques vallées qu'ils dominent?

Il y a encore les traits linguistiques *en lisière*, n'occupant qu'une étroite bordure entre deux grandes aires limitrophes ; l'exemple de *ch = bs, chs, cs, ps, ts, x*, organiques, doit nous faire présumer qu'ils sont dus le plus souvent à une réaction spéciale de l'une des deux aires sur l'autre, qui ne se produit qu'à leurs points de contact.

Les aires en points disséminés indiquent des influences locales d'une minime portée, et pouvant tenir à l'état social

de la population respective. C'est ainsi que la population ur-
baine, qui se pique d'élégance et est attentive à marquer en
toutes choses la distance qui la sépare des ruraux grossiers
ses voisins, évitera certaines locutions, certaines expressions,
certaines façons de prononciation qu'elle se figure rustiques,
et à leur place s'en créera d'autres à son usage propre qu'elle
estime *raffinées*. Le *yéyément* (j'appellerai ainsi, en attendant
mieux, le remplacement de *l* mouillée par *y*) et le grasseye-
ment peuvent n'avoir souvent d'autre origine.

> C'est l'affectation qui grasseye en parlant,
> Écoute sans entendre et lorgne en regardant.

Les différentes catégories sociales se différencient les unes
des autres par de nombreux traits linguistiques; l'aire de certains de ces traits sera représentée par les châteaux, celle de
certains autres par les hameaux, ou, dans la même ville, par
le beau quartier, d'une part, et par les faubourgs, d'autre
part.

Généralement, ces traits linguistiques aux aires divisées en
fragments minuscules sont nés de l'évolution intérieure de la
langue, de son élaboration idéologique et psychologique, où
les créations de l'initiative individuelle et l'esprit d'imitation
qui les propage jouent le principal rôle. Aussi ferait-on fausse
route à ne vouloir en chercher l'explication que dans les grands
conflits de peuples et de langues, ou dans des circonstances
de géographie physique.

Le long séjour que j'ai fait au milieu des paysans, c'est-à-
dire avec des gens dont le parler vit et évolue en pleine spon-
tanéité, affranchi de toute culture classique, m'a permis d'observer de près et avec suite quelques-unes des opérations de
cette genèse linguistique intime. C'est ainsi que j'ai été amené
à constater que notre rouergat est travaillé depuis un certain
nombre d'années avec une activité étrange par ce puissant
levain de modification phonétique, morphologique et *hypo-
schésique*, que les linguistes appellent l'*analogie*, et qu'il serait
plus exact de nommer *méprise analogique*. J'ai vu se former
de la sorte des mots baroques qui feront un jour le désespoir
des étymologistes. J'ai déjà mentionné un village où j'avais vu

naître et grandir l'usage de substituer l'*r* à l'*l* dans certaines
positions. Dans le même village, j'ai également été témoin de
la formation du mot *raumassada*, fait aux dépens de notre
vieux et bon *ramassada*, qui veut dire averse. Comment s'est
forgé ce barbarisme? Le voici: Un enfant entendant pour la
première fois *ramassada*, ce mot, grâce à une partielle similitude de sons, a rappelé accidentellement dans son esprit un
autre mot, d'un tout autre sens, *raumas*, rhume, qui lui était
déjà familier, et il a cru entendre *raumassada*, et a employé
ensuite cette expression parmi ses camarades, qui l'ont ré-
pétée, d'après lui, à leur tour. Et, si les parents ont remarqué
ce vice de langage, ils l'ont jugé sans conséquence, et ne l'ont
point relevé. Toute une génération a adopté de la sorte « raumassada », qui s'est même étendu aux hameaux voisins. Dans
un autre endroit du même voisinage, on est en train de des-
tituer *cade*, genévrier, au profit de *cadre*. Et pourquoi? Parce
qu'on aura entendu prononcer ce dernier mot en français sans
en comprendre le sens, et qu'on y aura vu une variante de
cade, et une variante préférable, puisqu'elle était française.

Mais revenons à cette classe de traits linguistiques qui rè-
gnent sur de grands espaces ; ceux-là, nous l'avons déjà dit,
sont dus à des causes transformatrices extérieures, et la plus
considérable est bien sans doute le conflit des langues accom-
pagnant le conflit des peuples.

Il n'est pas sans intérêt d'envisager les diverses manières
dont ces conflits se produisent, et les différents effets qui y
correspondent.

Une langue peut être modifiée par une autre, soit que
celle-ci pénètre chez celle-là, soit que celle-là envahisse les
foyers de celle-ci. Ainsi le latin a pénétré chez le gaulois, l'a
étouffé, a pris sa place, et en même temps il a été atteint par
l'influence posthume de sa victime. D'un autre côté, la langue
gallo-romane, en voie de formation, s'est vu inonder à son
tour par un flot germanique, mais qui ne l'a point noyée, tout
en déposant sur elle une légère couche de son limon, qui l'a
fertilisée et a développé en elle une riche végétation dialectale.

La langue envahissante a deux manières de procéder. Ou
bien le peuple étranger qui l'apporte a la prétention et le pou-

voir de l'imposer aux natifs, et alors ceux-ci, tout en l'embrassant, l'imprègnent de l'esprit de leur propre idiome ; ou bien toute l'ambition des immigrants est d'oublier leur langue originaire pour apprendre et parler exclusivement celle du nouveau pays, et cette dernière, dans ce cas, tout en conservant le même fonds, se voit en même temps altérée par ce grand nombre de bouches étrangères qui lui communiquent leur prononciation et leurs idiotismes, et dont l'exemple, surtout si la prééminence politique ou sociale leur appartient, ne peut manquer de déteindre sur le parler des indigènes.

Dans d'autres cas, les deux langues se mêlent sans s'absorber, et donnent lieu à un produit plus ou moins tératologique, tel qu'est par exemple l'anglais, un amalgame indigeste de français et de saxon, où les deux éléments se sont juxtaposés l'un à l'autre, mais sans se fondre ensemble.

Que le conflit des deux langues s'opère de telle ou telle façon, et quel qu'ait été le pouvoir absorbant de l'une sur l'autre, la plus faible des deux, alors même qu'elle aurait été en apparence complétement éliminée par sa rivale, aura, avant de succomber, imprimé sa griffe d'une manière indélébile sur celle qui va prendre sa place.

Tel pourtant ne paraît pas être l'avis de M. G. P., quand il nous fait la leçon suivante : « Chaque trait linguistique occupe d'ailleurs une certaine étendue de terrain, dont on peut reconnaître les limites ; mais ces limites ne coïncident que très-rarement avec celle d'un autre trait ou de plusieurs autres traits ; elles ne coïncident pas surtout, comme on se l'imagine souvent encore, *avec des limites anciennes ou modernes.* (Il en est parfois autrement, ajoute M. G. P., pour les limites naturelles, telles que montagnes, grands fleuves, espaces inhabités.) »

Donc, aucun trait linguistique ne coïncidera avec les limites de l'ancienne Gaule, et pas davantage avec les limites de l'invasion barbare, et chercher dans les idiomes modernes des indications pour retrouver les bornes de plus anciens empires, tel par exemple que celui des Ibères, serait sans doute une insigne folie. Je ne relèverai pas pour la seconde fois ce qu'un tel jugement a de contradictoire avec la reconnaissance formelle de « l'unité fondamentale » du gallo-roman, lequel gallo-roman n'est en somme qu'un ensemble de traits linguistiques dont l'aire géographique se confond avec celle de la Gaule latine. Il sera plus utile d'appeler l'attention du lecteur sur un fait d'observation familière et vulgaire qu'il ne paraît pas possible que MM. P. M. et G. P. aient laissé passer inaperçu. Qui donc, en effet, a besoin qu'on lui apprenne que chaque étranger qui s'essaye à parler français, — et dans ces étrangers il est linguistiquement permis de comprendre les Français de nos provinces méridionales, ceux de la Corse, ceux du pays flamand, les Bretons, etc., — le parle avec la prononciation et les idiotismes de sa langue maternelle, sauf le cas tout à fait exceptionnel où son éducation française aurait fait l'objet d'une culture toute spéciale ? Et ce fait n'est-il pas surtout très accusé lorsque l'introduction dans un pays d'une langue étrangère a été droit à la masse des habitants, et s'est effectuée, comme ce fut la règle dans le passé, en dehor de tout enseignement scolaire, par une voie toute pratique ? Aujourd'hui, dans le Midi, nos maîtres d'école s'appliquent, dans la mesure de leur pouvoir, à corriger les vices de prononciation de leurs élèves, et ils y réussissent dans une certaine mesure ; mais je me souviens d'une époque où le petit nombre de ceux qui savaient le français dans nos campagnes, et notamment les ecclésiastiques, lui appliquaient ni plus ni moins que la prononciation de la langue d'oc telle quelle. Et aujourd'hui même, sous le régime de l'instruction gratuite et obligatoire et du service militaire universalisé, nos Méridionaux peuvent-ils en général se flatter d'éviter entièrement, quand ils s'expriment dans la langue nationale, delaisser passer le bout de l'oreille de leur origine ? Non. Pareille chose a donc, à plus forte raison, dû se produire alors que l'indigène a pu suivre librement l'instinct naturel qui le porte à transporter, pour ainsi dire à son insu, les sons de la langue maternelle dans la langue étrangère qu'il s'assimile. A entendre comment les Italiens, les Allemands, les Anglais, parlent le français, chacun de son côté, on peut juger quel travestissement ils lui feraient respectivement subir si, par suite d'événements comme il s'en est tant produit dans l'histoire, notre langue devenait un jour celle de ces trois peuples. Répugne-t-il donc de penser que les « traits linguistiques »

14

que revêtirait le français dans chacun de ces trois cas suffi-
raient pour déceler l'ancien emplacement de chacune des trois
langues dépossédées ? Et si, par l'effet de vicissitudes nouvelles, le français ainsi implanté chez les trois peuples précités y
était supplanté à son tour par quelque autre langue, n'est-il
pas raisonnable de penser que quelqu'un des traits du vieil
idiome autochthone percerait encore à travers cette nouvelle
couche linguistique qui viendrait s'ajouter à celle qui l'avait
déjà recouvert ?

Il convient d'interrompre cet exposé des traits caractéristiques des parlers du Rouergue pour accuser réception à
MM. Gaston Paris et Paul Meyer de ce qu'ils viennent de dire
dans la *Romania* du premier article de cette *Note*. A tout sei-
gneur tout honneur.

Déjà M. G. P. m'avait fait la courtoisie de me faire parve-
nir, par les soins obligeants de M. C. Chabaneau, son discours
in extenso sur les « parlers de France [1] », écrit qui avait fait
l'objet d'une critique de M. Castets, laquelle m'avait suggéré
à son tour le présent travail. M. G. P. joignait à cet envoi —
dont je suis très honoré et très reconnaissant — une lettre à
M. C. C. où se remarque le passage que voici :

« M. Durand aurait mieux servi sa cause, je le crois, en
précisant et documentant les faits allégués pour le Rouergue
qu'en se perdant dans des considérations de théorie qui manquent, au moins pour moi, de netteté. »

Double reproche : mon travail n'est ni précis ni documenté,
et je me suis perdu dans des considérations de théorie qui
manquent de netteté. La nouvelle partie de cette étude, qui a
paru depuis que M. G. P. portait le jugement ci-dessus, aura,
j'en ai la confiance, donné satisfaction aux exigences de l'éminent critique sur l'article de la précision et de la documenta-
tion. Je cite les documents écrits autant qu'il en existe, et pour
le surplus je suis forcément réduit à des affirmations pures,
mais qu'il n'est pas impossible de vérifier. Ainsi, quand je dis :

[1] Les *Parlers de France*, lecture faite à la séance générale de clôture du
Congrès des Sociétés savantes, le samedi 26 mai 1888, par M. GASTON PARIS,
membre de l'Institut, etc. Paris, 1889.

« On parle de telle ou telle sorte sur tel ou tel point du département de l'Aveyron ou des pays voisins », j'appuie mon assertion de citations d'auteurs patois locaux, quand il s'en trouve, ou bien encore j'invoque avec empressement le témoignage de notre grand lexicographe rouergat, l'abbé Vayssier, si le fait linguistique signalé est mentionné dans son ouvrage [1]. A défaut de preuves semblables, recueillir l'impression de la parole indigène sur des cylindres phonographiques d'Edison, et mettre ces cylindres à la disposition de mes lecteurs, serait, j'en conviens, plus gracieux de ma part que de les envoyer promener en Rouergue ou ailleurs ; mais je ne puis mieux faire pour l'instant, si l'on ne veut pas se contenter de mes dires.

Parmi ces dires, il en est un qui, j'imagine, aura paru particulièrement sujet à caution à M. G. P.; c'est ce que j'ai avancé touchant les démarcations anthropologiques de nos populations rouergates et les différences profondes qui les séparent les unes des autres à plusieurs égards. Quand, il y a près d'un quart de siècle, je mis ces mêmes faits sur le tapis de la Société d'Anthropologie de Paris, je ne rencontrai qu'incrédulité ; ce fut un tollé général. Cependant, ces miennes propositions, ainsi du reste que plusieurs autres de même source, qui avaient commencé par faire crier à l'hérésie, ont fini par devenir tout à fait orthodoxes et même classiques. Mais, au lieu de m'armer de l'adhésion des anthropologistes résipiscents, j'aime mieux faire entendre à M. G. P. le témoignage naïf d'un poète.

Le 29 septembre 1880, la ville de Rodez inaugurait la statue qu'elle a eu la bonne pensée d'élever à Alexis Monteil, l'auteur de l'*Histoire des Français des divers états*, l'un de ses plus dignes fils. A cette occasion, une autre célébrité rouergate naissante, le poète Fabié, a dit une pièce de vers (charmante comme tout ce que sa muse lui inspire) où j'ai écouté avec un plaisir spécial quatre vers qui ont trait au sujet anthropologique qui nous occupe.

---

[1] *Dictionnaire patois-français du département de l'Aveyron*, par feu l'abbé Vayssier, licencié ès-lettres, publié par la Société des lettres, sciences et arts de l'Aveyron. Rodez, 1879.

Redonnons la parole à M. Fabié :

Nos vœux sont exaucés : le tombeau de Cély
A beau garder encor ta cendre sous sa dalle,
Tu renais aujourd'hui dans ta ville natale,
Grâce au ciseau pieux d'un artiste accompli [1].

Il t'a fait ressemblant d'esprit et de visage ;
Son cœur de Rouergat a deviné le tien :
Te voilà tout entier, regard, taille et maintien,
Pensif comme un savant et serein comme un sage.

Et tu dois être heureux que, du sol rude et fort
Dont tu nous as vanté les hommes et les arbres,
Soit né ce pétrisseur de bronzes et de marbres,
Qui pour des siècles t'a campé là, sans effort !

Heureux aussi de voir, poussés d'une seule âme,
Tous ces petits-enfants de ceux que tu connus,
Et qui, des quatre points du Rouergue venus,
Emplissent la cité qui maintenant t'acclame !

Les retrouves-tu bien tels qu'ils furent jadis,
Dans leur simple costume et leur rude langage
Ont-ils bien conservé leur force et leur courage,
Te semblent-ils toujours honnêtes et hardis,

Ces fils de la *Montagne*, en qui revit la Gaule,
Et ceux du *Ségala*, petits, nerveux et fins,
Ceux du *Vallon*, joyeux comme leurs jolis vins,
Ceux du *Causse*, si beaux, l'aiguillade à l'épaule ?

M'étant disculpé de mon mieux d'avoir négligé de préciser et de documenter mes allégations, j'ai encore à me justifier du blâme de m'être égaré dans une dissertation théorique obscure. Ici mon véritable tort ne serait-il pas d'avoir porté la question philologique sur le terrain de la philosophie, que nos savants, avec une aveugle docilité aux leçons d'Auguste Comte, appellent avec mépris *la métaphysique ?* Mon excuse, en ce cas, serait facile ; je n'aurais qu'à répondre que c'est à la suite de M. Gaston Paris, pour aller à sa rencontre, que j'ai franchi les bornes de ce domaine en interdit. De quoi

---

[1] Le sculpteur Denys Puech, de Gavernac (Aveyron).

s'agit-il en effet dans *les Parlers de France,* sinon do linguistique abstraite, de « dialectologie », c'est-à-dire de la méthodologie considérée au point de vue de l'étude et de la classification des langues, et de l'établissement de « lois » nouvelles dans cet ordre scientifique ?

Ma faute ne sera donc pas de m'être engagé sur le terrain des théories, mais de m'y être perdu. Eh bien ! je reste avec la conviction que, si M. G. P. m'a jugé véritablement perdu, c'est simplement parce qu'il m'a perdu de vue, n'ayant pas eu la condescendance de me suivre, pas à pas et jusqu'au bout, à travers les sentiers quelque peu ardus, sinueux et branchus, j'en conviens, de mon argumentation. Que M. G. P. se donne la peine de me relire avec une attention patiente, je ne doute pas que sa première impression ne s'en trouve modifiée.

J'arrive aux observations de la *Romania.* M. Paul Meyer s'y exprime ainsi en ce qui me concerne :

« La réfutation que M. Castets pense avoir faite de la lecture de M. G. Paris sur « les parlers de France » (cf. *Romania,* XVIII, 181) n'a sans doute pas paru suffisante à M. Durand, qui, sous prétexte de philologie rouergate, amoncelle contre le même travail une masse énorme d'objections dont aucune, je dois l'avouer, ne m'a convaincu. G. P. se défendra s'il lui plaît [1]. »

Que les arguments que je me suis permis de mettre en balance avec une doctrine qui doit être chère à M. Meyer, puisqu'il en est le père, aient été impuissants à lui faire brûler ce qu'il avait adoré, je le crois sans trop de peine, ayant toujours ouï dire qu'on aime peu à se déclarer convaincu d'erreur ; mais que dans cette « masse énorme » d'objections il ne s'en soit pas trouvé une, une seule, que M. P. M. ait jugée digne d'être prise à partie, d'être relevée, ou simplement signalée, je confesse que cela me surprend et m'humilie.

En disant : « G. Paris se défendra s'il lui plaît », M. P. M. semble se désintéresser d'un débat dans lequel il est pourtant partie *intéressée au premier chef ;* car c'est de ses théories à lui qu'il s'agit, de théories dont il est le créateur, et auxquelles M. G. P. a simplement adhéré. Certes, ces doctrines

[1] *Romania,* juillet-septembre 1889, p. 518.

de M. P. M. ne sauraient rencontrer un plus brillant avocat
que M. G. Paris (qui d'ailleurs ne dédaigne pas d'associer à
son talent toute l'urbanité et l'aménité qu'on peut attendre
d'un savant galant homme), et nous ne demanderions pas
mieux qu'il voulût accepter la défense dont M. P. M. se
décharge sur lui ; mais malheureusement il n'en est pas tout
à fait ainsi, et, tout en rejetant en bloc nos objections comme
mal fondées, M. G. P. se borne à nous faire concevoir une
vague espérance qu'il nous accordera un jour la faveur d'entrer en discussion sérieuse avec nous sur ce sujet. En attendant, que nous reste-t-il raisonnablement à faire, si ce n'est
de persister dans notre sentiment jusqu'à ce que quelqu'un
prenne charitablement la peine de nous en démontrer les
torts ?

Reprenant ma revue des traits linguistiques qui distinguent
le rouergat, je la terminerai, bien que la laissant incomplète,
en en rappelant un très singulier dont je me suis déjà occupé
dans la *Note VI* [1].

Par une exception des plus rares, les prototypes latins
CASTELLARIS et CASTELLUTIUS [2], à côté d'une ou plusieurs méta-

___

[1] Voir la *Revue*, 3ᵉ série, t. VIII, p. 21.

[2] Diez s'étend peu sur le suffixe roman qu'il rattache aux formes latines *vccus* et *utius* (voir *Grammaire des langues romanes*, trad. Morel-Fatio et Gaston Paris, ii, 290 et 335), et il commet à cet égard une regrettable omis-sion : il ne mentionne aucun exemple provençal de ce suffixe. Cependant le rouergat le possède, et à plusieurs titres. Il y existe comme désinence prédic-tive associé à des substantifs, dont il fait des adjectifs. Ex. : Caul *capu* (Cf. ital. *cappuccia*, laitue pommée), chou cabus, formé de *cap*, tête. La lexi-logie fossile du rouergat nous fournit en outre, comme noms propres : *Artus*, formé de *art*, pierre, en celtique (Roget de Belloguet) ; *Boscus*, de *bosc*, bois ; *Bergadus* (?) ; *Carnus*, *Catus* et *Cornus*, autres formes adjectives à radi-caux celtiques ; *Cailus*, dont il est traité dans le texte ; *Peyrusse* (Petrussa), nom d'une très-ancienne petite ville, écrit *Petrucia* dans nos vieux titres latins ; *Sarrus* (= *serrus*), de *serre*, crête de colline ; *Tanus* (?). Enfin la même particule s'observe comme diminutive de certains substantifs, et comme liaison, sans signification propre apparente, ou bien avec celle de fréquence, entre la racine d'un verbe et ses flexions. Mais, dans le premier cas, contrai-rement à la plupart des autres suffixes diminutifs, *uss*, sauf une seule excep-tion à ma connaissance, ne se rencontre jamais qu'associé à un autre suffixe, également diminutif ou péjoratif, et *le précédant*. Ainsi : *Canhusso*, tout

phonies romanes légitimes, qui sont, pour le premier, *cas-*
telar, chastelar, châtelier (variation semblable à celle de *villar,*
villier, de VILLARIS), et, pour le second, *castelus, châtelus*, ont
donné lieu à une formation bâtarde et fort étrange, celle
de *cailar, chailar* et de *cailus, chailus*, par les deux formes
intermédiaires successives de *castlar, castlus* et *caslar, caslus*.

Dans la *Note* sus-visée, où ce sujet a été traité en détail,
et à laquelle le lecteur est prié de se référer, j'exprimais
l'opinion que cette anomalie phonétique accusait une exagé-
ration locale de l'influence du tudesque sur le roman. Cette
vue fut condamnée avec dédain par un éminent critique sans
qu'il daignât la discuter, suivant une méthode de prétérition
qu'il semble avoir adoptée à mon égard. Vraie ou fausse, il y

petit chien; et *canhussàs*, qui se dit d'un petit chien qui a mérité un reproche,
mais que l'on chérit néanmoins, tandis que *canhonàs* est pour vilain ou
méchant petit chien, qui déplaît. *Fennussó* et *vacussó*, noms masculins, se
disent encore avec le sens de « petit bout de femme », de « toute petite
vache ». *Tarrus*, pour *terrus* (comme *tarrut*, terreux, pour *terrut*), n. m.
signifiant une petite motte de terre, est le seul exemple à ma connaissance
où le suffixe en question, en tant que diminutif, termine le mot et ne soit
pas associé à une autre particule diminutive ou péjorative qu'il précède.
Vayssier ne donne que *tarrussó* (écrit *torrussou*), qui est un sous-diminutif
du premier avec le sens de grumeau de terre tel qu'il s'en rencontre dans
le blé non criblé; mais s'il n'a pas consacré un article particulier à *tarrus*,
c'est par inadvertance, car il mentionne ce mot dans le passage consacré à
un de ses dérivés, le verbe ESTARAUSSAR. Je cite :

« ESTOARUSSA, ESTORRUSSA [pour *estarrussar*, *estarrissar*]..... Les deux
premiers mots viennent de *torrus* [pour *tarrus*], motte... »

Estarrussar rend l'idée d'émietter les mottes d'une terre ensemencée,
après le passage de la herse.

Le verbe *cabussar*, plonger, ne paraît point formé d'un primitif radical
cabus, entièrement inconnu, mais directement de *cap*, tête, suivi de *uss*
comme particule connective entre la racine et la flexion, et communiquant
peut-être au verbe une nuance fréquentative. Ajoutons ici incidemment que le
p de la racine *cap* se conserve dans les conjugués et dérivés, tantôt intact,
et tantôt adouci en *b*. Ex. : *Capó*, petite tête; *capus*, cabus; *caput*, têtu;
capel, chapeau; *capejar*, hocher la tête; *capieíra*, têtière, etc.; et d'autre
part : *Cabassol*, tête d'agneau ou de chevreau en boucherie; *cabassòla*,
têtard de crapaud (Cf. esp. *cabezuelo* et *cabezuela*); *cabestre*, licou; *cabes-*
sana, coussin de tête en couronne; *escabassar*, étêter; *cabussar*, piquer une
tête. Ces deux sortes de flexions semblent viser, l'une l'italien, l'autre l'espagnol.

avait pourtant intérêt à l'examiner, je le montrerai je crois
tout à l'heure. En attendant, je constate que l'idiome du
Rouergue présente cette particularité phonétique que l'onomastique de cette province ne possède que des exemplaires
des variantes, que j'appellerais presque extra-romanes, en
cailar et *cailus*, tandis que les régions environnantes nous
offrent, dans leurs noms de lieux, d'assez nombreux spécimens des variantes normales correspondantes. Le fait que ces
romanisations barbares de CASTELLARIS et CASTELLUTIUS aient
conquis le Rouergue, à l'entière exclusion de leurs représentations romanes régulières, m'avait paru l'un des nombreux témoignages fournis par la philologie de la large et
profonde empreinte déposée par l'invasion germanique sur
notre province. Mais ne me serais-je pas abusé sur l'origine
et les causes génératrices des formes exceptionnelles *cailar*
et *cailus* ? Peut-être bien ; et, comme je m'estimerais au-
dessous d'un faux monnayeur si je persistais à mettre en circulation comme vérités bien établies des propositions qui me
seraient devenues suspectes, je vais reprendre la question
et exposer impartialement le pour et le contre de ma solution
dans la mesure de mes connaissances.

A l'appui de ma thèse comme quoi des formes insolites
telles que *castlar* et *castlus* étaient des accidents locaux et sup-
posaient une immixtion étrangère, probablement germanique,
qui serait venue altérer sur ce point particulier le métamor-
phisme roman, j'invoquais notamment la répugnance de la
phonétique romane et de la phonétique latine pour les groupes *stl* et *tl*. Si la critique eût daigné me réfuter, elle eût pu
essayer de le faire, pour ce qui est du latin, en constatant que
le groupe *stl* se rencontre dans cette langue ; et, quant au
roman, en faisant remarquer que *stl* et *tl*, non seulement y
offrent de fréquents exemples, mais qu'ils y sont pour la
plupart une création du roman lui-même évoluant suivant
les lois de sa nature les plus constantes et les plus caractéristiques.

Sur le premier point, j'eusse à mon tour répliqué que les
mots latins en *stl* n'existent dans la langue classique que
comme archaïsmes, et à preuve j'aurais cité le passage suivant du *Dictionnaire octolingue* de Calepin :

Stlata, genus navigii (inquit Festus) latum magis quam altum, a latitu-
dine sic appellatum. Sed ea consuetudine qua stllotum pro latum, stlitem pro
litem dicebant antiqui...

Ajoutons qu'un grammairien du IV₀ siècle, Probus (*Appendix Probi*, dans Keil, V, 162, citation de Littré au mot Vieil)
nous apprend que de son temps le peuple contractait *vetulum*
en *veclum*, mais non en *vetlum*, qui était logique, ce qui atteste
bien une répugnance marquée pour le son *tl* dès cette époque.

Voici maintenant ma réponse à l'objection tirée du roman.
Sans doute, dans le vieux provençal le plus ancien, on trouve
des exemples tels que *astla*, *rotle*, *spatla*, *ustle*; mais est-ce
bien par goût pour ces consonnes doubles et triples, *tl*, *stl*,
d'une émission si difficile, que le gallo-roman du Midi a créé
de telles formes de mots? Non, répondrai-je, car il n'a rien
eu de plus pressé que de les échanger contre des formes nouvelles d'où *stl* et *tl* ont été bannis ; non, dirai-je encore, puisque ce concours discordant de consonnes a été le résultat forcé
de la contraction de proparoxytons en paroxytons suivant une
loi essentielle de la phonétique gallo-romane. Ce n'est pas pour
le besoin d'introduire un *stl* dans ASTULA, ou un simple *tl* dans
ROTULUS, que le latin populaire des Gaules convertit premièrement ces deux mots en *astla* et *rotlus;* ce fut pour supprimer
une des deux syllabes faisant suite à la tonique, afin de rac-
courcir le mot conformément aux exigences de l'organisme
phonétique national. Ce fut par une conséquence on peut dire
mécanique de leur contraction que ÁSTULA, RÓTULUS, SPÁ-
THULA, ÚSTULO, firent leur première mue en *astla*, *rotlus*, *spatla*, *ustlo ;* et VETULUS lui-même , que Probus observe déjà
dans l'état tertiaire de *veclus*, dut commencer par se transfor-
mer en *vetlus*. Est-il bien prouvé d'ailleurs que le *stl* et le *tl*
des mots du vieux vocabulaire provençal écrit ne fussent pas
purement orthographiques, une simple déférence pour l'étymologie observée par l'écriture, et dont le parler se serait
dispensé? N'avons-nous pas des exemples d'un fait semblable
dans l'orthographe du mot français *vingt* et de cet autre mot
français du XVI° siècle, *ung* pour *un*, dans lesquels le *g*
n'a évidemment jamais été prononcé, ayant été introduit là,
d'une part comme simple souvenir étymologique, d'autre part

comme un expédient bizarre imaginé pour permettre de distinguer à la lecture le mot *un* du signe romain du nombre 4 ? Le fait est que *astla* et *ascla*, *rotle* et *rolle*, *espatla* et *espalla*, *ustle* et *uscle*, se rencontrent concurremment dans nos vieux textes ou séparément dans des documents contemporains.

Cela dit, revenons à CASTELLARIS et CASTELLUTIUS. Serait-ce donc pour accommoder ces deux mots latins à la tonalité provençale qu'ils auraient été contractés en *castlar* et *castlus*? En aucune façon, puisqu'ils n'ont pas l'accent sur la syllabe CAST; nullement, puisque le provençal nous offre en même temps les mêmes mots régulièrement transformés en *castelar*, *caste-lus*. Ce n'est donc pour aucun besoin de sa phonétique propre que s'est produite dans son sein cette superfétation étrange. Où en est donc l'origine, où en sont les causes, quel en a été le processus initial? C'est ce que je vais examiner brièvement.

Que le type roman contracté *castlar*, *castlus*, ait été tiré du type roman régulier *castelar*, *castelus*, ou bien qu'il procède directement du primitif latin; que son antécédent immédiat soit celui-ci ou celui-là, il n'importe : dans tous les cas, nous devons conclure que les mots latins ou romans dont *castlar* et *castlus* sont immédiatement issus, avaient, suivant les gens, suivant les lieux, deux manières différentes d'être prononcés, correspondant à ces deux transmutations différentes.

A la formation irrégulière devait correspondre une accentuation fautive du primitif, plaçant celui-ci dans des conditions analogues à celles qui, dans les vrais proparoxytons latins, ont déterminé la contraction romane et le concours consécutif de consonnes *stl*, *tl*. CASTELLARIS, CASTELLUTIUS, ou *castelar*, *castelus*, n'ont pas été faits proparoxytons à proprement parler, ce qui eût causé des conséquences autres que celles que nous cherchons à expliquer; mais l'accent du radical CASTELL a été déplacé, ce dernier sera devenu *cástel*, c'est-à-dire qu'il aura été réduit à une syllabe, la seconde devenant muette, et sera passé par le fait à l'état de *castl*. Et alors, au lieu de *castelar* = *castél* + *ar*, on aura eu *castlar* = *castl* + *ar*.

Étant donnée la tendance bien connue des langues germaniques modernes à faire rétrograder l'accent tonique dans les

mots latins ou romans qu'elles s'assimilent, il est aisé de
deviner d'où pouvait naître le changement d'accent dont nous
émettons l'hypothèse ; il ne pouvait sortir que des bouches
germaines : c'était une prononciation barbare propre aux Barbares. Et cette conjecture acquiert presque la consistance
d'une vérité démontrée quand on considère l'altération que
les diverses peuplades teutoniques ont fait subir d'une manière si uniforme au latin CASTELLUM toutes les fois qu'il est
passé dans leur idiome ou qu'il a été simplement introduit
chez elles comme nom de lieu. Les Cattes de la Hesse ont fait
Cássel de leur *Castellum (C. Cattorum)*, les Morins des Flan-
dres ont fait un autre *Cássel* de leur *Castellum* à eux *(C. Mo-
rinorum)*, et les Saxons de la Grande-Bretagne, c'est encore
identiquement le même traitement qu'ils ont appliqué au même
vocable, tant comme nom commun admis dans leur vocabulaire que comme nom propre de localités. Ils écrivent *Castle*,
avec le même son que le *Cásse!* des Allemands et des Fla-
mands.

Le *t* de *cástel* ou *cástle* est visiblement caduc ; il devait
tomber de lui-même tout d'abord ; aussi je crois bien que le *t*
de nos *castlar* et *castlus*, lesquels se montrent encore, et
comme noms communs, dans des chartes du XIe siècle [1],
d'après M. Desjardins, était une pure relique, un pur résidu
orthographique, comparable à la queue anatomique du phoque
ou à l'aile de l'autruche, c'est-à-dire sans fonction phonétique.

Si le groupe *stl* avait été prononcé dans toutes ses lettres,
comment eût-il évité la transformation en *scl*, comme dans
ascla et *usclar*, de ASTULA, USTULARE, ou en *ll*, comme dans le
rouerguat *brullar*, de PERUSTALARE [2] ?

Toutes les transformations ultérieures de *castlar, castlus*
viennent en effet de *caslar, caslus*, qui donnent *cailar, cailus*,
et aussi *carlus (Carlux,* chef-lieu de canton de la Dordogne), à
l'instar de *vaslet*, bifurcant en *vailet* et *varlet*. Tout porte donc

---

[1] . . . et in ipso loco, uno caput manso ubi Garifredus visus est manere,
cum vineas, cum terras cultas et incultas usque in Limione, cum ipso castlare. (Charte 165 du Cartulaire de Conques.)

[2] Le vieux provençal a à la vérité *bruslar,* qui est moins favorable à ma
thèse.

à penser que le *t* qui est dans *castlar, castlus*, n'y eut jamais qu'un rôle orthographique. Mais, quoi qu'il en soit à cet égard, toutes les probabilités me semblent être en faveur de ma conclusion première, comme quoi cette formation est d'origine barbare et indique peut-être que l'invasion germanique a été particulièrement considérable dans la région qui se distingue par ce phénomène linguistique.

A la suite de ce qui précède, il ne sera peut-être pas hors de propos de placer ici un document qui me paraît intéressant pour l'histoire ethnographique, sociologique et linguistique de la domination des Goths et des Francs dans notre Midi, et particulièrement dans le Rouergue. C'est la liste des noms germaniques de femme usités dans cette dernière province du viii° au xi° siècle, d'après les chartes et chroniques rouergates de cette période. La plupart des noms germains d'homme contemporains se sont transmis sans interruption jusqu'à nous en se transformant, de noms purement individuels qu'ils étaient d'abord, en noms de famille ; mais les noms féminins n'ont pas eu ce moyen d'échapper au naufrage, et ils seraient perdus pour nous, du moins pour la plupart, n'étaient les vieux titres de nos archives provinciales, qui nous les ont conservés en très grand nombre. Voici, par ordre alphabétique, ceux que j'ai relevés sur le *Cartulaire de l'abbaye de Conques*, en m'aidant de la table analytique que M. Gustave Desjardins a jointe à son importante publication :

Abaltrudis, Abba, Ada, Adalaïz, Adalberga, Adalburgis, Adalenda, Adalendis, Adalgis, Adalguis, Adalzas, Adaltrudis, Adela, Adgin; Agena, Agnes, Aicelena, Aicheldis, Aicildis, Aiga, Aiglenda, Aimeldis, Aimerudis, Aimerugis, Aiteldis, Alberada, Alburgis, Aldeburgis, Aldegarda, Aldenoïs, Aldiardis, Aligardis, Allingardis, Alvena, Amalsendis, Amilina, Angiardis, Archantrudis, Arentrada, Arsinda, Austria, Ava, Aviorna, Belliendis, Berengeria, Bernoinis, Berta, Bertoldis, Bertilla, Deda, Dedelma, Eldegardis, Engantis, Ermengaria, Ermengardis, Ermerugis, Eustorgia, Folcrada, Galdrada, Galengardis, Gariberga, Garsindis, Gausberga, Gertrudis, Gibilina, Girberta, Gisaltrudis, Gisle, Guisla, Godulberga, Godlia, Goila, Goilia, Gonberga, Gondrada, Guidbugis, Guideneldis, Her-

mengarda, Hermensendis, Hodda, Huga, Ildegarda, Ingel-
berga, Isimberga, Langarda, Lanteldis, Ledbergína, Lende-
gardis, Ligiardis, Mathilda, Odda, Odalgardis, Raggardis,
Raingardis, Rainguis, Rainildis, Rangardis, Rehengardis,
Ricarda, Ricardis, Richelda, Richeldis, Riclendis, Rixendis,
Rigilda, Rodberga, Rodberta, Rodlendis, Rotaïz, Senanda,
Senegundis, Taris, Teudburgis, Teulindis, Trudgardis, Udal-
gardis, Ulxenda, Unildis, Uxendis, Vierna.

Quand je considère ces noms d'origine germanique si péni-
blement et si imparfaitement romanisés et encore recou-
verts de leur écorce sauvage, quand je considère l'hésitation
du scribe devant sa tâche de plier cette phonétique barbare à
la graphie et à la grammaire latines, et les différents expé-
dients orthographiques appliqués tour à tour aux mêmes
mots, quand je réfléchis enfin que ces noms avaient entièrement (car les exceptions sont insignifiantes) dépossédé la
nomenclature gallo-romaine chez les vieux indigènes, je me
vois confirmé dans mon opinion que la *lingua teotisca* fut parlée
en Rouergue, à côté de la *lingua romana*, par de nombreux
groupes de population, et qu'elle s'y maintint très tard, peut-
être jusqu'au milieu du xı° siècle. Ces considérations linguistiques semblent établir en outre que les *hommes de race fran-*
que, ex stirpe Francorum, comme s'expriment les vieux textes,
exerçaient sur le pays une action sociale très effective, qui
se faisait sentir jusqu'au fond des manses les plus écartés,
chez les misérables *mancipia* ruraux, se parant tous de noms
importés d'au delà du Rhin.

TABLE DES NOTES

AVEC SOMMAIRE, CORRECTIONS ET ADDITIONS

NOTE I. — P. 4.

Sommaire. — Double traitement des *d, s, t* primitifs entre deux voyelles, donnant lieu à une série de doublets dont il est produit de nombreux exemples. — Genèse phonétique de *fàu*, je fais, et de *fáu*, ils font; de *vàu*, je vais, et *váu*, ils vont.

Corrections. — A la page 7, premier alinéa, lire: Boshs et Bohs, au lieu de: BOSSA et BOSA — P. 9, 11ᵉ ligne, au lieu de : *oit* lire: *oeit.*

Additions. — Page 66, entre les exemples nᵒ 9 et nᵒ 10, introduire le suivant, sous le nᵒ 9 *bis* : CRUS, CRUSA, et CRU, CRUA, adj., du lat. *crudus, a.* — P. 68, à la fin de la page, en note, il est dit : « *estau*, avec *a* ouvert pour la 1ᵉ personne du singulier, et *estau* avec *a* fermé pour la 3ᵉ du pluriel, sont entièrement oubliés. » A cette remarque il convient d'ajouter que la 3ᵉ personne du singulier de l'indicatif présent, *estai*, hors d'usage, s'est conservée dans le proverbe suivant :

> Que trepa, leca,
> Qu'*estai*, seca.

NOTE II. — P. 15.

Sommaire. — Discussion sur les formes jumelles *vila, vilar* et *viala, vialar.* — Autres doublets analogues en *il* et *ial.*

Corrections. — P. 18, avant-dernier alinéa, au lieu de : Ce type *ial,* lire : Le type *ial.*

NOTE III. — P. 21.

Sommaire. — Dissertation sur l'étymologie du mot *trabalh,* fr. *travail.*

Correction. — P. 22, 3ᵉ alinéa, au lieu de : *An American Dictionary of the english language,* lire : *An American Dictionary of the English language.*

Note IV. — P. 24.

Sommaire. — Analyse de proverbes rouergats à double sens dont on obtient le sens caché en restituant à certains de leurs mots l'*n* terminale caduque, tombée dans les parlers du Rouergue, mais qui existe encore dans les patois de l'Est. Cette particularité phonétique date les dictons auxquels elle appartient en fixant leur origine avant l'époque très reculée de la chute de la lettre en question.

Addition. — P. 27, 2ᵉ alinéa. Ajouter, à ce qui est dit du *nh* terminal, que dans certains patois, notamment celui du Gers, il possède encore sa prononciation première de *n* mouillée. Ainsi on y dit *castanh*, en donnant à *nh* le même son que dans *Castanha*, et comme nom propre on l'écrit aujourd'hui *Castaing*, tandis qu'en Rouergue le même mot s'écrit de nos jours *Castan*.

Note V. — P. 29.

Sommaire. — De certains diminutifs épenthétiques en *oeit* pour *oet*. — Les verbes *torrelhar* et *estorrelhar*.

Note VI. — P. 30.

Sommaire. — Discussion du jugement de M. P. Meyer sur les racines romanes *cail* et *cair.* — *Cailus* et *cailar*, de *caslus* et *caslar* par *caslus* et *caslar*, variante barbare de *castellus* et *castellar*, qui a dû prendre naissance parmi les habitants d'origine germaine.

Note VII. — P. 37.

Sommaire. — *Caire*, au sens de rocher fortifié et de château-fort, n'est pas le même mot que *caire* signifiant carreau. Ce dernier procède du latin *quadrum*; le premier tire son origine du celtique, où l'on observe *kaer* avec la même signification. — Preuves à l'appui de de cette thèse.

Note VIII. — P. 39.

Sommaire. — Doublets par différence de position de l'accent tonique, et doublets par concurrence de contraction et de non-contraction, sans différence de tonalité. — Ces dichotomies phonétiques ne peuvent s'expliquer que par l'hypothèse de la superposition de deux romans contemporains, tous deux directement issus du latin, mais parlés par des catégories sociales distinctes, l'un étant à l'usage des hautes classes, l'autre de la classe inférieure.

NOTE X. — P. 47.

Sommaire. — Étude sur les noms d'arbres et d'arbustes et leurs collectifs de divers types observés dans le rouergat.— Une nouvelle étymologie du mot *garric*, chêne. — Inductions sur l'histoire agricole, économique et politique du pays tirées des collectifs d'arbres usités à diverses époques.

Corrections. — P. 68, fin de la page, au lieu de :

Quod natura est
S'arraba pas com' un ginest.

lire :

Quod natura est
S'arra pas coma 'n ginest.

P. 76, 2ᵉ alinéa, au lieu de : *visus est mancere*, lire : *visus est manere*.

Dans le tableau synoptique :

11ᵉ mot de la 1ʳᵉ colonne, au lieu de : ACELARIS, lire : ACEBALIS ; — 17ᵉ mot de la 1ʳᵉ col., au lieu de : XUBUS, lire : BUXUS ; — 19ᵉ et 20ᵉ mots de la 7ᵉ colonne, au lieu de : Fraissinet *Fraxinetum*, lire : Fraissinet (?) *Fraxinetum* (?) ; — 22ᵉ mot de la 5ᵉ colonne, au lieu de : *Mespularium*, lire : *Mespularium* (?) ; — 2ᵉ colonne, à la suite du mot RUMEX de la 1ʳᵉ colonne, ajouter *Rubus* ; — 7ᵉ colonne, au lieu de : Tremolet *Tremuletum*, lire : Tremolet (?) *Tremuletum* (?)

Additions. — P. 50, au 4ᵉ alinéa, il est dit : « Le français littéraire moderne n'a pas l'homonyme de notre *albar* et de ses dérivés. » Il convient de compléter cette observation en ajoutant que, d'après Littré (au mot AUBIER), le vocabulaire berrichon a *aubier* avec le même sens que le rouergat *albar* ou *aubar*. — P. 53, 2ᵉ alinéa, ajouter au mot *besonia*, comme autre exemple de dérivés de *bes*, le mot *Besòna* (par o ouvert), nom d'un village des environs de Rodez. — Deux lignes plus bas, je cite le mot *Besorg*, en déclarant que je ne puis l'expliquer ; je crois que l'explication s'offre dans un primitif latin possible *betionicum*. — P. 54, fin de la page, ajouter que le mot *Bessola* est par o ouvert. — P. 66, 2ᵉ alinéa, après *Ruthenensis*, ajouter : *farrar, atarrar, jalar*, pour...... Et après ces mots ajouter comme autres exemples : *Clamens* et *Clamensa* pour *Clemens* et *Clemensa*. — P. 69, 6ᵉ alinéa, ajouter que dans *mespola, nespola*, l'o est fermé.

NOTE X. — P. 79.

Sommaire. — De diverses causes de corruption phonétique.—Réactions différenciatrices des parlers en contact s'exerçant de l'un sur l'autre (corruption des *bs, chs, cs, ds, ps, ts, x*, organiques en *ch ;* — *id.* du suffixe *id* = lat. *ianus,* en *ier;* — *id.* de *ou* organique en *au ;* — *id.* de *oa* organique en *o* ouvert; —*id.* de *obbs* = *oc bs*, en *apé;* — *id.* de la voyelle française *eu* en *u*, et consécutivement de la v. fr. *u* en *eu* dans la prononciation du français chez les hommes de langue d'oc; — substitution du *b* au *v*, et consécutivement du *v* au *b* chez les mêmes gens de langue d'oc dans leur prononciation française). — Influence de la rédaction française sur l'orthographe de la langue d'oc chez les scribes bilingues du XVI° siècle. — La grande différence que l'on croit observer entre le provençal écrit du XVI° siècle et nos patois à partir du XVII° siècle est une pure illusion résultant de ce que les vieux textes provençaux sont lus par nous à la française, c'est-à-dire bien autrement qu'ils n'étaient lus par les « Provençaux » contemporains, et que d'un autre côté, quand nous écrivons nos patois, c'est également à la française, c'est-à-dire avec une orthographe tout autre que celle qui leur aurait été appliquée par les vieux Provençaux.

Corrections. — P. 83, 3° alinéa, au lieu de : *excellents*, lire : *excellent.* — P. 83, 3° alinéa, au lieu de *acaptar*, lire : *acapsar.* — P. 85, 2° alinéa, au lieu de : le féminin bizarre, *lire :* ce féminin bizarre. — P. 89, au bas de la page, au lieu de : les mots à la provençale, lire : ces mots à la provençale.

NOTE XI. — P. 91.

Sommaire : Formation des mots *Roergue* (Rouergue) et *Roergas,* et de leurs analogues *Auvernhe* et *Auvernhas.* — Le mot *Rosergas,* lu *Rosengas* par M. P. Meyer, et laissé en blanc dans sa traduction de *Flamenca.* — L'histoire et l'anthropologie du Rouergue éclairées par la philologie. — Solution du problème anthropologico historique du contraste entre le type moyen dè la population française moderne et le portrait classique du Gaulois.

Corrections et additions : P. 97, au lieu de : *arvenius,* lire : *arvernius.* — P. 96, 3° alinéa. Ce qui est dit de l'acception première de *Roergue* comme adjectif s'appliquant aux habitants et choses du pays, ainsi qu'au pays lui-même, trouve une confirmation intéressante dans le mot *rudergue* employé dans la partie septentrionale du département de l'Hérault pour désigner le vent du Nord. Cet exemple établit l'emploi d'une variante de *Roergue* comme adjectif, et cette variante est remarquable d'ailleurs en ce qu'elle nous offre une forme intermédiaire entre le prototype latin *rutenicus* et la forme rouergate la plus archaïque, *rosergue,* forme intermédiaire où la dentale primitive existe encore quoique adoucie. Enfin cette variante est digne d'intérêt en ce qu'elle diverge de la filiation de *roergue*, l'u de *rutenicus* y étant resté *u*, tandis qu'il s'est transformé en *o* dans notre mot indigène. — Même page, dernières lignes, il est dit que *Auvernhas* est formé d'un adjectif primitif, *auvernhe*, répondant à un prototype latin *arvernius*. Cette hypothèse se trouve vérifiée par les mots suivants de la Charte VIᵉ (année 930) du Cartulaire de l'abbaye de Conques : *in pago arvernio*.

NOTE XII. — P. 97.

Sommaire : Les mots *bróa* et *randa* et leurs origines.

NOTE XIII. — P. 98.

Sommaire : Noms propres de langue d'oc transformés en génitifs latins. — Noms propres de langue d'oc, d'abord francisés, et puis ramenés au provençal par une fausse interprétation qui les défigure. — Noms propres de langue d'oc passés dans le français avec une fausse orthographe, résultant de ce que, au lieu d'être transcrits d'après leur orthographe provençale, ils ont été écrits sur audition par des plumes « françaises » sous la dictée de bouches « provençales ».

Addition : P. 98, aux exemples de noms rouergats sous forme de génitifs latins, ajouter les suivants : Bertrandy (Bertrándi), pour Bertrand ; Casális, pour Casal ; Comitis, pour Comte ; Dominici, pour Domergue ; Fabry (Fàbri), pour Fabre ; Fauvety (Fouvéti), pour Fouvet ; Marcilhacy (Marcilhàci), pour Marcilhac ; Maurandy (Maurándi), pour Maurand.

NOTE XIV. — P. 105.

Sommaire : Étymologie du mot *marrá*.

NOTE XV. — P. 106.

Sommaire : Les mots *Ierla* et *Revòlt*, *Revólta*, de la toponymie cadastrale du Rouergue ; leur origine et leur formation.

NOTES XVI et XVII. — P. 108.

Sommaire : Réponse à des diatribes de M. P. Meyer. — Substantifs rouergats en *o* fermé atone ; ils paraissent être d'origine espagnole. — Les Rouergats savent distinguer l'un de l'autre, dans les mots espagnols, l'*o* et l'*a* atones désinentiels ; ils les prononcent respective ment comme *o* et *a* fermés, ce qui prouve que l'*o* fermé provençal a un son distinct de l'*o* vrai et qu'il ne doit pas être exprimé par ce signe. — L'auteur revendique la priorité de l'assimilation de l'*o* *estrech* des grammaires provençales à l'*ou* de la graphie des patoisants et félibres. — Réplique à M. P. Meyer au sujet de sa leçon *Rosengas* pour *Rosergas*. — *Rudergue*, variante de *Roergue*, encore employé comme adjectif. — Discussion avec M. C. Chabaneau, à propos du mot *rudergue*, sur les transformations de l'o et de l'u latins dans le provençal.

Corrections. — P. 113, 4e alinéa, au lieu de : le *c* dur, lire un *c* dur. — P. 116, 3e alinéa, au lieu de : ethnomonique. lire : ethnonymique.

Note XVIII. — P. 121.

Sommaire : Examen critique de la thèse de MM. Paul Meyer et Gaston Paris de la non-existence de dialectes dans le gallo-roman. — D'après ces auteurs, il n'y a pas de langues filles, il n'y a pas de langues mères, et le gallo-roman est une masse linguistique compacte, indivisible en dialectes, qui ne se diversifie d'un lieu à un autre que par des « traits linguistiques » discordants. Ces propositions sont démenties par l'observation, et l'on peut dire d'ailleurs que si elles étaient vraies elles seraient également applicables à tous les groupes de langues, et aussi à l'histoire naturelle, chez qui toute tentative de classification serait dès lors chimérique. — C'est le latin classique seul qui s'est établi dans les Gaules, c'est par les hautes classes seules qu'il a été d'abord employé, et c'est d'elles qu'il est passé plus tard au peuple. — Le germanique de l'invasion a eu au contraire son premier contact, en Gaule, avec les masses rurales, et, simultanément ou successivement, par ses différents dialectes de peuplade. — Qu'est-ce qu'une langue, et qu'est-ce qu'un dialecte? — Langues génériques et langues individuelles. — La langue latine est la *mère* des divers idiomes romans, et la langue romane en est le *genre*, dont ces idiomes sont les espèces ou les individus. — Dialectes chronologiques ou dans le temps, et dialectes géographiques ou dans l'espace. — Chacun des dialectes géographiques du gallo-roman dérive du latin par une ligne directe et distincte à lui propre; ils sont entre eux dans un rapport de parenté purement collatérale, et ne peuvent par conséquent pas se prêter à une classification généalogique. — Exemples de classification généalogique dans les langues.

MM. P. Meyer et G. Paris soutiennent que les « traits linguistiques » ne coïncident jamais avec « les limites anciennes ou modernes »; faits à l'encontre de cette assertion, principalement tirés de l'histoire linguistique du Rouergue. — Un atlas de différents traits phonétiques dont les cartes ont été dressées par l'auteur il y a quarante ans. Ces cartes sont consacrées aux traits phonétiques suivants : 1o lat. ca, ga, = *ca, ga*, et = *cha, ja*; 2o lat. ct = *ch* et = it; 3o lat v = *v* et = *b*; 4o lat. f = *f* et = *h*; 5o prov. *ch,j*, = *ch*,

ý et = ts ; 6° prov. o bref = uo et = io. — Particularités caractéristiques du rouergat et de ses diverses variétés locales. — Reprise
de la question de cailar et cailus, et des influences locales du germanique. — Liste de noms germains de femme relevés d'après les
vieilles chartes rouergates.

Réponses de MM. P. Meyer et G. Paris aux critiques de l'auteur
et réplique de ce dernier.

Corrections. — P. 175, 6ᵉ ligne, au lieu de : l'un de l'autre, lire :
l'une de l'autre. — P. 187, 5ᵉ et 2ᵉ lignes, au lieu de : féminime, lire :
féminine — P. 201, 2ᵉ ligne, au lieu de : stlotum. lire : stlatum.

Additions. — P. 185, 4ᵉ alinéa, mentionner encore comme trait
caractéristique du parler local la corruption de la désinence *ia* en *ié*,
donnant, par exemple, *abadié* pour *abadía, malautié* pour *malautía.*

P. 199, aux exemples du suffixe *uss* (en note) énumérés ajouter les
suivants : *cantussier*, lutrin, qui suppose un verbe *cantussar*, lat.
cantutiare, fréquentatif de *cantare,* qui se rencontre en composition
dans le rouergat *cantussejar*, chantonner ; *capussat*, participe passé, se
disant pour huppé, par allusion de la tête du chapon, *capó*, qui est
garnie d'une touffe de plumes au lieu de crête.

P. 201, une rectification et une addition sont à faire au passage
relatif à la contraction du lat. *retulum* en *reclum.* Il paraît que
l'*Appendix Probi*, que j'ai cité d'après Littré, n'est pas de Probus, ce
que j'aurais dû voir tout d'abord, et que cet appendice daterait du
IIIᵉ siècle. Incompétent sur ces questions d'érudition, je me bornerai
à faire observer que plus le texte dont il s'agit est ancien, et plus il
vient à l'appui de ma thèse comme quoi le groupe *tl* répugnait à la
phonétique latine, et non pas seulement à la phonétique gallo-romane.
Cela dit, voici une autre observation qui me paraît intervenir à propos,
c'est que dans les langues romanes de l'Occident (j'ignore ce qu'il en
est du moldo-valaque) les métaphonies de *retulus* visent toutes une
forme intermédiaire *veclus*, témoins l'ital. *recchio* et le castil. *viejo*,
respectivement formées à l'instar de *occhio* et *ojo*, de *oculus,* tout comme
le prov. *vielh* et le fr. *vieil*, analogues de *uelh* et *œil.*

Les mots *cailar* et *cailus*, sur lesquels j'ai glosé dans les Notes VI
et XVIII, appellent encore quelques observations. Ces deux mots
constituent un phénomène de tératologie linguistique des plus remarquables, digne d'une étude approfondie. J'ai constaté que cette
curieuse anomalie ne se montre que sur le territoire de la langue
d'oc et même que sur une section restreinte de ce territoire. Partout
ailleurs les mêmes mots se retrouvent sous leur forme normale, qui
est *castelar* et *castelus* pour le domaine provençal, *châtelier* et *châtelux*
pour le domaine français ; et l'italien et l'espagnol, qui ne les ont

pas seulement conservés comme noms propres de lieu, mais les possèdent jusqu'à présent, du moins partiellement, dans le vocabulaire de la langue, nous offrent, le premier, *castellare* et *castelluccio*, le second, *castellar* seulement. On a contesté que le *Châtelier* des pays français répondît à notre *Castelar*, c'est-à-dire au lat. *castellare*, en se fondant sur ce que la désinence française *ier* procède du suffixe latin *arius*. D'après cette opinion, *Châtelier* procéderait de *castellarius*. A cela je répondrai d'abord que *castellarius*, dans Du Cange, a la signification de châtelain : « CASTELLARIUS, Ugotioni, *Dominus Castri, vel qui præest castris.* » En second lieu, je ferai observer que le suffixe lat. *aris* fait le plus souvent *ier* en français; témoins: *aubier*, de ALBARIS ; *collier*, de COLLARE ; *familier*, de FAMILIARIS ; *sanglier* et *singulier*, de SINGULARIS ; *soulier*, de SUBTELARIS ; *villier*, de VILLARE.

Le dictionnaire de Raynouard cite un texte provençal du XIIIe siècle où *castelar* et *caslar* figurent concurremment comme deux mots de signification distincte : « E'l caslar e'l castelar (Arch. du Roy. J. 323). » Je vois là un nouvel indice à relever à l'appui de ma thèse comme quoi les formes anomales *caslar* et *caslus* seraient des barbarismes romans de facture germaine. On peut très plausiblement supposer que *castelar*, dénaturé en *caslar* par les Barbares, fut en même temps détourné par eux de sa signification rigoureuse, qui était celle d'un adjectif employé substantivement, et désignant ce qui appartient au Castellum, ses appartenances, ses diverses fortifications. « CASTELLARE, *castrum, ipsa castelli munitio* », dit Du Cange. Les Barbares, en ceci comme dans nombre d'autres cas, n'ayant pas saisi la nuance des appellations latines, auront appliqué à l'habitation du fort, au château proprement dit, ce qui se disait de l'ensemble des fortifications environnantes ; puis le mot, ainsi altéré par eux de façon à rendre son identification avec le type original difficile, aura été accepté par les « Romains » comme une expression tudesque, telle que la *sala*, qui a à peu près la même acception, et les deux termes *castelar* et *caslar*, qui n'en formaient d'abord qu'un seul, auront ainsi vécu côte à côte, chacun avec son usage propre.

Il est à remarquer que nos *Cailar, Cailus* (Caylar, Chaylar, Caylus, Chaylus) se présentent invariablement, dans les textes les moins anciens du moyen âge, à l'état de *caslar, caslus*, qui ne se rencontre plus dans la prononciation actuelle.

NOTA. — Il importe de faire remarquer que dans l'impression du présent opuscule, extrait de la *Revue des langues romanes*, « l'accent » qui surmonte parfois une voyelle dans les mots de langue d'oc sert uniquement à marquer que cette voyelle est tonique ; et si cet « accent » est tantôt incliné à droite et tantôt à gauche, c'est-à-dire tantôt « aigu » et tantôt « grave », c'est là un pur accident de la composition, et l'auteur n'a eu aucunement l'intention de distinguer par là le son ouvert *(larc)* du son fermé *(estrech)* dans les voyelles *(a, e, o,)* provençales qui sont susceptibles de cette double variation. Faute d'avoir à sa disposition des signes diacritiques spéciaux, l'auteur a noté en toutes lettres que la voyelle douteuse était ouverte ou fermée.

LES NOMS D'ARBRES

ET DE QUELQUES AUTRES PLANTES, ET LEURS COLLECTIFS DES DIFFÉRENTS TYPES EN ROUERGAT
AVEC LEURS HOMONYMIES LATINES

Collectifs en :	...ium	.......ia	...arium	.......aria	......etum	....eta	Col. anormaux
1. ABET.........							
ABIES...........					Albaret	Albaveda	
2. ALBAR.......					Albaretum	Albareta	
ALBARIS.........	Salix alba						
3. AGRIFOL.....		Agrifolh	Agrifolha	Agrifolier	Agrifolieira	Agrifolet		Agrifolia
ACRIFOLLUM.....	Aquifolium	Acrifullium	Acrifullia	Acrifullarium	Acrifullaria	Acrifulletum		
4. AUBARIIER..							
ALBARIARIUS....	Cratægus arial.						
5. AUBERGUIER..	Abricotier						
6. AUSERAL.....							
ACRRALIS.......	Acer						
7. BES..........	Betula	Bes	Besan	Bessier	Bessieira	Besset	Besseda	Besia
BETIS..........		Belium	Belia	Beliarium	Beliaria	Betietum	Belieta	
8. BRUC........	Erica	Bros	Brossa	Bruguier	Bruguieira	Broset (?)		Bruga
RRUCUS........		Brucium	Brucia	Brucarium	Brucaria	Bruxetum (?)		
9. BOIS........		Bois	Boissa	Boissier	Boissieira	Boisset (?)		
BUXUS.........		Buxium	Buxia	Buxarium	Buxaria	Buxetum (?)		
10. CADE.......	Juniperus			Cadenier			Cadeneda	
CATINUS.......		Canh (?)		Catinarium		Canet	Catineta	
11. CANA........		Cannium		Canier		Cannetum		
CANNA.........		Cannium	Cassanha	Cannarium				
12. CASSE.......	Quercus	Cassanh	Cassania					
CASSANUS......		Cassanium						
13.		Castanh		Castanier (?)		Castanet	Castaneda	Castanhal
CASTANEA		Castanium		Castanearium(?)		Castanetum	Castaneta	Castanealis
14. CERIEIS.....	Cerasus	Cerás (?)						
CERESIUS.......		Cerasnm						
15. FAU.........		Fach	Faja	Faier		Faget (?)		Faia, Faiet
FAGUS.........	Ficus	Fagium	Fagia	Fagarium (?)		Fagetum	Figareda	
16. FIGUIER.....						Figaret	Figaret	
FICARIUS.......						Ficaretum	Ficareta	
17. FRAISSE.....			Fraissinha			Fraissinet	Fraissineda	
FRAXINUS......	Quercus	Garris	Fraxinia			Fraxinetum	Fraxineta	
18. GARRIC......		Querricium	Garriasa					Garriga
QURRICUS......	Genista		Querricia					
19. GINEST......			Ginesta (?)		Ginestieira	Ginestet (?)		Ginesta
GINESTUS.....			Genistia (?)		Genistaria	Genistetum (?)		
20.				Malier (?)		Malet		
MALUS........				Malarium (?)		Maletium		
21. MALIER......	Malus					Malaret	Malareda	Malairia
MALARIUS......						Malaretum	Malareta	Malararia
23. MORIER......	Murus			Morier (?)		Muraret (?)		
MURARIUS.......				Murarium (?)		Muraretum (?)		
24.						Moret, Muret		
MURUS.........						Muretum		
22.		Mespol		Mespolier (?)	Mespolieira (?)			
MESPULUS......	Mespilus	Mespulium		Mespularium (?)	Mespularia (?)			
25. NOGUIER.....	Juglans					Nogaret	Nogareda	
NUCARIUS.......		Nos	Nusea			Nucaretum	Nucareta	
26. NOSE........		Nucium	Nucia					
NUX...........					Olmieira			

27. OLM............			Ulmaa			Ulmet (?)	Ulmeda	
ULMUS.........			Ulata		Ulmaria	Ulmetum (?)	Ulmeta	
28. PABIGUIER....	Pécher							
29. PERSEGUIER.								
PERSICARIUS.....	Am. Persica						Pineda	
30. PI............							Pineta	
PINUS.........						Pibolet (?)	Piboleda	
31. PIBOL.........						Pipuletum (?)	Pipuleta	
PIPULUS.........	Populus							
32. PUBIGUIER.. .	Pécher					Pomaret	Pomareda	
33. POMIER						Pomaretum	Pomareta	
POMARIUS	Malus, Pomus							
		Prunh	Prunha	Prunier (?)	Prunieira (?)	Prunet		
34. ————		Prunium	Prunia	Prunarium (?)	Prunaria	Prunetum		
PRUNUS.........					Haasieira			
35 RAUS.........	Roseau			Robier	Robieira	Roboret		Raussfa
36. ROBE, ROIRE..				Roborarium	Roboraria	Roboretum		
ROBUR.........				Romiguier	Romiguieira			
37. ROMEC........				Rumicarium	Rumicaria			
RUMEX.........	Rubus			Rosier	Rosieira	Roset		
38. ————				Rosarium	Rosaria	Roselum		
ROSA...........								
39. SALÉS, SALSE.		Salós	Salessa					
SALIX..........	S. Capræa	Salicium	Salicia					
40. SAPI							Sapineda	
SAPINUS.........							Sapineta	
41. SAÜC.........								
SAMBUCUS......						Telhet (?)		
42. TEL......... ..	Tilia					Tilietum (?)		
TILIUS.........		Tremolh	Tremolha		Tremolieira	Tremolet	Tremoleda	
43. TREMOL......	Tremula	Tremulium	Tremulia		Tremularia	Tremuletum	Tremuleta	
TREMULUS......		Vais	Vaissa	Vaissier	Vaissieira			
44. VAISSA........	Corylus	Vaxium	Vaxia	Vaxarium	Vaxaria			
VAXA		Vernb	Vernha	Vernier	Vernieira	Vernet (?)	Verneda	
45. VERN.......	Alnus	Vernium	Vernia	Vernarium	Vernaria	Vernetum (?)	Verneta	
VERNUS.........						Vimenel		
46. VIM........						Viminetum		
VIMEN								

www.ingramcontent.com/pod-product-compliance
Lightning Source LLC
Chambersburg PA
CBHW070601100426
42744CB00006B/368